U0924513

动态系统理论视角下的英语学习者个体差异研究

A Study of the Individual Differences of Chinese EFL Learners from the Perspective of Dynamic Systems Theory

崔　刚
柳鑫淼　著
杨　莉

清华大学出版社
北　京

内 容 简 介

本书是教育部人文社会科学项目“动态系统理论视角下英语学习者个体差异研究”的成果。该研究以动态系统理论所主张的动态性、完全相关性、复杂性、非线性、情景性、对初始状态的敏感性以及系统的自我组织性等基本原则为指导，对国内两所高校的75位大一学生进行了为期一个学年的跟踪研究，通过测试、调查问卷和访谈的方式全面记录了包括语言学能、动机、学习策略、性格、外语焦虑、学习风格、学习观念、努力程度等8个个体差异变量以及学习成绩的变化，采用定性与定量研究相结合的方法分析了每个变量的变化规律、影响这一变化的因素以及它们与学习成绩之间的互动关系，并以此为基础建立了一个完整的中国英语学习者个体差异的动态模型。本书理论性和实践性兼备，对于从事外语教学研究的学者、研究生以及广大一线外语教师都具有重要的理论与实践意义。

图书在版编目（CIP）数据

动态系统理论视角下的英语学习者个体差异研究 / 崔刚，柳鑫淼，杨莉著. —北京：清华大学出版社，2016（2022.10重印）

ISBN 978-7-302-44370-4

Ⅰ. ①动… Ⅱ. ①崔… ②柳… ③杨… Ⅲ. ①英语—语言学习—研究 Ⅳ. ① H319.3

中国版本图书馆 CIP 数据核字（2016）第 160102 号

责任编辑：曹诗悦
封面设计：平　原
责任校对：王凤芝
责任印制：刘海龙

出版发行：清华大学出版社
网　　址：http://www.tup.com.cn, http://www.wqbook.com
地　　址：北京清华大学学研大厦 A 座　　**邮　　编：**100084
社 总 机：010-83470000　　**邮　　购：**010-62786544
投稿与读者服务：010-62776969, c-service@tup.tsinghua.edu.cn
质量反馈：010-62772015, zhiliang@tup.tsinghua.edu.cn
印 装 者：北京中献拓方科技发展有限公司
经　　销：全国新华书店
开　　本：155mm×230mm　　**印　　张：**20　　**字　　数：**332 千字
版　　次：2016 年 8 月第 1 版　　**印　　次：**2022年10月第3次印刷
定　　价：98.00 元

产品编号：070236-02

教育部人文社会科学研究一般项目（批号 **12YJA740009**）

序

月初京畿连发高温黄色预警及空气中重度污染，宅在书屋断断续续读完了崔刚教授的新著——《动态系统理论视角下的英语学习者个体差异研究》的清样。这么厚重的著作，要说是一口气读完，既有悖于动态系统理论，也不符合个体差异特征。Continually or continuously，读完后在酷暑中感到少有的清凉和惬意，这是千真万确的。

崔刚同志与我在20世纪末同年博士毕业，曾先后师从北京外国语大学刘润清教授求学，是同门师兄弟和多年的朋友。又一大作付梓之际，我借近水楼台，先睹为快，向同行鼓吹一番，趁机堆砌发自肺腑的溢美之词，乃属情理之中。但实事求是地推介他这一教育部人文社科项目成果，则出于学术良心。作为多年的清华大学外文系同事，我们从副教授到教授一路奋斗过来，虽然研究方向不同，每读有所得，便开怀交流;每有新成果，相互勉励，也不免挑刺挖苦，认理不认人，工作交往多于个人交情，因此深知他的学术视野之宽、学科功底之厚、问题意识之强、创新动力之足。十多年来，他出版过好几部“高大上”的失语症和神经语言学专著，也出版过许多非常“接地气”的英语教学理论与实践专著和高质量的系列教材。我由衷地钦佩他厚积薄发的巨大能量、一丝不苟的学术探索和举重若轻的职业追求。

遵嘱斗胆写序，实属自不量力。语言学大师赵元任先生在将近一个世纪前翻译的第一个中文版《阿丽思漫游奇境记》的“译者序”中开篇便写道，“会看书的喜欢看序，但是会作序的要做到叫看书的人不喜欢看序。”在当今信息时代，书之多早已非“汗牛充栋”所能形容，“会看书的”多，“喜欢看序的”少，甚至愿意看序的也没几个。尤其在文化快餐过分包装、无病呻吟的金玉其表之作充斥书市败坏读者胃口之时，清醒的读者不以貌取人，自然也不以序选书。崔教授近几年的新著都未请导师等名家作序，这是他的自信和过人之处。因此我才敢狗尾续貂。

崔刚教授的新著是在动态系统理论视角下对中国英语学习者个体差异的深入系统研究，有不少可圈可点之处。动态系统理论（Dynamic Systems Theory）属于数学领域，分为微分方程表示的“连续动态系统”和差分方程表示的“离散动态系统”。“系统”是指同类事物按照一定的关系组成的整体（《现代汉语词典》），其内涵是由离散到有序的编排组织。系统是复杂的，动态系统理论更为复杂，因而有“复杂系统论”“混沌论”“协同论”等不同名称。唯物主义哲学常识告诉我们，世界是物质的，物质是运动的，运动是有规律的。物质运动的属性表现在两个绝对概念——时与空，它们的依存关系构成了一切事物的演化秩序。处于运动状态的若干离散部分在相互联系、相互作用中构成了具有某种确定功能的整体系统。系统论的实质是系统的整体性和动态性。离散性和动态性是显性的，整体性和静态性是隐性的。显性与隐性是具体与一般的辩证关系：显性、动态、离散的成分中隐藏着相对静止、整体、规律性的东西。隐性存在于显性，静态性体现于动态性，整体性体现于离散性。这也是现代语言学之父、结构主义创始人索绪尔的哲学理念。他提出的 *langue*（语言）与 *parole*（言语）之分，其实质是显性、离散、多变的 *parole* 中有隐性、整体、稳定的 *langue*，前者是个体性的实际语言使用，后者是社会性的虚拟语言规则系统。从显性的个体成分中找到隐性的整体规律系统，是结构主义思想的核心，是影响了20世纪社会科学和人文科学的重要思潮，也是结构主义者研究人、人类社会、文化及其他一切现象的方法论。本书在理论视野上符合现代结构主义语言学、心理学、社会学、文化研究等学科普遍采用的哲学理念和科学方法。

中国的外语教学，从小学、中学、大学到研究生阶段，用时长、见效慢，一直是少数无知无畏者动辄批评的对象和“高投入低产出”的替罪羊。有人把大学外语（尤其是英语）教学说成是“一壶烧不开的温水”，但很少用科学的方法调查和分析问题的根源到底在于教、学还是在于评价机制或管理机制。崔刚教授领导的课题组把中国英语学习者个体差异作为研究对象，在客观上针对的是这一全社会关注的老问题。个体差异是每个学习者不同于他人的一系列特征。语言学习的主体是人，人是世界上最复杂的生物体和唯一“会说话的哺乳动物”。在语言习得和语言学习过程中，每个人的性格、兴趣、学能、动机、认知方式、学习策略和方法都不相同，应区别对待，综合分析。虽然普遍论（universalism）的一般理念和客观真理告诉我们，人的共性大于个性，但普遍的共性之下有许多具体的个性差异，而个性差异越来越成为我们研究和深入认识语言学习规律、因材施教的关键。从个别论（particularism）的具体理念和个体实证出发，验证普遍接受的观点，符合科学的认识论。人对客观世界的认识，包括已知和能知。已知是推理的前提，能知符合认识也可能不符合认识，要经过实践检验。逻辑推理加实证的寻真方法，相信证据，不迷信权威。事物由形态个体和有序组织的形态群体组成，没有个体就没有群体，没有个性就没有共性。如果不研究语言学习者的个性差异，就不可能深入认识并准确描写和解释语言学习者的共性并构建出一套有关语言学习的普遍理论。对个体差异的研究，从单个变量的个体差异到多个变量的交互作用，几十年来国内外取得的实证性数据可谓不少，但还没有能够准确解释语言学习行为与学习成绩这一复杂关系中最核心的问题。本书在多学科视角下，从心理学、认知科学、社会学、数论等领域汲取营养，进行科学的实证调查研究，把不同学习者视为完整的个体，把所有个体差异的变量整合成一个个整体，描写成可分析的结构模式，进行普遍意义上的关系结构解释；由具体到一般，由个别到普遍，结论一定有方法论价值。本书把个体差异变量之间的内部互动作为切入点，与这些个体的学习环境和学习成绩结合起来进行研究，是在研究对象和研究方法上的可取之处。

动态系统理论也是“复杂动态学”或“复杂动力学”（Complex Dynamics），是研究按照特定的规律随着时间变化而发展变化的动力系统（dynamical systems）的科学。崔刚教授原是理科生，擅长数学和逻辑推理，他的本科入学专业是动物医学，这个背景足以颠覆一些人对“文科博士”的认知图式。他从跨学科视角，借他山之石，攻应用语言学之玉，微观与宏观并重，在考虑到从某一个个体差异变量入手深入研究这一个体差异变量的动态系统的同时，将重点放在全面分析所有的个体差异变量，试图在总体上把握个体差异变量的动态系统。他领导的科研团队为英语学习、外语学习乃至整个语言学习领域的学习者个体差异研究提供了一个全新的研究视角和模式，也为探索中国语境下的英语学习规律提供了大量可资借鉴的实证数据。

学习者个体差异变量的动态性特征是什么？个体差异有哪些要素？个体差异有哪些动态变化规律？个体差异变量与学习成绩有何相关关系？哪些变量是直接的，哪些是间接的？学习成绩对个体差异变量是否有反作用？个体差异变量与学习环境之间有无关系？……对于这些问题，本书用详细的实证研究做了回答和解释，对研究中国英语学习的主体和提高外语教学质量，功不可没。对本书所涉问题感兴趣的读者同行，请直奔正文。

按写序的套路，最后也该照老一辈勉励我辈后学那样找个不足、提个建议或说几句希望作者再接再厉多出成果之类的套话，以免有同行怀疑我出于师兄弟情谊专说好话，但我的确指不出本书有什么不足，提任何建议也属多余。甚至有序与无序，丝毫不会影响同行对本书内容的判断。

我远做不到语言学大师赵元任先生所说的“会作序”，但也许能歪打正着，让“会看书”而不喜欢看序的同行跳过此页。

是为序。

封宗信

2016 年 7 月于清华园

目录

第1章

引 言

外语教学具有悠久的历史，最早可以追溯到古希腊语和拉丁语的教学。在近乎一千多年的时间内，外语教学研究的主要精力一直集中在对教学方法的探索上。尤其是在 19 世纪末到 20 世纪中期这一阶段，外语教学的新方法不断涌现，层出不穷：从经典的语法—翻译教学法，到直接法（direct method）、听说法 (audio-lingual method)，再到认知法（cognitive approach）和交际法（communicative approach）。每种方法都曾宣称可以使学习者成功地学会使用目标语言。可事实似乎并非如此。在教学法研究的热情之下隐含着一个基本理念：所有学习者都采用同样的方式学习语言；只要我们能够找到好的教学方法，教师按照该方法所规定的教学步骤和原则进行教学，学习者就一定能够成功地学会外语。但令人遗憾的是，“没有一种方法可以算得上十全十美，更没有一种方法可以教好任何国家、任何年龄、任何水平的学习者”（刘润清，1999a：184）。外语教学的实践表明，不论采用什么样的教学方法，也不论使用什么样的教材，都会有外语学习的成功者，同时也会有大量的学习者半途而废，无功而返。经过对教学法的长期研究，人们逐渐发现没有任何一种方法能够适合所有的学习者（Nunan，1991；Oxford，1993），学习者往往会采用不同的方式来学习语言。在外语教学中，诸如教学方法、教材之类的东西都属于外部因素，而要学好外语，关键还在于内部因素的作用。这些内部因素主要指学习者自身所具备的某些特征。因此，从 20 世纪 70 年代中期开始，二语习得研究的对象逐渐从客体转变到主体上面（刘润清，1999b）。所谓客体就是语言本身、教材和教法等，而主体则是学习者本身。在此背景之下，外语教学从以教师为中心转向以学生为中心，进而又转向以学习为中心；二语习得研究也开始关注学习者语言学习的过程。对语言学习过程的研究主要包括两大研究领域：一是对这一过程的内在规律和共有特征的研究，如 Krashen（1981，1982，1985）的输入输出理论、Swain（1985）的输出假说、普遍语法在二语习得中的作用、第二语言习得次序和错误类型、石化现象（Han & Odlin，2005）等都属于对语言学习内在方面的研究（Skehan，1998）；另一个研究领域就是学习者的个体差异对于语言学习的影响。

1.1 语言学习者个体差异研究的历史回顾

个体差异是指语言学习者个体所具有的区别于他人的稳定性特征（Dörnyei，2005），包括语言学能、学习动机、学习策略、认知方式、性格和学习观念等。从 20 世纪 70 年代开始，对学习者个体差异的研究受到了广泛的关注，并逐步发展成为二语习得和外语学习研究中的重要课题。纵观国内外的相关研究，我们发现，在过去 40 多年的时间里，学习者个体差异研究大体可以分为三种主要的类型：第一种类型为单变量研究，研究者主要关注某个单一的个体差异变量与学习成就之间的关系；第二种类型为多变量研究，研究者关注两个或两个以上变量的交互作用对学习成就的影响；最近几年，研究者又开始把动态系统理论引入语言学习者个体差异的研究之中，把学习者视为一个完整的个体，同时对所有的个体差异变量进行整合，进而探讨个体差异变量之间的内部互动以及与学习环境和学习成绩之间的关系，从而使得该领域的研究进入了一个新的阶段（崔刚、柳鑫淼，2013），我们可以将此类研究称为综合性研究。

1.1.1 单变量研究

20 世纪 70 年代初，西方学者开始了针对成功语言学习者的研究（例如，Rubin，1975；Stern，1975；Naiman et al.，1978），调查并总结了他们所共有的特征。但是到了 80 年代，人们开始意识到单纯研究成功者不足以证明这些特质专属于他们所有，不成功的语言学习者也可能具有同样的特征。于是，该领域研究的范围又扩展至成功学习者与不成功学习者个体差异的比较研究。最初的研究主要围绕学习策略展开，此后又逐渐扩展至性格、语言学能、认知风格、焦虑、学习观念等多种因素。在我国，对学习者个体差异的研究要晚于西方，开始于 20 世纪 90 年代的中后期（例如，文秋芳，1995；马广惠，1997；秦晓晴，1998），但是其研究的范围很快就达到了与国外研究同等的水平。

20 世纪 70—90 年代，语言学习者个体差异的研究多属于单变量研究。在此之后，此类研究也不少见。单变量研究探讨某一个体差异因素与学习成就之间的关系，而且诸多的研究结果呈现出不一致甚至相互矛盾的现象。

例如，Chamot 等（1988）研究了初、中、高三个级别语言学习者学习策略的使用情况，并对成功与不成功学习者进行了比较，结果发现成功者所使用学习策略的数量和类型更多。另一项研究（Chen Si-Qing，1990）的结果与上述研究则截然相反：成绩低的英语学习者所使用学习策略的数量要明显多于成绩高的学习者。而 Abraham 和 Vann（1987）的研究则发现两者在策略使用方面并无显著差异，差别仅表现在选择所使用策略的灵活性和得当性上。国内有关中国英语学习成功者和不成功者学习策略的比较研究也呈现出结论多样化、不一致的特点。例如，秦晓晴（1998）发现两者之间在功能操练策略和依赖母语策略上存在显著差异；马广惠（1997）的研究则发现他们之间仅在机械记忆策略上存在显著的差异。从 20 世纪 90 年代开始，研究者开始对学习观念进行研究（例如，文秋芳，1995；Huang & Tsai，2003；刘润清、戴曼纯，2004；周艳艳，2006）。他们大都发现学习观念和学习成绩之间具有显著的相关性，但是对于不同学习观念对学习成绩的影响却看法不一。例如，文秋芳（1995）针对成功学习者和不成功学习者的个案分析表明，两者在管理观念和母语依赖观念上存在明显的差异；而刘润清和戴曼纯（2004）的研究结论则截然相反：他们从 165 名被试中选出大学英语四级考试成绩排名在前 30 名和后 30 名的学生，对其进行比较研究，得出的结论是两组学生在文化学习、英语学习和专业课学习的关系、语言的形式与功能、对英语水平的自我评估这四个方面的观念存在显著差异，而在自我管理和母语依赖观念上没有显著性差别。另外一些研究（例如，Tanaka & Ellis，2003）则发现学习观念和学习成绩之间没有直接的关系。在焦虑方面，许多研究（例如，Batumlu & Erden，2007；都宁、刘梅华，2009）表明学习成绩高的学习者比成绩低的学习者焦虑程度低；但是也有许多研究（例如，Saito & Samimy，1996；Kimura，2000；Kitano，2001；Marcos-Llinás & Garau，2009）得出了相反的结论，认为高水平学习者要比低水平学习者的焦虑程度更高。另有一些研究（例如，Onwuegbuzie et al.，1999；Liu，2006；Pichette，2009）则发现焦虑与英语水平没有关系。

造成这种结论不统一、甚至相互矛盾的现象的原因是多方面的，其中包括研究对象和测量工具的差异以及对同一概念的不同界定与分类。更为重要的是，这些研究都基于这样一个假设：个体差异变量与学习成绩之间具有线性的因果关系。因此，它们大都把一个变量作为可以独立于其他变量和学习环境的实体，而没有考虑变量之间的互动关系（Ellis，2004）。在国内，文秋芳和王立非（2004）就曾对学习策略和学习成绩之间的线性关系提出过质疑，他们在全面综述相关研究的基础上指出："事实上，我们无法从上述结论直接推断出相关策略和成绩的因果关系，也无法推断其他策略就与成绩没有因果关系"（p. 5）。而这些研究"都是以同一个错误假设为前提：策略使用的频率、种类与成绩的关系是线性关系。这就是说，使用策略的频率越高，种类越多，学习者的外语成绩可能越好。事实上，策略与成绩的关系比较复杂。有些策略是把双刃剑，使用的适度与否决定着策略是否对语言学习产生积极的影响。就这些研究的本质而言，目前还没有一项能够观察到策略对外语学习的直接作用"（p. 6）。而在国外，也有许多学者（例如，Gardner et al.，1997；Gan et al.，2004）认为学习者的表现并非是由某一项个体差异因素的单独作用造成的，而是诸多因素交互作用的结果。在单独考察某一个变量和学习成绩之间的关系时，只有将其他所有变量加以控制，所得出的结论才有说服力，然而要做到这一点是完全不可能的。因此，单变量研究具有难以回避的致命缺陷，这一缺陷的根源在于将个体差异因素视为互不相连的孤立模块，忽视了变量互动的重要作用。

1.1.2　多变量研究

鉴于上述问题，从 20 世纪 90 年代末，研究者开始从多变量互动的视角来解释语言学习者取得成就的差异。一些学者（例如，Lee，1999；Liao，2006；文秋芳，1995；Albert，2006；Zhang & Cui，2010）研究了两个变量之间的互动对于学习成绩的影响。Lee（1999）分析了香港小学学习成功者和不成功者在学习动机和策略方面的差异，并考察了两个变量之间的互动关系，发现两组学生的学习策略和学习动机之间存在着一定的相关性。文秋芳（1995）通过对比英语学习快进步组和慢进步组，发现学习者的观念对于策略的选择有明显影响。Zhang 和 Cui（2010）还对远程教育学习者学习观念和其他因素之间的关系进行了研究，他们发现，学生的自主学习意识与学习焦虑之间具有密切关系。还有一些学者（例如，Wen & Johnson，1997；Gardner et al.，1997；Ghavamnia et al.，2011；Sioson，2011）研究了三项及以上变量之间的互动关系。其中，Gardner 等（1997）建立了一个体现学能、策略、焦虑、学习动机、学习风格、学习态度、自信心等相互作用的二语学习模型。这是目前为止最为完整的变量互动模型，但是该模型以第二语言为法语的学习者为研究对象，我们尚不清楚它是否适合其他外语学习者；另外，该模型局限于理论的探讨，还缺乏后续的实证性研究。Wen 和 Johnson（1997）通过路径分析建立了一个包括性别、归因观念、管理观念 / 策略、形式操练观念 / 策略、意义操练观念 / 策略、回避母语观念 / 策略、词汇策略、容忍含混语言策略、学习目标（动机）、努力程度、一语水平和二语水平等变量在内的个体差异因果模型，发现只有性别、一语和二语水平、词汇策略、容忍含混语言策略、回避母语策略对学习成绩有直接影响，管理策略对英语成绩的间接影响最大。该研究通过定性分析比较了高分学生和低分学生，发现两组学生在自发阅读、字典使用、猜测、容忍含混语言、计划与评估管理策略方面有差异；高分学生更善于使用计划策略，进行自我评价的频率和准确度更高，对语言错误的监控意识强。

多变量研究在单变量研究的基础上，将语言学习者个体差异研究的深度和广度向前推进了一步，有效避免了单变量研究线性假设的误区，研究者开始运用非线性思维重新思考学习者个体差异与学习成就之间的关系。但是，多变量研究也存在着一定的局限性。首先，学习者作为一个整体，其学习成绩的高低是所有变量同时起作用的结果，而多变量研究只是考察了其中的某些因素，无法解释个体差异内部各种纷繁复杂的作用关系，很难对个体差异和学习成绩之间的关系作出全面和深入的解释。其次，大多数多变量研究都忽视了学习者个体差异的动态性以及其对于学习环境的依赖性，这些研究主要集中在共时的层面上，把个体差异视为孤立于环境之外的静止因素，而很少考虑时间因素对于个体差异的影响。这一理想化的静止状态有悖于语言学习的现实。Halliday（2007）指出，将一种现象作为某个特定时间点上的静止实体来研究是有用的，但是解释这一现象的动态发展过程更有价值。学习者是现实生活中的人，对环境具有高度的依赖性，学习者的认知、情感和社会性都会随着环境的变化而处在不断的变化之中。因此，如果把学习者看作僵化不变的实体，忽视学习者的动态发展特点，则对语言学习者研究所得出的结论就会大打折扣。

1.1.3 综合性研究

从 20 世纪末开始，动态系统理论（Dynamic Systems Theory，DST）被应用于二语习得领域的研究之中，其动态性、综合性和互动性的思想和理念恰好可以解决先前个体差异研究中存在的问题。一些学者开始重新审视学习者个体差异的研究，从而使个体差异研究进一步发展到综合研究的新阶段。动态系统理论又称“复杂动力学”（Complex Dynamics），用来描述与解释按照特定的规律、随着时间不断发展变化的复杂系统。该理论起源于 17 世纪牛顿提出的动力学理论和数学中非线性原理。作为一种研究范式，动态系统理论着眼于系统各部分之间的关系，强调系统内部要素的完全相关性和系统行为的变异性和非线性。该理论认为，系统的各个部分互相影响，互相依存，而系统的整体状态是各部分相互作用的最终结果。动态系统通过与外部环境的互动以及系统内部自我组织的不断发展，不断实现从无序到有序的周期性调整。动态系统理论超越了传统理论所奉行的线性行为和单纯的因果关系论，直接审视环境系统的复杂性和变异性（李兰霞，2011）。Larsen-Freeman（1997）首先提出将动态系统理论作为二语习得研究的统摄性理论。她从混沌理论出发，全面讨论了语言作为一种复杂自适应系统的特点，认为动态系统理论与二语习得之间具有许多明显的共性。在 Larsen-Freeman 的倡导下，运用动态系统理论进行二语习得和外语学习研究已经发展成为应用语言学研究的一种新趋势。国际应用语言学界的三大期刊相继推出了三期专刊：2006 年 *Applied Linguistics* 第四期的涌现主义（emergentism）专刊；2008 年 *The Modern Language Journal* 第二期的动态系统理论专刊和 2009 年 *Language Learning* 的复杂自适应系统增刊。这三期专刊虽然使用的名称各异，但是都聚焦于动态系统理论这一理论流派。除此之外，还有许多部关于动态系统理论的论文集出版（例如，Larsen-Freeman & Cameron，2008；Ellis & Larsen-Freeman，2009）。上述研究大都关注如何动态、系统地研究语言的发展，而对于运用动态系统理论进行学习者个体差异研究则鲜有涉及。Dörnyei（2009，2010）率先运用这一理论来阐释学习者个体差异变量之间的关系，是目前该领域最为重要的研究者。Dörnyei（2009）以动态系统理论为基础重新界定了个体差异的概念以及个体差异与环境之间的关系。他（2010）还通过探讨语言学能和学习动机之间的关系提出要改变原来的个体差异分类标准，建立一个更具层次性、更加稳定和更具概括性的分类系统。他从动态系统理论的视角出发，建立了一个由认知、情感和动机三个部分组成的人类心智框架，并识别出学能 / 特征组合、兴趣和可能的自我这三个融动机和学能为一体的复合变量。Dörnyei 的研究突破了关于学习者特征的传统模块化思维方式，开创性地提出了运用动态系统理论解决个体差异问题的理论假设，为今后学习者个体差异的研究奠定了一定的理论基础，标志着学习者个体差异研究进入了在动态系统理论指导下的综合性研究阶段。

动态系统理论所倡导的整合性思维方式为语言学习者个体差异研究提

供了一个新的视角，开拓了该领域研究的思路，其影响主要表现在以下四个方面:（1）系统性。动态系统理论认为系统由数量繁多的要素构成，它们之间相互影响、互相依存，是不可分割的。系统是内部各要素及其相互关系之和，两者缺一不可。从系统性的角度出发，学习者个体差异的诸多要素，包括语言学能、性格、学习策略、学习观念等，以学习者为中心构成一个复杂的动态系统。在该系统内，这些要素之间具有完全的相关性，需要作为一个不可分割的整体进行研究与分析。（2）非线性。非线性是一个数学领域的术语，是指与输入不成比例的变化（Larsen-Freeman & Cameron，2008：31）。非线性是系统内部各要素之间的关系随着时间而不断变化的结果。在系统内部，各个要素之间以非线性的方式发生联系，相互作用的原因和结果关系是不成比例的。根据动态系统理论，学习者个体差异系统中的各个要素不是孤立的，它们之间的因果关系也不是恒定不变的，而是存在多种可能的作用途径。外界环境的影响经常会导致个体差异的变异性发展。因此，学习成绩是各个因素相互作用合力的结果，其中一个因素的变化有可能导致整个系统的变化，从而对学习成绩产生影响；而学习成绩的变化也会反过来影响该系统中的某个或者某几个因素。（3）动态性。一个动态系统总是处于不断的变化之中，其中包括系统内部的要素、各要素之间的关系以及系统的整体状态。Larsen-Freeman（2012）认为，动态性是一切系统的基本特征，这主要来自于系统本身持续不断的自我组织。从动态系统理论的角度来看，个体差异系统中的各个因素以及因素之间的关系不是一成不变的。例如，语言学能的高低会因为学习任务和学习环境的变化而变化（Robinson，2007），而同一个学习者的学习动机也会在不同的时间表现出很大的差异（Dörnyei，2000）。因此，个体差异系统总是处于从一个状态到另一个状态的持续流动和转化过程之中。（4）情景性。动态系统具有很强的开放性，不能独立于外部环境而存在，系统内部和外部之间并不存在严格的界限。Larsen-Freeman 和 Cameron（2008）指出，情景与系统不可分离，情景是系统的重要组成部分。系统不断根据外部环境的变化而作出自身的调整，它不仅依赖于环境，也会建构与改变环境。动态系统理论强调学习者个体差异与学习环境的互动关系，认为个体差异通过与环境因素的相互作用以及自我组织来提高个体对于外界环境的适应性。因此，Dörnyei（2009）指出，学习者个体差异对于学习成绩的影响必须要结合具体的学习环境和时间因素来衡量。对于外语学习而言，环境因素大致可以分为教学环境和社会环境两大类。教学环境包括教师、教学方法、教材、教学大纲等；社会环境包括学习者身份、文化、传统、风俗习惯、社会需求等诸多因素。这些因素都有可能对学习者产生影响，从而引起他们个体差异的变化。个体差异系统与外界环境之间的互动是持续的，系统的变化会改变环境，而环境的变化又会引起系统的自我组织与调整，如此循环往复。

动态系统理论把学习者个体差异的研究带到了一个新的研究阶段，但是到目前为止，在动态系统理论的框架下开展学习者个体差异的研究更多地还处于理论的探索阶段，真正的实证性研究数量很少[1]。Dörnyei 等（2015：1）的一段话可以很好地描述这一状况："在新世纪的前 10 年，二语习得研究领域的动态系统范式的转变得到了研究者的普遍认可，但是，值得注意的是，在这 10 年中，虽然在二语习得语境下的动态系统理论的文献日益增多，但是很少有几篇在本质上是实证性的。换言之，学者们似乎都在花更多的时间来讨论在动态系统理论框架内的研究，而不是去从事真正的研究。"

鉴于上述情况，我们拟开展相关领域的实证研究工作。在这一方面有两种研究思路可以选择：一种是从微观入手，专门以某一个个体差异变量为对象，从动态系统理论的角度全面深入地研究这一个体差异变量的动态系统；另一种思路是从宏观入手，全面地分析所有的个体差异变量，对个体差异变量的动态系统有一个总体的把握。目前许多学者已经在第一方面进行了大量的研究工作，例如，Dörnyei 等人（Dörnyei，2001，2005，2009；Dörnyei & Otto，1998；Dörnyei & Tseng，2009）关于学习动机的研究，Robinson（2005，2012）关于语言学能的研究，MacIntyre 和 Legatto（2011）关于交际意愿的研究等。但是，我们认为，在这一领域研究的初期，采用第二种思路进行研究可能更有意义，因为这样做可以使我们对个体差异的全局有总体的了解，可以全面把握各种变量之间的互动关系，从而为今后的相关研究提供更多的借鉴。

1.2 关于本书

动态系统理论为语言学习者个体差异研究提供了一个全新的视角。为了更好地探索在中国环境下的英语学习规律，我们从 2012 年起成立了一个专门的研究小组，并有幸获得了教育部人文社会科学研究项目的资助（批准号为 12YJA740009）。本书由研究组的核心成员共同撰写，它将全面汇报

1 少有的几个例外是 Dörnyei（2005，2009）所进行的学习动机研究和 Robinson（2005，2012）所进行的语言学能研究，我们还将在第 3 章作详细的介绍。

该项目的研究思路、研究过程以及研究成果。

本项目研究的目的在于以动态系统理论的基本原则为指导，尤其注意把握其系统性、动态性和完全相关性的核心特征。在全面梳理前期相关研究成果的基础上，采用跟踪研究的方法，定量与定性研究相结合，逐一考察各个个体差异变量的动态变化过程以及影响其变化的相关因素，并在此基础上对个体差异变量的性质进行分析，同时对个体差异变量之间、个体差异系统和学习成绩之间以及与环境因素之间的关系进行系统的归纳分析，进而建立一个动态系统理论框架下的学习者个体差异理论系统。本项目研究的具体问题包括：（1）学习者个体差异变量的动态性。从动态系统理论的角度来看，任何事物都不是静止不变的，都处在不断的变化之中。但是，它们变化的速度却是不同的。换言之，它们在其动态性上存在着具体的差异，有的因素变化速度快，动态性比较强，而有的因素则变化速度较慢，动态性较弱。本项目研究的目标之一就是要发现它们的动态性特征，并以此特征为基础对学习者个体差异的各种要素进行分类。（2）学习者个体差异变量的动态变化规律。主要问题包括不同的学习者个体差异变量是如何变化的；在一定的时间之内，它们的变化呈现出什么样的态势；有哪些因素对它们的动态变化产生了影响。（3）个体差异变量对于学习成绩的影响。有些变量可能会直接地作用于学习成绩，会对学习成绩产生直接的影响，还有些变量对于学习成绩的影响可能是间接的，那么它们具体的作用路径又是如何？（4）学习成绩对于个体差异变量的反作用。个体差异变量与学习成绩之间的关系不仅体现在前者对后者的影响上，而且后者对前者也可能具有一定的反向作用。（5）个体差异变量与学习环境之间的关系。研究重点在于学习环境的变化是否会导致个体差异变量的变化。（6）中国英语学习者个体差异动态系统的构建。在回答上述问题的基础上，在动态系统理论的指导下，我们拟建立一个比较完整的中国英语学习者个体差异系统，充分体现各个变量的动态性、它们之间的相关性以及它们与学习环境和学习成绩的互动关系，从而更加深入地认识外语学习的规律。

围绕本项目研究的目标，我们在项目批准后，认真按照申请书的计划，积极地开展有关的研究。按照时间顺序，主要进行了以下工作：（1）学习者个体差异研究的梳理。采用定性研究的方法全面梳理了20世纪70年代以来语言学习者个体差异研究的历史进程以及主要的研究成果。（2）动态系统理论的学习与研究。充分深入地学习与把握动态系统理论的核心特征，以及它们目前在二语习得、学习者个体差异研究中的应用现状，找出其中存在的问题，确定本项目研究的方法。（3）跟踪研究前的准备。根据本项目研究的需要以及中国英语学习者的实际情况，以国际上通用的测量工具为基础，设计了学习策略、学习观念、学习风格、性格、焦虑、努力程度、语言学能、动机以及学习成绩的测量工具，并选取来自于清华大学和中国劳动关系学院的70名非英语专业学生作为研究的对象。（4）跟踪研究以及数据的收集与分析。运用上述测量工具，结合学生学习日志、访谈等数据，开展了为期一个学年的跟踪研究，并采用交叉滞后回归分析、因果关系建模等方法对所收集的数据进行了纵向与横向的比较分析，全面考察了8个变量的动态变化及其对学习成绩的影响，研究结果颇有意义。（5）中国英语学习者个体差异动态系统的构建。根据动态系统理论的基本原则，认真总结与分析了本项目研究以及以往相关领域的研究成果，对各种变量依类型进行了划分，并在此基础上梳理个体差异变量的互动关系，初步建立了学习者个体差异的动态模型。

本书是整个项目研究过程与成果的总结。在本书的第2章中，我们全面梳理了学习者个体差异的核心要素，包括它们的定义以及测量方法。人类是万物之灵，具有高度的复杂性，因此可以从不同的角度梳理学习者的个体差异。例如，个体差异有先天与后天之分，有的差异是先天的、与生俱来的，还有的差异是后天形成的。基于这一原因，在对学习者个体差异研究的过程中，不同的研究者从不同的角度出发，提出了不同的个体差异类型；即使是对同一个个体差异类型，不同学者给出的定义及其构成要素也不尽相同。因此，本章对众多学者对个体差异研究的分类和定义进行全面的梳理，从中找出具有普遍共识的核心内容，从而为整个研究奠定基础。第3章的题目为“动态系统理论与二语习得研究”。通过对动态系统理论与二语习得研究之间的关系的讨论，描述整个研究的学术背景，内容包括动态系统理论的核心思想、方法论，以及它对二语习得研究所产生的影响；在此基础上，综述动态系统理论指导下所进行的学习者个体差异的研究。这一章的目的在于展示本项目研究的理论背景。第4章是研究方法，重点讨论本项目研究的基本思路和研究设计。在动态系统理论的视角下开展二语习得的研究只有不到20年的历史，其中理论性的探讨多，实证性的研究少；尤其是在个体差异研究领域，实证性的研究更是少之又少；还没有形成相对稳定、有效的研究方法。对于本项目研究来说，研究方法的设计是一个要重点解决的高难度问题，因此在这一章有比较详细的讨论，其目的在于一方面帮助读者理解后面几章的研究内容及分析思路，另一方面也希望能为今后的同类研究提供借鉴。第 5 章以动态系统理论的视角对前期的学习者个体差异的研究进行了全面的回顾，对各种个体差异变量进行了重新分类，梳理了它们之间的相互关系，并在此基础上建立了学习者个体差异系统的基本框架，从而为本项目的研究奠定了基础。在第 6 章和第 7 章，以语言学能和性格为研究对象，采用相关性分析的方法，全面分析上述两个个体差异变量与其他变量以及学习成绩的相关性。第 8 章至第 13 章分别以学习策略、努力程度、学习观念、学习风格、学习动机和外语焦虑为对象，用 T- 检验方法分析它们的动态变化，以交叉滞后回归分析的方法探讨影响它们动态变化的因素。同时，研究了这些变量与学习成绩之间的关系，包括它们对学习成绩的影响以及学习成绩对它们的反作用。另外，还采用因果关系建模和中介效应检验的方法分析了个体差异变量与学习成绩之间相互作用的具体路径。第 14 章是对整个研究的总结，其中以本项目研究的发现为基础，初步建立一个中国英语学习者个体差异的动态模型。第 15 章是对本项目研究的内容和方法进行全面的反思，总结其中的得与失，并指出今后的研究方向；另外，还将讨论本项目的研究成果对于外语教学的启发意义。

第2章 外语学习者个体差异的核心要素

个体差异的概念来源于心理学。Barrett（2006：35）指出，“心理学研究的目标在于通过科学的手段解释人类心理工作机制中的典型的、变化的以及不变的结构与范畴”。长期以来，心理学在研究人类心理普遍原则的同时也关注个体心理的独特性，并逐渐形成了一个相对独立的分支学科，即差异心理学（differential psychology），也称个体差异研究（individual difference research，ID research）。个体差异是指人们在成长过程中，在遗传和环境因素的交互作用下，呈现出普遍具备、但是又在一定程度上各不相同的身心特征。换言之，它们是指“个体与标准范式的偏差”（Dörnyei，2006：42）；“个人在认知、情感、意志等心理活动过程中表现出来的相对稳定而又不同于他人的心理、生理特点”（朱智贤，1989）。人类是世界上最高级、也是最复杂的生物，个体之间在遗传、生理、心理和具体行为等各个方面都表现出不同的特点，因此个体差异所包含的要素数量众多。本章将全面梳理外语学习者个体差异的研究成果，从中找出个体差异的核心要素，从而确定本项目研究的具体内容。这里所说的核心要素包括两方面：（1）个体差异包括哪些核心的变量。在对语言学习者个体差异研究的过程中，学者们从不同的角度提出了各种不同的学习者个体差异的变量，这就需要我们对这些研究进行梳理，从而确定本项目研究所包括的个体差异变量。（2）每个变量的构成要素。由于对各个变量的定义和理解存在差异，不同学者对于各个变量的构成要素也存在很大的分歧，这也需要我们根据本项目研究的实际情况作进一步的分析和澄清。

2.1 个体差异及其研究历史概述[1]

顾名思义，个体差异是指人类个体之间相互不同的特点。但是，并不是所有的个体特征都可以被归到个体差异研究的范畴之内。例如，有人

1 本部分的写作主要参考了 Dörnyei & Ryan（2015）的相关内容，特此致谢。

喜欢吃辣的，有人喜欢吃甜的，这些一般不属于个体差异研究的对象。在判断个体差异研究的对象这一问题上，我们首先需要考虑某一特征的稳定性。所谓稳定性，是指某个个体特征在不同的时间内呈现出很好的连续性（Cervone & Pervin，2013）。另外，我们还要考虑该特征的通用性。所谓通用性，包含两个方面的含义：第一是所有人都具有的；第二是可以由此对不同的人作出区分（Snow et al.，1996）。正如 Eysenck（1994：1）所指出的那样，“尽管人们在众多方面都各不相同，但是某些方面显然要比其他方面在心理学中更重要。脚的大小和眼睛的颜色一般被认为对于人的行为具有很小或者没有什么影响（尽管脚的大小可能对于职业足球运动员来说非常重要），而个性则看起来对我们的行为有着重要的影响”。因此，从研究的角度来看，个体差异是指那些具有一定稳定性的、人人都具有并且具有程度差异的个人特点（Dörnyei & Ryan，2015）。

人们对于个体差异的关注具有很长的历史。Revelle 等（2011）指出，理解人们之间的差异并对这些知识进行应用是人类社会长期的追求。在描述差异心理学的历史时，他们还选取了古代文献（例如《圣经》的《旧约》）和古代典籍（例如柏拉图的《共和国》）中与差异心理学有关的内容。Galton（1822—1911）被认为是第一个从事个体差异科学研究的人，他所采用的研究方法对后来的个体差异研究具有重要的影响。此后，法国心理学家 Binet（1857—1911）的研究使得个体差异研究进入了一个新的阶段。他对个体差异研究的兴趣部分来自于他对女儿们解决问题方式差异的观察。在 1895 年，他同 Henri 一起发表了一篇关于个体心理学的论文，首次对个体差异研究的目标、范围以及方法等进行了系统的阐述。在此之后，他又和 Simon 一起在 1905 年设计了世界上第一个智力测验方案。该智力测试方案被用在法国的学校以区分快慢学习者，后来经过改造又用到德国和英国的学校中。此后，智力测验得到了迅速的推广，从而使得个体差异研究进入了快速的、科学的发展轨道。

1936 年，Allport 和 Odbert 一起提出了第一个个体差异列表。他们从英语词典中收集了 17 953 个描述用词，认为这些词都与个体差异变量有潜在的关系。后来这一列表又经历了不断的简化，逐渐集中到一些关键的因素上。此后，研究者们在人的认知、情感等方面进行了大量的研究，个体差异心理学逐步发展成为心理学的一个重要分支。

2.2 二语习得中个体差异的构成要素

对语言学习者个体差异的研究开始于学习策略，之后不断有新的因素进入个体差异研究者的视野。因此，不同的学者从不同的理论视角和研究需要对个体差异所包含的要素及其分类提出了不同的观点。Skehan（1989）认为，学习者个体差异包括四个因素：（1）语言学能；（2）动机；（3）学习策略；（4）认知与情感因素，包括内向与外向、冒险、智力、场独立/场依存和焦虑等。与此相比，Larsen-Freeman 和 Long（1991）所考虑的问题更加全面，他们提出了八个因素：（1）年龄；（2）语言学能；（3）社会心理因素，包括动机和态度；（4）性格，包括自尊、外向、焦虑、冒险、拒绝敏感性、移情、抑制和歧义容忍度等；（5）认知风格，具体包括场独立/场依存、范畴宽度[2]、反思型/冲动型、听觉型/视觉型、分析型/整体型等；（6）大脑左右半球语言功能的侧化，即大脑的左半球还是右半球是语言的优势半球；（7）学习策略；（8）其他因素，例如记忆力等。Dörnyei（2005）也把学习者个体差异的类型总结为以下十种：（1）性格；（2）语言学能；（3）动机；（4）学习风格；（5）学习策略；（6）其他，包括焦虑、创造性、交际意愿、自尊、学习观念等。Ellis（2008a）则划分了以下十种类型：（1）智力；（2）语言学能；（3）工作记忆；（4）动机；（5）学习策略；（6）学习风格；（7）性格；（8）交际意愿；（9）焦虑；（10）学习观念。

从上述描述我们可以看出，不同研究者对于语言学习者个体差异的分类以及其中所包含的因素看法不同，我们不妨以 Dörnyei（2005）的分类为基础来看学习者个体差异的构成要素。第一，性格是 Ellis（2008a）和 Larsen-Freeman 和 Long（1991）中都包括的一个项目，尽管在 Skehan（1989）的分类中没有性格一项，但是他所列的认知/情感范畴之内的内向/外向往往被认为是性格的一个因素。第二，语言学能和动机是上述各种分类中都具有的项目，而且对它们的定义也基本相同。第三，在 Ellis（2008a）的分类中也包含有学习风格这一项，与此相对应，Larsen-Freeman 和 Long（1991）分类中的认知风格基本与此相当，因为在学习者个体差异研究中，认知风格与学习风格两个概念经常交替使用，两者所指称的内容基本相同

---

2 范畴宽度（category width）：指有的人倾向于把许多项目归于一个范畴之下（即使其中的某些项目并不真正属于这一范畴），还有的人则倾向于把本来属于一个范畴之下的项目排除在该范畴之外。范畴宽度与外语学习具有一定的关系，范畴宽度大的人倾向于犯过度概括化的错误，而范畴宽度小的人则有可能概括出过多的规则。

（Richards et al.，2002）。虽然在 Skehan（1989）的分类中没有学习风格一项，但是在他所列的认知 / 情感范畴之内的场独立 / 场依存也被归为学习风格或者认知风格的范畴之内。第四，学习策略是上述四种分类方式所共同具有的项目。第五，在其他因素中，焦虑和学习观念也被包含在其他三种分类之中，尽管有时它们不被视为一个独立的类别。

Larsen-Freeman 和 Long（1991）把年龄也视为学习者个体差异的重要因素，与此类似，也有一些学者把性别也包括在内（刘润清，1999a）;但是，在其他三种分类方式中并没有包含这一项。我们认为，后者的做法是合理的。Tyler（1978）曾指出，性别与年龄应该属于群组差异的范畴，不属于个体差异。Ellis（1994）也指出，诸如社会等级、种族、性别、年龄等因素是作为群组差异而影响语言的学习，因此应该归入社会因素之中，不应被看作个体差异。也有学者把智力（例如，Ellis，2008a）、工作记忆（例如，Ellis，2008a）、大脑左右半球语言功能的侧化（例如，Larsen-Freeman & Long，1991）归于学习者个体差异之中，但是这些因素在语言学习中的作用也往往通过语言学能来体现。另外，这些因素往往很难界定，而且它们对语言学习的影响也很难确定。以智力为例，戴炜栋和束定芳（1994：4）就曾这样写道："智力因素本身也是一个难以界定的概念。智力因素与年龄有关，既与大脑的发育有关，也与环境因素有关，它对语言习得的影响也是很复杂的。"因此，我们认为没有必要把智力等视为独立的因素单独加以考虑。

基于上述讨论，我们可以得出，学习者个体差异的核心构成要素包括：语言学能、性格、学习观念、学习风格、动机、焦虑和学习策略。下面我们对这些要素的具体定义、内容以及测量的方法逐一阐释。

2.3 语言学能

2.3.1 语言学能的定义

在学习者个体差异的各种因素中，语言学能的研究历史应该是最长的，开始于 19 世纪 20 年代（戴运财，2006），而在这一领域最具影响的当属 Carroll 及其同事自 20 世纪 50 年代初开始所进行的研究。所谓语言学能，是指人与生俱来的学习语言的能力，它的定义往往与整体智力相关。Carroll（1981）认为语言学能是整体智力中负责语言学习的一个特殊部分。在此之前，Pimsleur（1966）也认为语言学能就是言语的智能，但是，他也把动机包括在语言学能之中。后来的学者（例如，Carroll，1981；Gardner & MacIntyre，1992；等等）认为，动机和语言学能应是两个独立的个体差异因素，因为两者之间存在着本质的不同：语言学能是与生俱来的，而动机则会随着环境的变化而变化。Carroll（1973，1981）认为，语言学能就像智力一样是与生俱来的，我们无法通过训练来提高它。不同的人之所以在第二语言的学习成就方面表现出如此大的差异，这与他们语言学能的高低具有很大的关系。Carroll（1973）还认为二语或者外语的学习能力是母语习得能力的延续，他指出："在青少年时期之后仍表现出很高的外语学能的人，是因为某种原因，他们没有失去天生的语言习得能力；那些外语学能显得不足的人，是因为他们的这种能力已经完全丧失"（p. 6）。语言学能在两种意义上具有普遍性，"其一，不论学习哪门外语，学能的影响都是一样的；其二，不论操何种母语，外语学能的个体差异同样存在"（p. 2）。

Carroll（1981）不仅讨论了语言学能的性质，还明确了它的四种认知能力构成：（1）语音编码能力，即辨别新的语言声音或音串的能力，能够将声音与其所代表的符号联系起来（因此，其中也包括拼写能力和处理语音文字材料的能力），并能将其储存在长期记忆之中。这种能力是语言学能中非常特殊的组成部分，它对于重视听说训练的课堂尤为重要。（2）语法编码能力，即识别句子中不同部分语法功能的能力。语法编码能力强的学习者对于句子的模式和句子成分的语法功能具有很高的敏感性。但是，听他人讲解语法并不能明显提高这种能力，因为它涉及的是如何解释语言的能力。这一能力在强调分析法教学的课堂上比较重要。（3）归纳学习能力，即无须用新的语言加以解释来理解意义的能力。归纳能力与一般的推理能力具有相似之处，但是就语言学习而言，它指的是一种仔细观察语言材料、从语言的实例中归纳出语言规则、辨认语言意义和语法形式联系的能力。（4）机械记忆能力，即记住新语言中单词、规则等的能力，也就是将刺激同反应联系起来的能力。不同的人建立这种联系的效率是不一样的，因此他们的词汇增长的速度也就不同，外语学习的效果因而大相径庭。Skehan（1986）提出了语言学能的三个构成要素，即听觉能力、语言能力（linguistic ability）和记忆能力，这与 Carroll（1981）的观点有诸多重叠之处，其中听觉能力与语音编码能力基本一致，记忆能力和机械记忆能力相当，而语言能力则可以看作是语法编码能力和归纳学习能力的结合。Skehan（1986）的三分法或许更有合理性，因为语法编码能力和归纳学习能力并无本质的区别，它们只是在各自强调的重点上有所差别。而且，尽管 Carroll（1981）把归纳学习能力作为语言学能的重要组成部分，但是，在他与 Sapon（Carroll & Sapon，1959）所设计的语言学能测试方案中，并没有包含相关的问题来检测这一能力，因为归纳学习能力与语法编码能力非常接近，难以区分 (Ellis，1994)。因此，在本项目的研究之中，我们综合了 Carroll（1981）和 Skehan（1986）的观点，认为语言学能包括语音编码能力、语法编码能力和机械记忆能力三个方面。

2.3.2　语言学能的测量[3]

事实上，语言学能的研究最早开始于对语言学能的测量。在 20 世纪二三十年代，研究者就设计了多种方案，以确定一个人是否能够成功地学会一门外语或者第二语言。例如，Stoddard 和 Vander Beke（1925）设计了测量语言学习者英语语法和西班牙语词汇的学习能力的分项测试。美国华盛顿大学的一个研究小组（Hunt et al.，1929）也曾经设计过一个测量方案，其中包括对人工语言学习进行测量的项目。在“二战”期间，美国军方出于选拔强化型语言培训项目学员的需要，曾经资助加州大学伯克利分校由 Dorcus 领导的一个研究小组，并请他们设计了一套语言学能的测量方案。但是，上述方案都因缺乏对于语言学能构成要素的全面深入的认识而效果不佳。以上述研究工作为基础，在对语言学能进行深入研究的基础上，Carroll 和 Sapon（1959）提出了现代语言学能测试（Modern Language Aptitude Test，MLAT）。

MLAT 由五个部分组成。第一部分是数字学习。用录音教给受试者一种生疏的数字系统，该系统全由数字 1、2、3、4 加上它们的“十位”和“百位”构成，如 1、3、10、24、124、342、402、431 等，然后让受试者听 15 个数字后写下阿拉伯字母，其目的在于测量联想记忆的能力。第二部分是音标记忆。首先让受试者学习英语音位的一种注音系统，随后测验他是否学会了该注音系统。该部分测量语音编码能力。第三部分是拼法提示。共有 50 个词，拼写得像英语词，但是又不正确，例如，用 peple 代表 people；每个词下面有 5 个英语词，例如，peple—chink，persons，spice，revolution，sewing machine。要求受试者按照意义选择正确的答案。这一部分既测量英语词汇知识，又测量语言代码化的能力。第四部分测量语

3　在后面几章以及本书附录还有关于各种测量工具的具体内容介绍，为了避免重复，本章只对个体差异的测量工具做概括性的介绍。

法编码能力。受试者首先看到 45 个标准英语句子，每个句子都有一个用大写字母拼写出来的词，例如：LONDON is the capital of England. 下面有 1~4 个句子，其中有些词下划线，例如，He likes <u>to go fishing</u> in Maine. 要求受试者识别哪一个下划线的词在语法功能上与标准句中的大写词相当。第五部分是词语对应联想。先给受试者提供 24 个库尔德语词及其英语对应词，要求受试者在两分钟时间内记忆此表，再用两分钟做练习，最后以五项选择的方式测验受试者是否掌握了这 24 个库尔德语词的意义。这一部分测量机械记忆的能力。自 MLAT 被提出以来，应用广泛，但同时也遭到了诸多质疑。不过，它仍然是迄今为止最具影响、使用最广、同时也是效果最佳的语言学能测量方案（Sparks & Ganschow，2001）。

另一个有影响的语言学能测量方案是由 Pimsleur（1966）制定的皮姆斯纽语言学能测量表（Pimsleur Language Aptitude Battery，PLAB）。Pimsleur 是一位外语教育研究者，他力图从不擅长学习外语的人所缺乏的能力入手来研究语言学能。该测量方案共分六部分。前两部分属口头汇报性质的。第一部分是学分平均数，要求受试者报出自己最近一学年的英语、数学、自然科学和历史（或社会科学）的学分。第二部分是“兴趣”，要求受试者在一个二级量表上标出自己对外语学习的兴趣。第三部分是词汇测试。第四部分是语言分析测试，要求受试者首先熟悉一种语言的某些词汇、短语及其对应的英语词语，然后据此推出如何用此虚构的语言进行简单交际，并从选择项目中找出正确的答案。第五部分是语音辨别，要求受试者通过录音先听一种外语的三个发音相近的词，再听这种语言的几个句子，然后标出每个句子包含三个词中的哪个词。第六部分是语音标识，要求受试者听到一个双音节或者多音节的无意义的词，然后从给出的四个词中选出刚刚听到的是哪一个词。Pimsleur 认为，学习语言的天赋包括三大成分：一是语言智力，包括对词汇的熟悉程度（由第三部分测得）和对语言材料的分析（由第四部分测得）；二是学习语言的动力（由第二部分测得）；三是听觉能力（由第五、六部分测得）。与 MLAT 相比，PLAB 的最大特点在于它把动机作为语言学能的一个重要组成部分，而在一般的学习者个体差异研究中，动机往往被视为一个独立的因素来考虑。

MLAT 和 PLAB 都是针对母语是英语的外语或者二语学习者而设计的。自 20 世纪 80 年代以来，语言学能测试又出现了许多不同语言的版本，比较著名的有加拿大 Wesche（1981）设计的法语版语言学能测量表（这也是 Carroll 认为在 MLAT 基础上改编设计得最成功的一个版本），日本 Sasaki

设计的日本人语言学能测量表，其他语言的版本还有德语、西班牙语、意大利语、土耳其语、泰语和匈牙利语版等（戴运财，2006）。

除了对 MLAT 和 PLAB 进行本地化的改编之外，从 20 世纪 90 年代开始，语言学能的研究又表现出了两个新特点（Dörnyei，2006）：第一，认知心理学的研究使得人们能够更加精确地认识语言学习能力的各种构成因素；第二，二语习得研究的发展也使得人们更加关注与语言学能相关的一些重要问题。在此背景下，语言学能的测量也开始更趋精准化。例如，由 Grigorenko 等（2000）所提出的外语学习中的创新认知能力测评方案（Cognitive Ability for Novelty in Acquisition of Language as Applied to Foreign Language Test，CANAL-FT）重点测量学习者对于新奇的语言现象以及歧义的应对能力。这一方案以 Sternberg（2002）所提出的人类智力三层次理论为依据。Sternberg 区分了三种智力：分析型智力，指进行分析、比较与评价的能力；创新型智力，指应用新方法解决问题的能力；实用型智力，指为适应新环境可以不断进行调整的能力。Sternberg 认为这一理论可以为语言学能的测量带来三点启示：（1）学能测试不应只考虑受试者的分析型智力，还应测试他们的创新型智力以及实用型智力；（2）学能测试的目标不应停留在给受试者一个总分而已，而更应该包含多个不同学习层面的次级分数，这样才方便发挥学能测试的作用，为具体的教学提供指导；（3）应该摒弃原来静态测试的模式，而采用动态测试的方法，即在教学过程中同时进行测试，目的在于测出受试者在不同的学习条件下实时学习的能力。基于上述认识，CANAL-FT 测评方案与语言的学习过程相结合，通过一系列的微型学习任务之后，最后检测受试者对于词汇、形态、语义和句法四个层面知识的掌握程度。目前，CANAL-FT 还处于试验阶段，而且初步的结果显示该方案对于学习成就的预测效果也未能突破 MLAT。

2.4　性格

2.4.1　性格的定义

性格是指“一个人秉性、气质、才智和素质联合起来构成的、决定着他独特的适应环境方式的、相对稳定持久的特质”（Eysenck，2013：2）。Eysenck 把性格视为一种个性化的特质，这种特质是天生的，更多地是由遗传所决定的，而不是后天培养而来的。不同的研究者区分了不同的性格因素，其中 Larsen-Freeman 和 Long（1991）的区分最为细致具体，包括：

（1）自尊（self-esteem），指学习者对自身价值及其社会角色的判断；（2）焦虑（anxiety），指人的恐惧、忧虑等主观性情感；（3）冒险（risk-taking），指一个人是否乐于从事具有冒险行为的活动，这种冒险行为不一定会带来身体伤害，这里主要指对于心理的影响，例如，说错了话会丢面子等。冒险与外语学习具有一定的关系，因为学习者需要乐于尝试利用新的语言，并勇于犯错误；（4）拒绝敏感性（sensitivity to rejection），指个体在社会交往中对于他人的拒绝具有焦虑性的预期，并对各种可能会被解释为拒绝的言行具有敏感性和过度反应的一种心理倾向。具有高拒绝敏感性的人在与他人的交往中更容易担心别人会拒绝自己，而语言学习需要学习者积极地参与交际的训练活动，因此拒绝敏感性对语言学习具有重要的影响；（5）移情（empathy），指对别人的思想、情感和观点能够想象并产生共鸣。移情被认为能够改善我们对语言和文化不同于自己的个人或群体的态度；（6）抑制（inhibition），指学习者有意忽视某种刺激的倾向；（7）歧义容忍度（tolerance of ambiguity），也称模糊容忍度或者含混容忍度，指个体或者群体面对一系列不熟悉或者不一致的线索时，对歧义的情景或者直觉信息进行加工的方式。具体到外语学习上，它是指学习者在遇到不确定的语言现象时的容忍程度。一般认为，容忍度高的学习者易于接受新的知识体系，因而学习的效果会更好。

Larsen-Freeman 和 Long（1991）所描述的性格因素虽然全面，但是也存在着一些问题，如各项之间以及与其他的个体差异之间有诸多的重叠。自尊涉及学习者对个人能力的判断，它更多地属于学习观念的部分，因此，自尊不宜作为性格的一个重要因素（Dörnyei，2005）。有研究（例如，Vollrath & Torgersen，2002）表明，冒险与外向（extroversion）和神经质（neuroticism）具有密切的关系，也就是说，有关学习者是否具有外向和神经质的特质自然也就说明他是否具有冒险的倾向，因此也就没有必要单独地研究学习者的冒险特质。与此类似，神经质也与移情（Eysenck & Eysenck，1991）和拒绝敏感性密切相关（Brookings et al.，2003；Mehrabian，1994；Wilhelm et al.，2004）。另外，歧义容忍度的稳定性也是个问题，在不同的环境之下，同一个人对于歧义或者模糊的容忍程度会有很大的不同。比较而言，Eysenck（2013）所提出的性格三分类法更具合理性，因此在目前被个体差异研究者们所广泛接受（例如，Busch，1982；Strong，1983）。Eysenck（2013）的分类更多地从生物遗传的角度出发，认为人的性格可以分为三种类型：（1）精神质（psychoticism），表现为孤独、冷酷、敌视、怪异等偏于负面的性格特征。精神质也可以用维度来表示，从正常范围过渡到极度不正常的一端。它在所有的人身上都存在，只是程度不同而已。得高分者表现为孤独、不关心他人、心肠冷酷、缺乏情感和移情、对旁人有敌意、攻击性强等特点；低分者表现为温柔、善感等特点。（2）外向 / 内向（extraversion-introversion），表现为内、外倾的差异。性格外向的人好交际、渴望刺激和冒险，情感易于冲动；性格内向的人好静，富于内省，除了亲密的朋友之外，对一般人缄默冷淡，不喜欢刺激，喜欢有秩序的生活方式，情绪比较稳定。（3）神经质（neuroticism），表现为情绪稳定性的差异。神经质不稳定的人喜怒无常，容易激动；神经质稳定的人反应缓慢而且轻微，并且很容易恢复平静。在本项目研究中，我们也采用 Eysenck（2013）的分类方式。

2.4.2　性格的测量

在语言学习者个体差异的研究中，性格测量采用最多的当属"艾森克性格问卷"（Eysenck Personality Questionnaire，EPQ）（Eysenck & Eysenck, 1975）。它经历了长时间的完善过程，于 20 世纪 40 年代末开始制定，1952 年首次发表，1975 年正式命名。EPQ 是一种自陈量表，共计约 90 个题目，各包括 4 个分量表：E—内外向；N—神经质；P—精神质；L—掩饰或自身隐蔽。前 3 个量表代表性格结构的三种维度，它们是彼此独立的；L 则是效度量表，代表假托的性格特质，也表现社会性朴实、幼稚的水平。L 虽与其他量表有某些相关，但它本身却代表一种稳定的性格功能。

2.5　学习观念

2.5.1　学习观念的定义

学习观念是指学习者具有的关于语言各个方面、语言学习和语言教学的看法。由于研究者看问题的角度不同，对于学习观念的定义也各不相同，有些甚至比较模糊。例如，Arnold（1999：256）把学习观念视为"对现实的过滤"；Banya 和 Cheng（1997）则把它定义为个人对语言学习的看法；Cortazzi 和 Jin（1996）还把它看成一种学习文化。Wenden（1991：34）把学习观念定义为一种元认知知识[4]，其中包括"学习者在各种情景下运用这些知识获取知识和技能时所得到关于自己认知过程的所有事实"。这一定义主要强调学习者在语言学习过程中所使用的认知策略和心理过

4　元认知知识（metacognitive knowledge）：指不同类型的学习所涉及的心理过程的知识。

程。在此之前，Wenden（1991）还给出了另外一个定义：学习观念是学习者对于语言学习各种因素（包括学习方法、语言技能和交际能力等）的知识。这一定义强调了学习者对语言学习策略和语言交际的认知。相比而言，Borg（2001：186）的定义则比较全面合理，他认为学习观念是"一种学习者有意识或者潜意识地拥有的概念，它们具有评估性，被学习者认为是真实的，因此其中充满了情感因素，并被用来作为行动和思想的向导"。这一定义抓住了学习观念的主观特征、情感因素以及它对学习者思想和行动的指导功能。Yang（1999）认为学习观念包括四个部分：（1）自我效能信念，指学习者对自己能否成功地进行某种行为的主观推测和判断，它直接影响人们的行为选择、动机性、努力的程度、思维过程以及情感过程；（2）学习本质观念，指对语言学习本质及其价值的看法；（3）语言学能观念，主要指对语言天赋在外语学习中的作用的认识；（4）对形式结构性学习的看法，指学习者对形式训练有效性的认知。Yang 认为自我效能信念和学习本质观念构成了动机类信念，而语言学能观念和对形式结构性学习的看法则构成了元认知类信念。Horwitz（1988）认为，学习观念包括对语言学能、语言学习难度、语言学习本质、学习和交际策略的看法、以及语言学习的动机等五个方面。由此我们可以看出，上述分类方式有许多共同之处，可以在此基础上总结出学习观念的核心要素：动机已被视为一个独立的学习者个体差异因素，因此可以首先从学习观念中排除动机这一因素；另外，对于形式训练有效性的看法过于单一，其实形式训练只不过是众多学习策略中的一个，它也可以被归入学习策略观念这一项。这样，我们可以得出，学习观念的核心要素包括：自我效能信念、学习本质观念、语言学能观念、学习难度观念以及学习策略观念等五个部分。

2.5.2 学习观念的测量

对于学习观念的测量有多种工具，有的工具专门针对其中的某一部分，例如，德国心理学家 Schwarzer 和 Jerusalem（1995）编制了"自我效能量表"（General Perceived Self-Efficacy Scale），该量表共有 10 个项目，受试应答分为 5 个等级，从"完全不同意"到"完全同意"。目前采用最多的是 Horwitz（1987）设计的"语言学习观念量表"（Beliefs about Language Learning Inventory，BALLI），该量表包含 32 个项目，内容测试包括五个方面：（1）语言学能观念，共九项，主要包括"小孩学外语比成年人容易""有些人有学外语的天赋"等。（2）学习难度观念，共六项，主要包括"一些语言学起来比另一些语言容易""英语学习的难度"等。（3）学习本质观念，共五项，主要包括“学外语最重要的是学习词汇、学外语最重要的是学习语法”等。(4)对学习和交际策略的看法，共八项，主要包括“在你不能准确无误地讲英语之前不应该开口说英语”“学英语重复和多练习是很重要的”等。(5)动机和期望，共四项，主要包括“一旦我能说好英语，我就会有很多机会使用它”“学好英语有利于我找份好工作”等。这一量表在国内外的语言学习观念研究中得到了广泛的运用，其信度和效度在绝大多数研究中得到了证明(Horwitz，1988；Horwitz，1999；Nikitina & Furuoka，2006)。

2.6 学习风格

2.6.1 学习风格的定义

在二语习得研究领域，学习风格与认知风格经常混用。尽管有些研究对它们进行了严格的区分，但是两者之间的界限并不明显。实际上，学习风格就包含认知风格。学习风格这一概念来自于普通心理学。Keefe(1979：4)指出，学习风格是学习者的“认知、情感和心理特质，它们可以相对稳定地说明学习者感知学习环境，并与之互动以及作出适当反应的方式”。在这一定义中，学习风格被认为是一种学习者在与学习环境互动中所表现出的特点。Claxton和Ralston(1978：7)也认为，学习风格是学习者“利用学习环境的刺激并作出反应的稳定的方式”。上述两个定义都强调学习者对于环境因素的反应，两者之间的差别在于后者把学习风格视为一种行为方式，而前者则把它看作一种心理特质。Kinsella(2002：171)指出，学习风格就是“一个人的自然的、习惯性的、喜欢的吸收信息、处理信息和保持信息的方式和技能，它是比较稳定的，不会因为教学方法或者教学内容的变化而变化”。这一定义不仅包括学习风格的特点和功能，而且还强调了它的持久性和稳定性。更为重要的是，该定义还包含了学习风格形成的原因。由此我们可以看出，学习风格的形成既有先天的因素，也受后天成长环境的影响，以往的学习经历和目前的学习环境都有可能对一个人的学习风格产生影响。

许多学者也对学习风格的类型进行了划分。总体看来，这些划分主要包括以下两种。第一种分类以认知方式为基础。早期的研究将学习风格分为“场独立”(field independence)和“场依存”(field dependence)两种类型。所谓“场”就是周围的环境，它对人们的知觉有不同程度的影响。

有的人很少甚至不受环境的影响，还有些人则很容易受到环境的影响，前者为场独立型，而后者则为场依存型。检验一个人是否属于场独立型或者场依存型的方式之一是让受试者做镶嵌图形测验（Group Embedded Figure Test）。先让受试者看一个简单的图形，然后拿掉，换上一个复杂图形。这时简单图形表面看上去不复存在，因为它的全部线条都已经与复杂图形的线条融为一体了。受试者的任务是从复杂图形中辨认出简单的图形。场独立型的人倾向于把一个场的某一部分看作独立于周围环境的整体，而对场依存型的人来说，整个场的组织结构往往决定着他们对各组成部分的感知。场独立型的学习者在学习中善于排除干扰，善于分析和辨认具体的信息，较少受到整体知觉背景的影响；能够区分主体与部分，抓住要害。另外，他们比较自主，能独立对信息进行重组。在课堂外语教学中，他们通常表现出善于分析、细心、句型模仿和操练能力强。但是，该种类型的学生不善于交际，喜欢自己尝试新的任务，自我设定目标，自我勉励完成作业，不太希望老师的引导与帮助。场依存型的学生看待事物往往从整体或全局着眼，能够抓住问题或事物的普遍性，即使在感知个别信息时也容易受到整体知觉背景的影响。在学习中表现出喜爱集体学习环境，比较依赖于学习材料的预先组织，希望得到老师的引导。场依存型的人还表现出开朗合群、易受群体观念的影响，具有较强的移情倾向。根据认知风格，学习者还可以分为审慎型（reflexive）和冲动型（impulsive）两种。审慎型又称内省型，这类学习者在处理问题和作出决定时需要仔细权衡利弊，注重准确性，因此显得谨慎和缓慢。审慎型的学生更易于采用分解式的学习模式，在外语课堂上，他们在回答问题时需要先考虑各种可能性，虽然错误率低，但是反应速度慢。冲动型的人一般凭着直觉获取信息，容易根据显著的特征和现象迅速作出判断或者得出结论，对待问题往往采取快速冲动的方式加以解决。冲动型的学生更易于采用整体式的学习模式，在外语课堂上，他们通常发言踊跃，表现积极，但是更容易犯错误。内省型和冲动型学习风格的确定可以通过熟悉图形匹配测试（Matching Familiar Figure Test）来进行。实验者向受试者出示一个标准图案，然后再出示六张看上去一样但是相互之间又有细微差别的模仿图案，要求受试者从六张模仿图案中挑出一个与标准图案完全相同的一张。反应时间长于平均值而错误率低于平均值的受试者属于审慎型，反应时间短于平均值而错误率高于平均值的受试者则属于冲动型。

第二种分类方式是按照学习者偏好的感知类型进行分类。按此分类方式可以分为四种学习风格（Reid，1987）：视觉型（visual）、听觉型（auditory）、触觉性（tactile）和动觉型（kinesthetic）。视觉型的学习者偏爱视觉输入，他们在通过观看的渠道感知学习内容时会觉得轻松愉快，而且学习效果更好。听觉型的学习者偏爱听觉输入，他们在通过听觉进行的信息输入时感到愉快，他们喜欢听讲座、口头讲解和与人进行口头的交流。触觉型的学习者喜欢通过触及实物来学习，他们擅长通过动手操作，例如写、画等来学习新的内容。而动觉型的学习者则喜欢全身心地投入到某种学习环境，他们好动不好静，说话时表情丰富，喜欢使用手势和其他肢体语言，可以通过动手和亲身体验来获得最佳的学习效果。

除了上述两种分类方式之外，还有其他的一些分类方式。例如，Keefe（1982）认为学习风格可分为认知、意动和生理三个方面，认知指信息处理过程的习惯，意动与个人的特征相关，而生理则指身体的变化。Kolb（1984）则以学习时的活动状态为依据，认为不同学习风格的学习者接受信息和归纳知识的方式不同，并将学习风格分为分散型（diverger）、同化型（assimilator）、收敛型（converger）和调适型（accommodator）。分散型的学习者喜欢吸收具体的信息进行思维加工；同化型的学习者善于从抽象的概念出发进行思维加工；收敛型的学习者喜欢从经验出发，并从中归纳信息，他们往往从一个概念出发，然后通过实验来验证；调适型的学习者则偏好具体的信息并积极地进行加工。Gregorc（1979）以信息处理模式为依据，将人的学习风格分为对信息的接受方式和对信息的处理方式两个维度，并根据这两个维度将学习者分为四种不同的类型：（1）具体—序列型（concrete－sequential），该类学习者通过直接动手的经验来学习，喜欢有组织的教材和教法；（2）具体—随机型（concrete－random），该类学习者喜欢用尝试错误的方式，从经验中学习；（3）抽象—序列型（abstract－sequential），该类学习者善于处理由符号或由字词构成的信息，喜欢以阅读的方式学习；（4）抽象—随机型（abstract－random），该类学习者善于把握重点，喜欢用讨论的方式学习新的知识。但是这些分类往往与性格等其他个体差异因素的区分不够清楚。在众多的分类方式中，目前影响最大、采用最广的当属 Reid（1987）根据感知偏好所进行的划分。在本项目研究中，我们也采用这一分类方式。

2.6.2 学习风格的测量

学习风格的测量工具很多，主要包括以下五种：（1）Reid（1987）的知觉学习风格偏好问卷（Perceptual Learning Styles Preference Questionnaire，PLSPQ），主要通过 30 个陈述问题确定学生喜欢以何种方式吸收、处理和储存新的信息以及掌握新的技能。除了上述视觉型、听觉型、触觉型和动觉型四种类型之外，还增加了小组型（group）和个人型（individual）两种，共计六种学习风格。目前该量表是相关领域研究使用范围最为广泛的测量工具。（2）Kolb（2005）的学习风格量表（The Learning Style Inventory，LSI），通过 9 个部分、12 个选题帮助使用者判断学习者的学习方式，并了解他们在思考和面对不同情况时处理问题的方式。该量表分为具体经验型（concrete experience）、审慎观察型（reflexive observation）、抽象概念型（abstract conceptualization）和主动验证型（active experimentation）四种。（3）Dunn 和 Dunn（1993）的学习风格量表（The Learning Style Inventory，LSI），通过 31 个要素评价学习者对环境、情绪、社会、生理和心理五大类因素的偏好。本量表主要目的在于鉴定学习者在什么样的情况下专注、学习、记忆新的以及困难的信息。（4）Felder 和 Solomon（1991）的学习风格指数（Index of Learning Styles，ILS），分为四个维度类型：感受型 / 直觉型（sensing/intuitive）、视觉型 / 口头型（visual/verbal）、主动型 / 反思型（active/reflexive）和序列型 / 整体型（sequential/global），每一维度都通过 11 个选择题来确定。（5）Oxford（1993）的风格分析调查（Style Analysis Survey，SAS），通过 110 个题目评价学习者平时学习和工作的一般性倾向。该量表把风格分为五大类，包括生理感官（physical senses）、人际相处（dealing with people）、信息处理（handling possibilities）、任务达成（approaching task）和思考方式（dealing with ideas）。

2.7 学习动机

2.7.1 学习动机的定义

一般来说，动机是指在各种情形之下引起行动的驱动力。具体到语言学习领域，研究者则从不同的角度出发，对其定义也不尽相同。有的研究者把动机和努力程度等同起来，例如，Ellis（1994）指出，动机就是指学习者为了满足自己的需求或者实现自己的愿望而在外语学习中所付出的努力。也有学者把动机看作是学习者的愿望，例如，Brown（1987：117）指出，动机“一般被认为是一种内在的驱动力、冲动、情感，或者说是一种愿望”。还有学者强调动机是学习的目标或者目的，例如，文秋芳（1996：174）认为，“英语学习动机可以简单地解释为学习英语的原因和目的”。上述定义都有一定的道理，但是又都有失片面，缺乏必要的综合性。Gardner（1985）认为学习外语的动机包括四个方面：（1）学习这种语言的目标；（2）学习中所付出的努力；（3）实现目标的愿望；（4）对学习的热爱程度。这一定义具有较强的综合性，涵盖了努力程度、驱动力、愿望和目标四个方面。但是，该定义也存在一定的问题，正如 Ellis（1994：511）所指出的那样，“在 Gardner 所给出的理论定义和实际的操作之间存在着不相吻合之处”。尽管 Gardner（1985）把努力程度看作是动机的一个重要组成部分，但是在其所涉及的动机调查问卷中并没有包含努力程度在内。我们认为，动机和努力程度应该是两个不同的概念。努力程度是指完成一项工作所付出努力的强度，而动机则是指学习者付出努力背后所拥有的心理状态。因此，基于 Gardner（1985）的定义，动机应该是语言学习愿望、目标和态度的结合体。

对学习动机定义的差别也导致了对其分类的差别。Deci 和 Ryan（1985）把动机分为内在动机和外在动机两种类型：前者是指语言学习本身的乐趣，学习者的学习动力来自于自身对目标语言的兴趣、爱好以及求知欲等内在的因素；后者指受外在因素驱使，学习者的学习动力来自于外部因素，如父母的压力、考试的要求或者其他奖励和惩罚等。但是，在实际的操作中，我们很难把这两者区分开，因为外在动机往往会通过内在动机而产生效果。例如，为了获得考试的高分看起来是一种外在的动机，但是高分的获得也就相应地带来语言学习的乐趣，从而成为内在动机。Brown（1987）区分了三种不同的动机，包括整体动机（global motivation），指对外语学习的一般态度，受学习者以往的教育经历和社会环境的影响，同时也受教师态度的影响；情景动机（situational motivation），指随着环境而变化的动机，如在无人教授的自然习得状态下学习者的动机不同于课堂学习者的动机；任务动机（task motivation），指对具体学习任务的动机，会随着任务的不同而变化。在众多的动机分类中，影响最大、应用最广的是关于融入型和工具型动机的划分（Gardner，1979）。所谓融入型动机，就是指学习者对目标语社团和文化表现出积极、正向、肯定的态度或者有特殊的兴趣，希望与之交往或者亲近，或期望参与或融入该社团的社会生活；所谓工具型动机，是指学习者的目的在于获得某一种或者几种现实的实惠，例如，通过一次考试、获得奖学金、胜任某项工作、提职晋升等。另外，许多研究者（例如，Gardner，1979，1985；Dörnyei，2005）认为，态度是动机中一个重要的因素。态度指学习者对所学的目标语以及讲这种语言的人的态度与看法，也包括对学习情景的看法。所谓学习情景包括教师、学习材料、课堂等。鉴于上述讨论，我们认为动机包括融入型动机、工具型动机和态度三个方面。

2.7.2 学习动机的测量

对于动机的研究，多数人采用 Gardner 和 Lambert（Gardner & Lambert, 1959，1972；Gardner，1985）所设计的“态度动机调查量表”（Attitude/Motivation Test Battery，A/MTB）。该测量表最早是针对加拿大的法语学习者而设计的，后来又有多种语言的版本。该量表共有一百多个问题，包括 11 项内容：（1）对讲目标语人的态度；（2）对目标语国家的态度；（3）对目标语的兴趣；（4）融入倾向；（5）动机强度；（6）对于学习目标语的愿望；（7）对于学习目标语所持的态度；（8）外语教学评估；（9）外语课堂评估；（10）工具型；（11）外语课堂上的焦虑感等。对动机的测量并不是一件容易的事情，A/MTB 并不一定那么行之有效。有人指出，在回答有关动机的问卷时，受试者可能倾向于选择有利于自己的回答（刘润清，1999a）。

2.8 外语焦虑

2.8.1 外语焦虑的定义

如上文所述，焦虑指人的恐惧、忧虑等主观性情感，它可以被视作性格的一个重要组成部分。一般情况下，从焦虑产生的原因来看，它可分为性格焦虑（trait anxiety）、状态焦虑（state anxiety）和情景焦虑（situation-specific anxiety）。性格焦虑是指一个人在任何情况下都容易变得焦虑的较为固定的性格倾向；状态焦虑是指在某个特别的时刻和特定的情景下感受到的焦虑，是一时的不稳定的状态，比如在某次考试之前；情景焦虑可以看作是局限于某些特定的具体情形或者某些特别的事件的状态焦虑。外语焦虑主要针对二语或者外语学习者而言，可以被视为一种情景性焦虑。Horwitz（1986）认为“外语焦虑是一种产生于外语学习过程和课堂外语学习相联系的有关自我知觉、信念、情感和行为的独特的综合体”。由于它对语言学习的效果产生重要的影响，因此被视为一个独立的个体差异因素而得到了广泛的研究。Horwitz 等（1986）指出，外语焦虑包括以下三个部分：（1）害怕得到负面的评价，即负面评价恐惧，其中包括“对于其他人评价的恐惧、回避负面评价和对负面评价的预期（Watson & Friend, 1969：499）”。害怕得到负面评价的学生会担心自己得不到教师和同学的认可，害怕听到别人对自己不好的评价，听到别人对自己的否定评价会感到十分的沮丧，想尽量避免受到评价的场合。（2）交际恐惧，是“与他人交流时产生的以害怕或忧虑为特征的焦虑，是害羞的一种反应（Horwitz et al.，1986：127）”。McCroskey（1977）指出，典型的交际恐惧行为模式是回避交际，或者退缩。有交际恐惧的人不愿意参与他人的会话或社交活动。McCroskey 等（1985）研究了美国波多黎各大学生在学习西班牙语和英语过程中的交际恐惧和自我认知之间的关系，结果发现对英语能力自我评估低的学生更容易出现较高程度的英语交际恐惧，而在其母语西班牙语学习过程中，这种关系并不存在，这说明焦虑在外语学习过程中具有特殊的意义。（3）考试焦虑。Sarason（1978）认为考试焦虑是学习者带着恐惧心理来看待考察过程中成效不充分的倾向，也就是因害怕考试成绩不佳而产生的焦虑。Aida（1994）认为，考试焦虑的成因在于学生经历了过多的失败，而回忆中只注意自己失败的经历，从而导致他们在考试之前和考试的过程之中产生负面的、不相关的想法。

人们往往倾向于认为焦虑会对语言学习带来负面的影响，因为学习者似乎需要感到安全和没有压力才能集中注意力学习，但是事实也不尽然。Alpert 和 Haber（1960）区分了促进性焦虑（facilitating anxiety）和退缩性焦虑（debilitating anxiety）。Scovel（1978）认为，前者激发学习者勇于挑战新的学习任务，在情感上使学习者采取接近、应对行为；而后者则促使学习者逃避新的学习任务，在情感上刺激学习者采取逃避行为。Williams（1991）指出低焦虑状态会产生一种促进作用。而高焦虑状态则会产生退缩作用。可见焦虑未必都是坏事。

2.8.2　外语焦虑的测量

外语焦虑的测量方法很多，可以通过面谈、问卷调查、日记、报告等定性的方法来进行。而在定量研究方面，目前外语焦虑测量普遍采用的工具是“外语课堂焦虑量表”（Foreign Language Classroom Anxiety Scale，FLCAS），它是由 Horwitz（1985，1986）专门针对学生在外语学习中因碰到困难而可能出现的焦虑进行大量的调查、讨论、分析而设计的，其目的是测量外语学习焦虑的广度和深度。该量表由 33 个问题组成，包括外语学习焦虑的三个方面，即交际畏惧、考试焦虑和负面评价恐惧，其中 29 个问题涉及听、说、读、写、语言记忆以及语言处理速度的典型困难。Horwitz 等（1991）在对这一量表进行多次实验之后，得出结论：外语焦虑是可以有效而且可信地进行测量的，而且它在外语学习中起着重要的作用。王才康（2003）通过对中国大学生的外语焦虑实验也进一步表明，FLCAS是一个可靠而且有效的外语焦虑测量工具。

2.9 学习策略

2.9.1 学习策略的定义

尽管关于学习策略的研究数量众多，但是，由于学习策略本身的复杂性，研究者对于这一概念的定义却不尽一致。Stern（1983）指出，学习策略是语言学习者采用的方法的总的倾向和总体特征。Rubin（1987）则认为，学习策略是指有助于学习者自我建构语言系统发展的策略，这些策略能直接影响语言的发展。Weinsten 和 Mayer（1986：35）从认知心理学的角度把学习策略定义为“学习语言时的做法或想法，这些做法或想法旨在影响学习者的编码过程”。Oxford（1990：8）所给出的定义则更加关注学习策略使用的目的，指出“学习策略是指学习者为了使学习更加容易、更加迅速、更加愉快、更加自主和更加适应于新的环境而采取的具体行为”。O’Malley 和 Chamot（1990）则从信息处理的角度出发，把学习策略定义为学习者帮助自己理解、学习、记忆信息的方式、行为和思路。Cohen（1998）认为语言学习策略指学习者有意识或半意识的行为和心理活动，这些内外部活动有着两种明确的目标：其一是使语言知识和语言技能的学习变得更加容易；其二则是为了语言的运用或弥补学习者语言知识的不足。Richards 和 Platt（1992：209）则把学习策略视为有意识的行为，指出“学习策略是学习者在学习过程中的有意识的行为和思想，其目的在于更好地帮助自己理解、学习和记忆新的信息”。针对语言学习策略的不同定义，Ellis（1994：532-533）总结了学习策略的八个特点：（1）策略可以指总的学习方法，也可以指具体活动或技巧；（2）策略以解决问题为出发点，即学习者采用学习策略是为了解决在学习中碰到的一些具体问题；（3）学习者一般都能意识到所用的策略，并能够描述策略的内容，特别是当别人要求他们注意自身活动的时候；（4）策略涉及语言或非语言的活动；（5）语言学习策略能够运用母语或外语执行；（6）有些策略是外部可观察到的行为，有些策略是不能直接观察到的内部心理活动；（7）大部分策略为学习者提供可处理的语言信息，因此对语言学习有间接的影响，但有些策略也可能对学习产生直接的影响，如记忆策略；（8）策略的运用因事因人而异。综上所述，学习策略可以被概括为学习者有效地获取、加工、储存、检索所学语言知识和信息的各种计划、行为、步骤、方法和过程，是学习者为了获取学习机会、巩固学习效果、解决学习中遇到的问题所作出的种种反应和采取的对策。

在理解学习策略的定义时，还要注意它与学习风格之间的区别与联系。学习风格又称认知方式，指个人自然地、习惯性地吸收、处理和储存新信息和技能所偏爱的方式，这种偏爱方式可能会受到教学方法和教学内容的影响。每个人都有自己的学习风格，这种风格就像个人的签名一样，具有自己的独特性，是由先天和后天因素共同决定的。而学习策略可以随着学习场合、学习任务的改变而改变。Reid（1995）认为，学习风格与学习策略的关系非常紧密，一方面学习风格能够影响学习策略的选择；另一方面学习者也可以通过有意识地使用不同的策略来拓展自己的学习风格，增加自己学习风格的灵活性。Cohen（1998）指出，学习策略不是孤立的，它和学习风格直接相连。因此，具体学习策略的使用可以反映一个人的学习风格，而一个人的学习风格又会影响学习策略的运用。

与其定义类似，语言学习策略的分类也不尽相同（例如，O'Malley & Chamot，1990；Oxford，1990，2001；Wenden，1991；Dörnyei，2001；Hsiao & Oxford，2002；等等）。目前，研究者所涉及的语言学习策略可以归为七个大的类别：（1）认知策略，指学习者对于学习材料直接进行处理的各种方式，如推理、分析、记笔记、合成等；（2）元认知策略，指学习者用于对自己心理过程进行了解与评估的行为，对于认知策略起着监控和评价的作用，如了解自己的倾向与需求、预先组织计划、监控错误、集中注意力、自我管理、自我监察、自我评估等；（3）记忆策略，指学习者用以储存与提取新的信息的技巧，它有助于学习者把一个学习项目或者概念与其他的项目与概念联系起来，但并不一定参与深层的理解，如运用内在联系、运用语音的相似性、利用图像、利用相关动作和关键词等；（4）补偿策略，指学习者用以弥补自身的语言知识缺陷的行为，如运用上下文的线索进行猜测、利用认识的词来描述生词的意义、利用手势等；（5）社会策略，指在语言学习过程中需要他人参与的行为，学习者通过与他人之间的互动学习语言，理解目标语的文化，如主动提问、请求对方进一步澄清、与本族语的人交谈、探究目标语的文化与社会规范等；（6）情感策略，它帮助学习者控制自己的情绪，如评估自己的情绪和焦虑程度、谈论自己的感觉、减缓焦虑、控制学习情绪等；（7）自我激励策略，它有助于学习者提高自己的学习动机水平，如自我鼓励、放松、思考、消除学习过程中的不良影响、创造正面影响等。

通过对上述七种学习策略的介绍，我们不难发现以下几个问题：首先，补偿策略更多地与语言的使用相关，与语言学习本身没有多大关系（Dörnyei，2009），而语言的使用和语言学习属于两种不同的过程，因此，把补偿策略视为一种学习策略是不合适的，容易造成概念的混乱（Ellis，1994：539）。第二个问题在于“把认知策略和记忆策略分割开来，似乎它们是具有同等地位的相互独立的学习策略类型”（Dörnyei，2009：168）。实际上，记忆策略就是认知策略的一种，Purpura（1999）的研究也进一步证明了这一点。因此，应该把记忆策略归入认知策略之中。第三个问题在于情感策略和自我激励策略也有许多重叠交叉的成分，因此，两者也可以结合起来，统称为情感策略。鉴于上述问题，Dörnyei（2009）在总结前人研究的基础上提出了一种具有一定概括性的分类方式，其中包括四种学习策略：（1）认知策略，指学习者对学习材料的组织与转化；（2）元认知策略，指学习者对自己学习过程的分析、计划、评价、监控与组织；（3）社会策略，指学习者旨在增加自己使用目标语言进行交际的行为；（4）情感策略，指学习者对自身情感状态的控制与管理。在本项目研究中，我们也采用这一分类方式。

2.9.2 学习策略的测量

语言学习策略是学习者用来改进语言学习过程，以期取得更好学习效果的行为。很多策略是可以观察到的，例如，我们会发现许多同学在听课时记笔记以便于更好地复习，也有同学在阅读一篇文章之前先回顾一下与此文章主题有关的内容。还有一些策略是不能直接观察到的内部心理活动。目前被广泛采用的学习策略测量方法包括标准测量量表、有声思维（think-aloud protocols）和反思日记（reflective journals）三种。

在语言学习策略研究中使用最为广泛的标准测量表是由 Oxford（1990）编制的自陈式语言学习策略量表（Strategy Inventory for Language Learning，SILL）。在使用标准测量表时一般采用调查问卷的形式，要求受试根据自身的情况，就调查问卷中的问题作出相应的回答。该量表的设计以她对学习策略的分类为依据，有 6 个分量表，共 50 个项目，分别测量学习者所使用的认知策略、元认知策略、记忆策略、补偿策略、情感策略和社会策略；量表采用李克特（Likert Scale）5 点记分法，依据所提出的问题，被试可以选择完全不符合、通常不符合、有时符合、通常符合和完全符合五个选项。该量表的最大优点在于其可靠性和有效性。Oxford（1996）本人的研究表明，SILL 用于第二语言和外语学习者时，其信度在 .86 和 .91 之间。对于外语学习者来说，把该量表翻译成自己的母语使用，信度会更高，可以达到 .91 到 .94 之间。

由 Mokhtari 和 Sheorey（2002）设计的阅读策略调查表（Survey of Reading Strategies，SORS）集中测量学习者在阅读过程中所采用的元认知策略。该量表以用来测量本族语者阅读过程中采用的元认知策略的元认知意识量表（Metacognitive-Awareness of Reading Strategies Inventory，MARSI）为基础，充分考虑了第二语言和外语学习者的情况而制定。它主要测量三种类型的阅读策略：整体阅读策略（如清楚阅读的目的、利用语境猜测生词的词义、确认或否认预测等）、解决问题策略（如调整阅读的速度）和支持策略（如在阅读的过程中记笔记、标注文章中的重要思想等）。

有声思维是在产品设计开发、心理学研究和社会科学研究中广泛使用的收集数据的方法。在有声思维的过程中，要求受试者把其在进行某一专门的任务过程中所看到的、想到的、做到的和感觉到的都说出来，以便研究者获得受试在完成这一任务过程中有关心理活动的第一手资料。有声思维也被广泛地应用于语言学习策略的研究之中，该方法可以使研究者深入地研究语言学习的过程，从而了解受试者在这一过程中使用了哪些策略，以及这些策略的先后次序。有声思维与口头报告（verbal report）具有密切的关系。Cohen 和 Scott（1996）提出了三种类型的口头报告：自我报告、自我观察和自我揭示。自我报告就是对一些典型行为的陈述，对于调查问卷中问题的回答就是自我报告的一种形式；自我观察需要与语言任务的完成过程同时进行，或者在其后很短的时间之内进行；自我揭示是指那些在完成语言任务的过程中所产生的想法的原始材料，而有声思维即属于这一种。有声思维的研究方法一般采用访谈的方式进行。Cohen 和 Aphek（1981）认为访谈进行的最佳时间是在事件刚刚完成之后，而不是在事件的进行过程中去打断受试，询问他们正在思考的内容。Cohen 和 Hosenfeld（1981）还提出了一种访谈的模式，其中包括三个部分：（1）活动，包括有声思维和自我观察两种，使受试者能够自由地表达自己的想法，并在一定程度上分析自己的思想；（2）时间，有声思维要在事件完成后最短的时间内进行，而自我观察可以稍后进行，但是不能太晚；（3）内容，即访谈的主题。

反思日记被用来帮助学生反思自己的学习行为。在通过反思日记研究学习策略的过程中，学习者被要求把他们的想法、感觉、学习所得、问题、策略和印象都记录下来，从而使他们了解自己的语言学习过程，成为“参与的观察者”（participant observers）。Riley 和 Harsch（1999）曾经研究了日本的英语学习者策略使用的情况，他们所采用的主要测量工具之一就是策略日记。策略日记被用来发现学习者的策略意识、学习策略的发展过程和使用情况，以及在教师指导下的反思对于语言学习策略发展的影响。

2.10 努力程度

Gardner（1985）认为，努力程度是语言学习动机的一部分，但是我们认为应该把它视为一个独立的个体差异变量，其理由在于以下两个方面：（1）努力程度与动机存在着本质性的差异（Walker et al.，1977；Naylor et al.，1980）。前者是指学习者学习行为的强度，属于具体行为的层面；后者则更多地属于心理层面。（2）外语学习历来强调学习者要付出相当的努力，它很可能会对学习成绩产生更为直接的影响。我们可以从以下三个方面来衡量学习者的努力程度：（1）学习者在外语学习上所花费时间的长短，这直接反映了学习者的努力程度；（2）克服学习中遇到困难的决心；（3）持续进行外语学习的毅力。

2.11 小结

在本章中，我们结合国内外相关研究的成果对学习者个体差异各种构成要素的定义、内容以及测量方法进行了讨论，并确定了学习者个体差异的核心要素及其构成成分，它们是：（1）语言学能，包括语音编码能力、语法编码能力和机械记忆能力；（2）性格，包括精神质、神经质和内外向三个方面；（3）学习观念，包括自我效能观念、学习本质观念、语言学能观念、学习难度观念和学习策略观念；（4）学习风格，包括听觉型、视觉型、动觉型和触觉型；（5）动机，包括融入型动机、工具型动机和态度；（6）外语焦虑，包括考试焦虑、交际恐惧和负面评价恐惧；（7）学习策略，包括认知策略、元认知策略、社会策略和情感策略；（8）努力程度，包括克服困难的决心、坚持学习的毅力和所付出的学习时间。这些因素将成为整个项目研究的核心内容。

第3章

动态系统理论与二语习得研究

Larsen-Freeman（1997）首先在应用语言学领域提倡动态系统理论，并把它引入二语习得的研究之中。她认为，语言本身就是一个动态复杂系统：语言是动态的，会随着时间的变化而变化；语言是复杂的，具有众多的相互影响的子系统，如语音、词汇、句法、文本等；语言又是非线性发展的，在很多情况下是混沌不可预测的。二语习得是认知与社会共同起作用的结果，其中众多的相关因素决定着二语习得的发展过程。语言学习不仅仅是学习语音、词汇、语法、句型、语篇等语言要素本身，还要考虑语境和个体差异等外围的因素。作为一名社会成员，语言学习者是整个社会系统中的一个动态发展的子系统，该子系统又包含许多分系统，每个分系统之内又包含许多的构成要素，这些要素和分系统之间相互影响、相互作用。动态系统理论的引入极大地促进了二语习得的研究，它在带来新的视角和思路的同时，也引起了相关领域研究方法和研究内容的巨大变革。在本章中，我们首先介绍动态系统理论的核心思想及其方法论，然后讨论该理论给二语习得研究所带来的影响，并在此基础上综述在动态系统理论视角下所进行的学习者个体差异研究。

3.1 动态系统理论

3.1.1 动态系统理论的核心思想

动态系统理论（Dynamic Systems Theory，DST），又被称为复杂系统理论（Complex System Theory，CST）、混沌理论（Chaos Theory）、协同理论（Synergetic Theory）或者自组织系统理论（Self-organizing Theory）。该理论的发展起源于数学中对于双摆系统的描述，在该系统中，一个摆的一端连着另一个摆。尽管这一系统只包括了两个相互关联的变量，但是却呈现出极其复杂的行为表现。[1] 一个动态系统的主要特点在于它的动态性，即随着时间的推移而不断地发生着变化，这可以用公式 $x_{(t+1)}=f(x_{(t)})$ 来描述，也就是说在 t 时间点的状态 x 总是被不断地转化为下一个时间点 t+1 的状态，这说明“任何一个具有两个自由等级的方程式会因为它与其他系统的相互关联而形成一个复杂系统”（de bot et al.，2007：7）。动态系统理论本来是一种纯数学的范式，最初的目标是用来解释复杂系统的发展状况。但数学范式往往代表着一种通用的逻辑，因此它应该具有广泛的普遍意义，可以被应用于各个不同的研究领域。例如，它可以被用于天文学之中，用以解释月球在太阳、地球和其他星球影响下的运动规律；它还被应用于许多实践领域，如心跳的控制或者石油的勘探。随着其在不同学科中的应用，也就产生了各种各样的定义，但是这些应用的共同点在于动态系统理论是用来研究那些变化方式难以预测的现象。作为一种研究范式，它主要强调事件关系的重要性，强调系统内各元素间的关联性。其核心思想主要表现在以下几个方面：

一、动态性与完全相关性。Baranger（2002：7）指出，“任何一个具有随着时间而变化的配组的系统就可以被称为动态系统”。动态系统理论首先强调系统会随着时间而不断地发生变化（de Bot，2008）。在现实世界里，没有任何事物是静止不变的，一个复杂系统中的各个子系统及其构成要素也是如此，总是处于不断的变化之中。与此同时，各个子系统及其构成要素之间的相互关系也在不断地变化，动态性一直贯穿于系统发展的始终（Larsen-Freeman & Cameron，2008）。复杂系统理论认为，即使是在一个系统处于相对稳定的状态（即所谓的“引子状态”）之下，它仍然处于某个持续变化的状态之中，并和其他相关联系统保持随时变化的状态。换言之，稳定状态不是静态的，只是处于变异过程的不同阶段而已（王涛，2011）。因此，对于动态系统的研究关键在于其过程，而不是状态。

动态系统内的子系统或者其构成要素之间都是相互关联的，这种关联使得整个系统作为一个整体而起作用，任何要素都不能脱离系统而单独存在。在动态系统内部所有的变量都是相互关联的，一个变量的变化都会对系统内其他所有的变量产生影响（Pienemann，2007）。完全相关性并不意味着一个系统内部的关联都具有同样的重要性，有些关联的强度是比较大的，还有些关联则比较松散，两个要素之间的相互影响较小。de Bot 和

1　在 http：//www.physics.usyd.edu.au/～wheat/dpend_html/ 形象地展示了这一动态系统的原理，有兴趣的读者可以进一步阅读。

Larsen-Freeman（2011）以下图为例来说明动态系统的完全相关性。图 3-1 描述了在三个时间点上，学习成绩与语言接触、态度 / 动机和策略使用之间的互动关系。从第一个时间点到第二个时间点，学习成绩发生了变化，而这一变化要受到第一个时间上其他学习成绩、态度和动机、语言接触和语言意识的影响。而学习成绩的变化也会反过来影响这些因素，因为学习成绩的提高可以带来态度和动机、策略使用等方面的变化。而这些变化又会进一步影响学习成绩从第二个时间点向第三个时间点的转变。

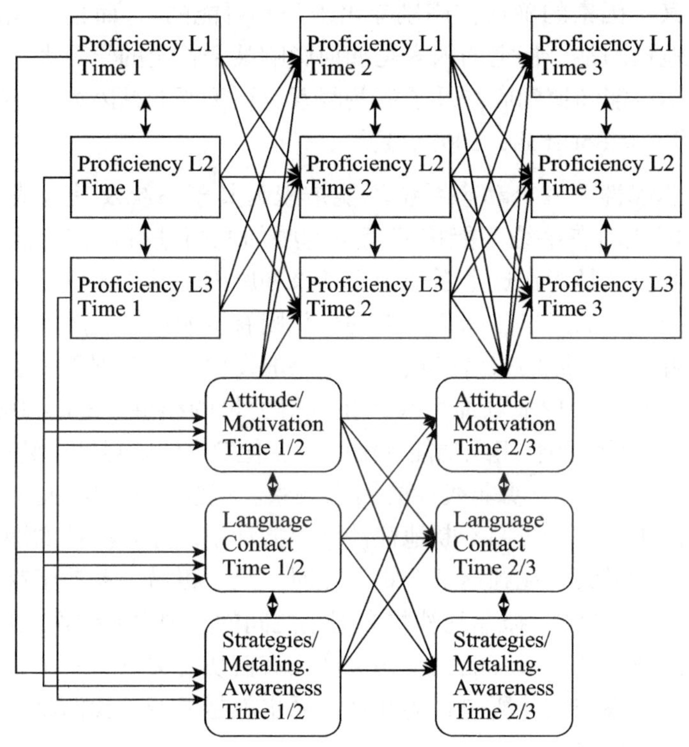

图 3-1　语言学习的动态系统互动示例（de Bot & Larsen-Freeman，2011：11）

二、复杂性。复杂性是动态系统的核心特点之一，这也是为什么该理论又被称为复杂系统理论的原因。一个动态系统中包含众多的子系统，每个子系统又可能包含多个分系统，每个分系统又要包含多个构成成分，系统与系统之间、子系统与子系统之间、要素与要素之间相互联系、相互影响，而且它们又都处于动态的变化过程之中。另外，子系统、分系统、甚至构成要素本身也可以被视为一个复杂系统，这也进一步增强了动态系统的复杂性。以语言为例，语言系统的复杂性主要表现在两个方面：第一，语言系统由许多内嵌的子系统组成，每个系统永远都是另一个系统的组成部分。语言系统本身包括语音、词汇、语法等子系统，而每个子系统之内又包含更小的子系统（de Bot et al.，2005）；第二，这些子系统之间彼此交互作用。“一个系统的变化会导致其他系统的变化”，而高层系统的“整体行为从子系统的交互作用中浮现出来。这样，对每个子系统的描述只能告诉我们子系统如何，并不适合语言整体”（Larsen-Freeman，1997：143）。因此，动态系统理论主张充分考虑系统的复杂性，要从整体上研究语言，因为“要孤立地把某个因素的确切作用剔除出来是不可能的”，而且“我们也永远不能确切地预测某个特定的因素是如何影响某个特定的学习者，这不仅是因为我们不可能知道到底涉及了哪些因素，更重要的是因为这些因素是交互作用的”（de Bot et al.，2005：3）。

三、非线性。一个动态系统不能被视为其子系统及其构成要素的简单之和，因此动态系统不能按照简单的叠加原则进行运作，而是非线性的。所谓非线性是指在这个系统中，结果和原因是不成比例的。某些小变化可能会产生大的影响，而某些大的变化则有可能被系统所吸收而不产生影响。也就是说，原因未必必然导致结果的发生。这有别于传统线性系统所认为的某个力量形成的原因会产生同等力量的结果。Bak（1997）用沙堆效应来描述系统的自组织功能和随时间变化发生的临界性（转引自王涛，2011），也可以用来说明非线性的因果关系。把沙粒堆到桌面上，形成一个圆锥形的小沙堆，我们不断地往沙堆上撒沙子，随着沙粒的增加，沙堆的坡度会逐渐增大，在到达某个临界点时，只要再撒一粒沙子就可能会导致沙堆的坍塌。这样，撒落的沙粒和坍塌之间就呈现出非线性的因果关系。动态系统的非线性与系统的完全相关性具有密切的关系。一个系统所包含的要素越多，系统内部所包含的互动关系也就越复杂，我们就更加难以预测系统的变化规律。

四、对初始状态的敏感性。表面上混乱无序的现象实际上隐含着深层次规律性的特殊运动形态，它的特点是对于系统的初始状态具有很强的敏感性，在系统初始任何一点点的细微变化，甚至是偶然随机的变化都会牵一发而动全身，很有可能会引起系统后期巨大的变化，导致一个难以预测的结果。美国麻省理工学院的 Lorenz 教授在进行长期的天气预报实验过程中发现，仅仅在初始的数据中四舍五入掉一位小数，实验结果中所表明的几个月后的天气状况就大不相同：一个是万里无云；另一个是电闪雷鸣。他在 1972 年美国科学发展学会第 139 次会议上宣称“巴西的亚马孙丛林中一只蝴蝶轻轻地扇动几下翅膀，就会在美国的得克萨斯州掀起一场龙卷风”，其原因在于蝴蝶扇动翅膀的运动，导致其身边的空气系统发生变化，并产生微弱的气流，而微弱的气流的产生又会引起四周空气或其他系统产生相应的变化，由此引起一个连锁反应，最终导致其他系统的极大变化。在我们的日常生活之中，这种现象也无处不在。西方的一首民谣说：“丢失一个钉子，坏了一只蹄铁；坏了一只蹄铁，折了一匹战马；折了一匹战马，伤了一位骑士；伤了一位骑士，输了一场战斗；输了一场战斗，亡了一个帝国。”这一民谣就形象地说明了动态系统对于初始状态的高度敏感性，仅仅是一个钉子的丢失就有可能引起一系列的变化，从而对后期产生巨大的影响。我们汉语中常说的“失之毫厘，差之千里”也说明了动态系统对初始状态的敏感性。在外语学习过程中，同一个班级的学生，有相同的教师，使用相同的教材和同样的教学方法，但是最终学习结果却大相径庭，其原因很可能就在于学习者之间的一些细微的差别。

五、系统的自组织性。在动态系统理论的视角之下，系统的变化与发展不仅来源于与外部变量的互动，也来自于系统内部的自我组织性。所谓自我组织性是指“存在于开放、动态的系统内，模式与模式变化的一种自发产生”（Kelso，1995：3）。由于系统内部各种变量都是相互关联，相互影响的，整个系统总是处于内部各个子系统及其构成要素的不断变化和相互适应的过程之中。语言是一种自我组织、自我适应的系统，子系统的交互作用会引起自我组织。除此之外，一个动态系统又是开放性的，需要不断地从环境中汲取能量，外部因素通过和内部因素的交互作用也可能引起系统的重组，从而使得一个系统不断地从无序状态转变为有序状态。语言习得与学习的过程也是如此。van Geert（2003）认为，语言习得和其他发展中的现象一样，是一种自我组织的过程，语言对外部输入进行反应，并通过自我组织引起复杂语言系统的浮现。

3.1.2　动态系统理论与信息加工理论

动态系统理论为二语习得研究带来了一种新的视角和研究思路。在很长的一段时间内，二语习得的研究主要以信息加工理论为基础。信息加工理论把人看作是一个信息的处理器，而对二语习得以及语言的处理就是一个信息处理的过程，包括信息的输入、编码、加工、储存、提取和使用。具体到学习的过程，美国教育心理学家 Gagne 提出了信息加工的学习理论（如图 3-2 所示）。

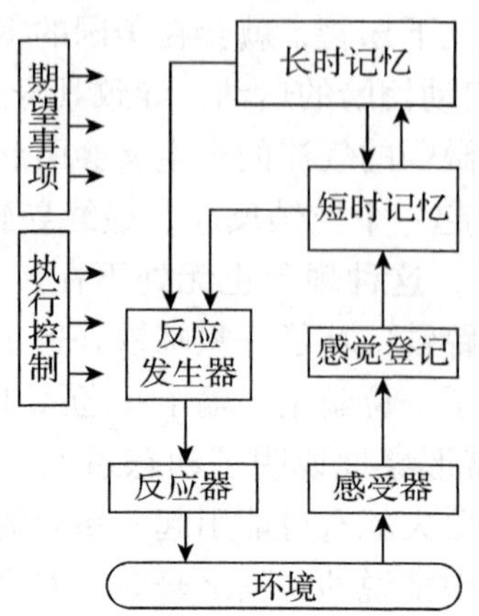

图 3-2　学习的信息加工模式（转引自冯忠良等，2010：125）

由图 3-2 我们可以看出，学习的过程可以被视为信息流在不同的处理器之间进行流动的过程。首先，学习者从环境中接受刺激，刺激进入到感受器之中，并转化为神经信息，这些信息进入感觉登记（又称感知记忆），这是非常短暂的记忆储存，在这一过程中，有些信息被登记了，有些则很快就消失了。登记下来的信息进一步进入短时记忆，短时记忆的容量非常有限，一般只能存储 7 个左右的信息项目，一旦超过这个数目，新的信息进来，就会把原有的信息赶走。当进入长时记忆时，信息发生了关键性的转变，要经过编码的过程，也就是需要采用各种方式把信息组织起来。当使用信息时，需要经过检索提取信息，被提取的信息可以直接通往反应发生器，从而产生反应；也可以再回到短时记忆，对该信息的合适性作进一步的考虑，结果可能是进一步寻找信息，也可能是通过反应发生器作出反应。王涛（2010）指出，信息加工理论对二语习得和语言处理基本认识的影响包括以下四点：（1）语言的处理的内容是相互独立、互不联系、不受语境约束的符号，而符号又独立于语言的使用之外；（2）语法规则支配词的使用，词汇是被支配的对象，它们对规则的使用没有影响；（3）词与句子都是静态的，不随时间的变化而变化；（4）造句如同砌墙，词汇如同砖块，规则就是灰泥，负责把词汇联系起来。Elman（2004）认为，采用信息加工理论来解释语言的处理和二语习得的过程是不妥的，因为语言的表征不是静态的、脱离语境的，而是具有高度的语境敏感性，会随着语言使用环境的变化而变化。因此，体现语言处理和二语习得的决定性因素应该是时间。因此，动态系统理论在解释语言处理和二语习得方面要比信息加工理论更具合理性。

Shanker 和 King（2002）用传真机和跳舞两个比喻来说明信息加工理论和动态系统理论之间的区别。信息加工理论的核心思想如同两台相互交换信息的传真机，一台发出信息，另一台接收信息。发出的信息首先要经过编码，而接收的信息则要经过解码。因此，两台传真机使用同样的编码发送和接收信息。其交际的特点是双方均按照事先约定的规则轮流给对方发送信息并加工接收的信息。动态系统理论的核心思想则如同跳舞。在两个人跳舞的过程中，双方的舞步需要相互配合与协调，舞步的选择不是事先确定而是需要双方依照当时的具体情况，根据双方的变化而定。而且随着时间的延续和其他对舞伴的加入，这种多重的互动形式就会变得愈加复杂，愈加无法预测。再加之音乐、节拍、表情等多种因素，这种互动形式就形成一种复杂的多模态的结构。在跳舞的过程中，舞者的行为是不断变化的，即使是完美的舞伴之间也会出现错步，但是双方通过不断地调整与适应，彼此能够心领神会、天衣无缝地互动同步。

3.2 动态系统理论的方法论[2]

3.2.1 总体方法论

动态系统理论不仅改变了人们对于二语习得的一些基本认知，而且对传统的科学研究方法也是一种超越。这种改变首先表现在对研究假设的性质的认识（Larsen-Freeman & Cameron，2008），也就是我们该如何理解与解释所研究的对象。动态系统理论把研究对象视为一个系统，在此理论框架下所进行的研究更多地关注整个系统的行为，而非系统的具体构成要素，因为系统要素之间是相互关联、相互协调的，我们并不总是能够通过研究具体构成要素的性质与作用来解释整个系统的行为。Larsen-Freeman 和 Cameron（2008）也借用了 Bak（1997）所描述的沙堆效应来说明这一点。我们可以从总体上描述沙堆的变化，包括不断地增加沙子会导致沙堆坍塌这一事实以及沙堆的具体形状和大小等，这些都属于对整个沙堆的整体描述，但是，我们却无法知道具体的某个沙粒的行为与作用。这一观点与传统科学研究中的还原论（reductionism）具有明显的不同。所谓还原论，又称优约论、简化论，是一种哲学思想，认为复杂的系统与现象可以化解为各部分的组合来加以描述和解释。还原论对于自然科学的研究产生了深

2 本部分的论述主要参考了 Larsen-Freeman 和 Cameron 于 2008 年发表在 *Modern Language Journal* 上的“Research methodology on language development from a complex system perspective”一文，特此说明。

远的影响。例如，现代物理学借助于这一理论把世界的存在归于基本粒子及其相互作用；生物学家相信分子水平或者更低水平的研究将揭开生命的全部奥秘。长期以来，还原论在人文社会科学领域也占据主导地位。例如，复杂的心理现象可以通过对其构成要素的研究而得到描述和解释。但是，从动态系统理论的角度来看，仅仅研究构成要素是不够的，因为人们更感兴趣的是这些要素是如何相互影响而产生新的行为模式的。在不了解研究对象整体行为的情况下，我们很难完全、彻底地认识单个构成要素的行为；即使我们能够做到这一点，我们也无法了解这些要素之间的互动模式以及它们是如何随着时间的变化而对整个系统的行为产生作用的。当然，我们可以在变化发生之后采用回溯的方式来描述系统和行为，这的确是在动态系统理论框架下研究语言发展的核心任务（Larsen-Freeman & Cameron，2008）。在二语习得研究的过程中，我们最有可能观察到的是已经发生的变化。Byrne（2002）指出，这是一个系统所留下的痕迹，基于这些痕迹我们就可以重建系统的构成要素、它们之间的互动以及系统变化的过程。

动态系统理论对于研究方法的影响也体现在分析与解释的逻辑上，即因果关系的建立上。传统的研究方法认为，一个事件导致了另一个事件的发生，两个事件之间就构成了因果关系。而且这种因果关系的确定一般是以它们发生的时间先后为依据的，一个事件发生在前，随之而发生的事件往往被认为是前一事件的结果。这一因果关系具体到研究设计上就是变量的设定。在一项科学研究中，变量一般被分为因变量和自变量两种类型。自变量是指能够影响其他变量发生变化，而又不受其他变量影响的变量。自变量一般是由研究者操控、掌握的变量，是对所研究现象的一种解释，即所谓的“因”。而因变量是指因为自变量的变化而产生的现象变化或结果。因变量一般是我们所希望解释的现象，是被测定和记录的变量，即所谓的“果”。 在还原论的研究范式之下，研究者建立因果关系的常用方式是寻找一个关键的要素，“从一个因果链上去除该要素就会导致结果的改变”（Gaddis，2002：54）。在这种因果观的指导下，“一个成功的（研究）项目是利用很少的发现来解释很多的事情。其目标是利用单个的可解释变量（即自变量）去解释无数关于因变量的观察结果”（Gaddis，2002：55）。Gaddis（ibid.）又进一步指出，“还原论就意味着自变量的存在是确实的，而且我们明确知道它们是什么”。但是在一个动态的系统之中，由于构成要素的密切关联性以及系统行为对初始状态的敏感性，我们很难确定到底是哪一个因素导致了整个系统行为的改变。另外，从要素之间的完全相关性来看，一个系统内部的变量之间是相互影响，互为因果的。因此，我们很难确定哪一个因素是自变量，哪一个因素是因变量。Byrne（2002：31）指出，这种以变量为核心，把某些变量视为原因性的、决定性力量的解释方法是错误的。他明确地说："让我们清楚而彻底地意识到，变量并不存在，他们不是真实的。真实存在的是复杂系统，其中子系统包含其中，它们通过社会的和自然的途径相互连接，而且会因为个体的和社会的行为影响而不断地变化。"尽管 Byrne 的观点看起来有些偏激，但是从中我们也可以看到动态系统理论对于传统的分析逻辑的影响。在动态系统理论的框架内，研究者应该更加关注系统的变化，其中包括系统的自我组织以及涌现的现象，而不是个体的变量。对于系统构成要素之间的关系，Larsen-Freeman 和 Cameron（2008）使用"互适应"（co-adaptation）的概念。互适应是一种相互的因果关系，其中一个系统的变化会相应导致与之相关联的系统的变化，这种相互的影响会一直持续下去。也就是说，几个因素之间不是简单的一个因素导致另一个因素的变化，而是以多种方式互相影响，互为因果。van Geert 和 Steenbeek（2008）以智力的构成为例说明了这一互适应的现象。他们指出，在智力的构成中存在着一种叠加的现象，即同一现象中同时包含着两个互不相容的特点。智力"一方面几乎完全是由环境所决定的，另一方面又几乎完全是由基因所决定的"（p. 74）。那么该如何消除这一明显的悖论呢？他们认为我们只要采用动态系统理论的视角就能做到这一点，"基因和环境应该被视为随着时间而变化的复杂步骤链条上的两个部分，而不应把它们看作两个相互独立的、单独作用于发展的变量"。

Gaddis（2002）认为，在动态系统理论的视角下，因果关系应该被看作为视情况而定的，而非明确的。换言之，我们要得出的是特殊情况下的概括性原则，而非通用的原则。我们可以对系统的趋势和行为模式作出判断，但是不能超越具体的时间与地点。Larsen-Freeman 和 Cameron（2008）使用教学方法的有效性来说明这一问题。一个教学方法是否有效要完全视情况而定，这要取决于班级内学习者的学习目标和特点，也要取决于这个班级所处的学校和社会的环境，还要取决于这一方法所采用的具体时间，等等。他们指出（Larsen-Freeman & Cameron，2008：203）："通过对因果概念的解构，复杂理论的视角消除了这一传统的观念，即一个好的理论必须能够很好地描述、解释和预测。与以往社会科学家和应用语言学家跟随自然科学家的研究去探索一些静止的规律和规则不同，我们面对的是趋势、模式和偶然性。与因果的变量不同，我们有相互连接和自我组织的系统，它们互相适应，不但会呈现出突然的不连续性，而且会涌现出新的模式和行为。复杂理论的应用在于它能较好地描述这一系统、它的构成要素、它们的偶然性以及它们之间的互动。而区分出这些关系并描述它们的动态变化是采用复杂系统理论进行研究的关键性任务。”

在动态系统理论的指导下开展二语习得的研究，对数据的收集以及解释也会与传统的研究有所不同。数据是整个研究的基础，在一个研究设计中，最能体现理论基础对具体研究方法影响的就是对数据性质的认识和数据的收集方法。Larsen-Freeman 和 Cameron（2008）认为，与传统的研究相比，动态系统理论对于数据的收集和解释会在以下三个方面带来重要的影响：

一、稳定性与变异性。动态系统理论强调系统的动态性，但是也不忽视系统在变化过程中存在的一些稳定状态。在复杂系统的演变过程中，它会经历一系列的状态空间，会偏好于或者被某些空间区域所吸引（即所谓的引子），进入引子状态，从而呈现出稳定的态势。即便如此，整个系统仍然处于不断的变化过程之中，因为该系统的构成要素之间的互动没有停止，而且这些要素也会受到与之相关联的系统的影响而不断地发生着变化。因此，稳定是相对的，而变异则是绝对的，在稳定之中往往隐含着诸多的变异因素，而稳定性和变异性之间的这种关系可以为整个系统的变化提供有用的信息。在传统的研究中，研究者更感兴趣的是稳定的特质，而把很多变异的表现视为“噪音”，或是测量误差造成的（van Geert & van Dijk，2002），有时研究者会把它们视为无效数据而在数据分析中不予考虑，有时会通过简单的平均算法而把这些变异消除掉。而从动态系统理论的观点来看，这些变异具有重要的价值，因为变异是系统行为的组成部分；尤其是在系统从一个状态向另一个状态转化时，变异的价值更为重要，它们是系统发展的标志。变异性以及它与稳定性之间的关系可以用两种方式进行测量（Larsen-Freeman & Cameron，2008）。第一种方式是把变异性的程度视为“行为引子强度的指数”（Thelen & Smith，1994：86-87），如果变异性的程度增加，与此同时稳定性降低，那就说明系统正处于一个向新的状态转变的过渡阶段。第二种方式是采用对系统进行干扰的方式，看它是否能够轻易地偏离目前的稳定状态。一个系统越是稳定，在经过干扰之后它越会容易回到稳定状态；如果一个系统不太稳定，尤其是当它处于转变的过渡期时，一点很小的干扰就会打破它的稳定状态（Thelen & Smith，1994）。

二、环境。动态系统理论更加强调环境与系统的互动作用。环境主要包括物质、社会、认知和文化四个方面，它们都是与系统密不可分的（Larsen-Freeman & Cameron，2008）。Goffman（1974）认为，不能单纯地把环境视为围绕着系统的一些周边因素，而应该把它们看作系统的一个组成部分，即环境因素。Thelen & Smith（1994：60）指出，系统对于环境的变化非常敏感，而且会通过“软装配”（soft assembly）的过程进行调适。例如，由骑马人和马所构成的快速行驶的复杂系统中，马需要根据骑马人的位置、风向与风速、以及自身的身体状况不断地调整自己，这一过程就是软装配。在应用语言学领域，语言的使用过程也可以被视为是语言资源根据具体使用任务的变化而不断进行软装配的过程。语言学习和语言使用活动的环境包括学习者的认知环境（即包括记忆在内的认知能力）、文化环境（如在学习者所处的文化中教师和学生应该充当的角色）、社会环境（包括与其他学习者和教师之间的关系）、物质环境（如教学设施、教材教辅等），等等。这些环境因素都可以被进一步看作是一个动态系统。

三、套嵌的层次与时间尺度。动态系统理论强调系统的复杂性，而造成这种复杂性的一个主要原因在于系统中又套嵌着许多子系统，这些子系统从宏观到微观，居于不同的层次，并且相互连接，协同作用。因此，从动态系统理论的角度进行研究，需要特别注意系统构成要素的层次性。除此之外，研究者还应注意测量的时间尺度。在应用语言学领域，时间尺度可以是几秒钟（如大脑神经的变化），可以是几分钟（如课堂活动的变化），也可以是几个小时甚至更长的时间（如学习者个体差异系统），这些都要依据具体的情况而定。另外，即使是同一个系统，处于不同层次的要素的时间尺度也是不一样的，一般而言，处于微观层次的变量所需的时间尺度要相对短一些。

3.2.2　具体的研究方法

Larsen-Freeman & Cameron（2008：206）从动态系统理论的角度提出了 8 个方法论的基本原则：（1）具备生态的有效性，要把环境因素作为系统组成部分加以研究；（2）重视系统的复杂性，要把所有的可能对系统产生影响的因素考虑在内；（3）以自我组织、反馈和涌现为核心概念，考虑各个变量之间的不断变化的关系以及系统的动态过程；（4）采用互为因果的逻辑，而不是建立简单的、大概的因果关系；（5）克服原有的二元分析法，如习得与使用、语言能力与语言行为等，要更多地考虑互适应和软装配；（6）重新考虑分析的单位，识别群体性变量（即那些具有多种要素或者多个系统互动特征的变量）；（7）避免层次和时间尺度的混淆；（8）把变异性视为系统的核心特征。在上述八条原则的基础上，Larsen-Freeman & Cameron（2008）提出了七种具体的应用语言学的研究方法，在这里我们只介绍其中的六种：

一、人种学研究方法（ethnography）。人种学是人类学的一个分支，研究现代人种的划分、起源、演变、分布、体质特征，并探讨人种与自然环境、生活条件的关系。人种学研究方法又称实地研究或者田野研究。在进行研究之前，研究者不可能预先假设一个民族是如何生活的、有什么信仰、他们的喜好是什么，只有在研究者实地考察之后才能有所了解。人种学研究方法首先强调研究的情境性。研究者观察在自然情境下正在发生的情况，并且要求所有的资料都必须在收集资料的环境和情境中得以解释。它还强调要以整体和全局的观点去看待问题。每个民族的生活方式，初看上去是零乱的，但事实上它们构成一个有意义的整体，对它们了解的越深，其意义也就越完整；如果只从部分看，或者把它们拆解开来，就失去了意义；而且意义也只有在具体的生活情境中才能体会到。因此，人种学研究要求研究者重点关注整个情境，并且由此形成整体观念，而不是把注意力分散在细枝末节上。由此可见，人种学研究方法与动态系统理论的基本观点具有许多的相通之处，它研究的是真实的人在真实人类环境中的互动，而不是像实验、定量研究方法那样简单地把个体平均化。另外，人种学研究的过程本身也是一个复杂的自适应系统。Agar（2004：19）指出："在你一开始研究之前，你并没有什么想法。你会学会如何使用自己以前不知道的知识、以正确的方式向正确的人问正确的问题。你会发现某些数据会以一些你原来从未想到的方式相互关联。……传统的研究禁止这样做，而人种学研究则是如此。"当然，人种学研究方法也与动态系统理论有差别之处。因此，Larsen-Freeman & Cameron（2008）认为应该对此方法的客观性标准作一些调整。在人种学研究中，研究者的一个基本认识是：只要方法应用得当，研究者就可以作出客观的描述和解释。而从动态系统理论的角度来看，这种客观性是很难达到的，因为整个系统对初始状态具有很强的敏感性，而研究者本人就是初始状态的一个重要因素，因此，不同的研究者对同一现象的研究往往会得到不同的结果。

二、动态的实验设计，包括形成性实验（formative experiment）、基于设计的研究（design-based research）和行动研究（action research）。在

人种学研究方法中，研究者需要身临其境，甚至作为研究对象中的一员去观察研究对象，它强调研究的情景性，并且要求以全局和整体的观点来看待问题。但是，如果把这一方法应用于教育领域，研究者就难以发现影响某一个教育项目或者教学方法成功 / 失败的因素，自然也就难以发现教学方法与相关因素的互动（Reinking & Watkins，2000），而形成性实验可以有效地弥补这一缺陷。形成性实验多用于教育研究领域，用于研究在某种教学方法或者教学内容等的影响下，学习者在知识、技能和品格等方面的变化。“在形成性实验中，研究者设定一个教学目标，并根据材料，组织或干预变化来找出使得目的得以实现的各种因素”（Reinking & Watkins, 2000：388）。它把形成放在第一位，把研究放在第二位，是在教育的过程中研究教育。因此，该研究方法强调教学实施的动态性，并且利用了互适应和软装配的概念。形成性实验的基本理念在于一个系统的变化会导致其他相关系统的变化，因此，研究的目标在于发现系统的潜能，而不是具体的状态，即是要描述影响变化的各种因素所构成的网络系统以及它们与教学目标的互适应过程（Larsen-Freeman & Cameron，2008）。

另一个与动态系统理论相吻合的研究方式是基于设计的研究，也被称为设计实验（design experiment），是 20 世纪 90 年代初在美国学习科学研究领域兴起的一种研究范式，它与 Simon 在 20 世纪 60 年代提出的“设计科学”概念以及这一概念所包含的设计思想在学习研究领域的广泛传播具有很大的关系（王文静，2009）。Simon（2004：103）认为，凡是以“将现存情形改变成期望情形”为目标而构想行动方案的人都在搞设计，而“由于人的行为复杂性也许大半来自人的环境，来自对优秀设计的探索……在相当程度上，要研究人类便要研究设计科学。它不仅是技术教育的专业要素，也是每个知书识字人的核心学科”（p. 129）。倪小鹏（2007：14）指出：“基于设计的研究可以定义为：在具体的教学情景中，分析具有普遍性的教学问题，设计具有教学理论特征的教学干预，并通过不断应用、评估、修正的渐进过程来探索实际问题的解决方案和理论解释。”王文静（2010）在总结与概括相关研究的基础上，提出了基于设计的研究的 9 个环节：（1）从寻找一个有意义的障碍开始，这个障碍应该是大家所面临的普遍问题；（2）研究者兼具设计者和实践者的双重身份，在真实的情景中与教育实践者共同合作；（3）整合教与学的理论，以保证实践背后具有一套稳定的理论框架来支撑设计和实施的过程；（4）对相关文献进行综述与分析，并结合找出的障碍形成研究问题，阐述研究的理论目标和实践目标；

（5）设计一个教育干预方案，并将这个方案放置于真实的教育情景中进行检验；（6）对教育干预方案进行实施与修订，并如实记录整个过程的演进路径；（7）应用形成性评价的方式对教育干预方案的影响进行评估，并发展出更加成熟的干预方案；（8）对整个过程进行迭代循环，发展出更具潜力的设计；（9）撰写基于设计的研究报告。Barab（2006：155）指出，在复杂的学习环境中，人们很难通过实验设计的方式来检验某个或者某几个变量所产生的结果，而基于设计的研究“采用迭代的方式不断变化学习环境，以应付这一复杂性，从而获得这些变量效果的证据，并循环地应用于今后的设计之中”。基于设计的研究把传统研究中对实验结果的关注转移到学习过程上，而且在整个的研究过程中教师可以对课堂上所发生的事情灵活地反应，而不像以往那样必须要循序一系列的实验规程。

行动研究也是一种在动态系统理论框架下值得考虑的研究方法。它是行动实践者为了改进工作质量，将研究者和实践者、研究过程与实践过程结合起来，在现实情境中通过自主的反思性探索，解决实际问题的一种研究方法。教育行动研究是在实际情景中，由实际工作者和专家共同合作，针对实际问题提出改进计划，通过在实践中实施、验证、修正计划而得到研究结果的一种研究方法。它的基本特征可以简单地概括为：（1）为行动而研究，以提高行动质量、改进实际工作、解决实践问题为首要目标；（2）在行动中研究，强调教学行为与科学研究相结合，强调行动过程与研究相结合；（3）由行动者研究，专家（或传统意义上的“研究者”）与实际工作者一起合作，共同进行研究。研究的问题由专家和实际工作者一起协商提出，并共同确定研究结果的评价标准和方法。行动研究也是以系统为对象，其目的在于发现各种可能性，而不是追求传统研究的预测。在行动研究中，研究者不再作为一个外部的实验者，而是集研究者与实践者为一身，他们会有意识地把传统意义上的“噪音”引入研究之中，以观察它们所引起的结果。

三、纵向、个案、时间序列方法。纵向是指在一段相对长的时间内对同一个或同一批被试进行重复的研究，尤其适合于个案研究。Larsen-Freeman & Cameron（2008）认为，在采用此类方法时要特别注意以下两个方面的问题：（1）时间尺度。单纯地延长研究的时间是不够的，更重要的是要根据系统变化的速度确定好取样的时间间隔。（2）关注变异性。变异性被看作动态系统理论框架下研究的核心，纵向个案研究是研究变异性的典型方法。van Geert 和 van Dijk（2002）强调要注意不同变量在不同时间尺度上的变异性，例如，“某个发展变量在逐渐增长中会表现出慢速摇摆的现象，而另一个变量则有可能呈现出间断式的增长，它可能在一天之内就会出现大幅度的波动”（p. 346）。计算机技术为捕捉系统的变异性提供了很大的方便，van Geert 和 van Dijk（2002）所设计的“移位极小 – 极大值图标”就是一个很好的研究工具。“该图表的制作原理如下：假设在一个研究中共得出 50 次测量，那么就可以根据数据特征划分为若干个移动的子系列。比如可以把每 5 次作为一个子系列，即 1–5 为系列一，2–6 为系列二，3–7 为系列三……依次类推。然后，对每个子系列进行极小、极大值计算，得出若干组数据。以这样的数据绘成图表，就能把发展过程中杂乱无章的变异性形象化地呈现出来”（李兰霞，2011：418）。

四、微发展研究法（microdevelopment）。该方法是纵向研究的一种，指在短时期内进行高强度取样而得到密集语料。微发展研究法的一个基本假设是：在研究对象的发展与演化过程中，研究者可以在某些时间点直接地观察正在发生的变化（Larsen-Freeman & Cameron，2008）。另外，由于变化可能会发生在不同层次的时间尺度上，研究者可以通过获取小时间尺度的变化来构建在大的时间尺度上变化的过程，从而更好地获取关于变异的信息。Thelen 和 Corbetta（2002）指出，微发展研究法不仅可以使研究者发现发展过程中一些关键性节点所发生的时间，更为重要的是，它可以使他们了解这些关键性发展是如何发生的。

五、计算机建模。计算机技术的发展为在动态系统理论框架下开展应用语言学研究提供了诸多便利，其中计算机建模就是一个方面。所谓计算机建模就是为“所考察的真实的复杂系统建立一个计算机模型”（Larsen-Freeman & Cameron，2008：209）。从动态系统理论的角度来看，语言发展是一个交互的过程，外部输入要不停地进入到现有的知识之中，这是一个非常复杂的过程，其中所涉及因素众多，要想在一个实验或者研究项目中把所有的因素都考虑在内是不可能的。而计算机建模技术可以通过程序的设计让研究者把各种因素考虑在内，然后把程序在计算机上进行连续的迭代运行，以模拟系统随着时间的变化而不断发展的过程，再把模拟结果和真实数据进行比较，就可以推断各个变量如何在时间流逝中交互作用（de Bot，2008）。另外，研究者还可以尝试改变一些参数，以观察由此而带来的变化，这些都大大提高了研究的效率。Minar 等（1996）所设计的计算机程序 Swarm 能够使研究者建立详细的基于系统因素的模型，可以模拟不同组的因素之间随着时间的变化而互动的过程。van Geert（2008）

还按照双向因果关系的理念建立了一个母语习得的模型。

六、大脑成像。近30年来，随着功能影像学技术的不断发展，现代化的大脑成像技术在应用语言学的研究中得到广泛应用，其作用也日益重要。对于包括语言能力在内的大脑高级认知功能的研究，有两个核心的观察点：时间和空间。所谓时间是指某一语言处理活动发生的具体时间以及在语言处理过程中的不同时间点出现的信息。具有高度时间分辨率的神经学方法可以使我们准确地探测在语言理解和语言产出过程中大脑在不同时间点的活动。所谓空间就是指某一语言处理活动在大脑中发生的具体位置。目前使用最多的功能性成像技术包括血液动力学和电磁学两种。血液动力学成像技术的基本原理在于，要进行某一项认知任务，就要相应地增强大脑的神经活动，也就随之增加被激活的大脑区域的糖分和氧的供应，这一变化可以通过局部脑血流量（regional cerebral blood flow，rCBF）反映出来；该技术包括正电子释放成像（positron emission tomography，PET）和功能性磁共振成像（functional magnetic resonance imaging，fMRI）。神经细胞的电化学性质为研究大脑的高级功能活动提供了机会，当人们进行某一项认知活动时，例如，观察一个物体、识别某个声音、发出某个语音等，都会引起大脑中电化学的变化，这些变化可以通过安放在头皮的电磁成像技术记录下来。目前这些技术主要包括脑电图（electroencephalography，EEG）、脑磁图（magnetoencephalography，MEG）以及事件相关电位（event-related potentials，ERPs）三种。这些技术都可以帮助研究者对大脑的动态变化进行研究。

3.3 动态系统理论与二语习得研究

目前动态系统理论已经被广泛地运用于二语习得的研究之中，并为该领域研究带来了新的面貌。de Bot 等（2005）指出，传统的二语习得研究大多把学习者语言的发展视为一个从零到近似母语的连续渐变的线性过程，而动态系统理论则把该过程看作是一个基于使用和基于项目的学习过程，这一过程不是线性的，学习者不是按部就班地在学习完一个项目之后，再转向下一个项目的学习。即使是对于单个项目的学习来说，它也不是线性的，而是呈现出一种曲线，其中布满了峰和谷、进步和倒退（Larsen-Freeman，1997）。

在动态系统理论的指导之下，二语习得研究的一些重要问题具有了新的视角（李兰霞，2010）：

第一，关于语言习得机制。以 Chomsky 为代表的生成主义学派认为，人具有与生俱来的语言习得机制，包括对人类语言的性质和结构的认知。先天论者认为语言习得机制由两个不同的部分组成，即包含语言普遍特征的语言信息和评价程序；认为人具有学习语言的内在机制，这种机制使他们能够对语言的结构构成作出假设，并对这些假设作出验证与评价。规则学习论者则认为先天因素和后天因素互相补充，互相依赖。儿童并没有语言普遍特征的知识，他们必须要从语言的输入中发现普遍特征和个别特征，而先天的语言处理机制能够引导他们从听到的语言中归纳出他们所习得语言的整体结构。而以 Piaget 为代表的建构主义学派则强调人与环境的交互作用，认为包括语言在内的知识的学习就是同化与顺应的过程。尽管这些理论存在着很大的差异，但是它们都隐含着一个基本的假设，那就是输出的复杂性不可能超越初始状态（即普遍语法）和输入（即学习者所接触的语言材料）二者之和的复杂性。换言之，每个在输出中找到的原则要么存在于语言习得机制之中,要么存在于输入之中。Larsen-Freeman（1997）认为这样的假设显然不能解释学习者语言系统中不断增长的复杂性。从动态系统理论的角度来看，每个学习者都是一个自组织的动态系统，并由此发展出自身的目标语言系统。和语言习得天赋观不同，动态系统理论认为，学习者基于自身的主观能动性和个体差异性，在反复应用简单程序的过程中使得语言输出的复杂性超过了语言输入的复杂性（Tarone，1983）。该理论基于使用和浮现主义的观点，认为语言的复杂性是在使用过程中通过自我组织浮现出来的，而频率是引起学习者语言系统自我重复的重要因素（Bybee，2003）。van Geert（2003）也认为，语言习得和其他发展中的现象一样是自组织的，语言对外部输入作出反应，并通过自组织引起复杂语言系统的浮现，并不需要先天机制的存在。

第二，关于二语习得的过程。动态系统理论认为，二语发展过程中常常在各个层次分布有多个引子状态（attractor states）。引子状态是动态系统理论中一个十分重要的概念，是指在时间流逝中，某个动态子系统可能会停留的某个有限状态；那些明显的非有限状态称为排斥状态（repeller states）。de Bot 等（2007）曾经这样描述上述两种状态："如果有一个小球，在凹凸不平的平面滚动，那么凹面就是引子状态，凸面就是排斥状态。凸面越深，小球就需要更大的力量才能滚出凹面。"引子状态是系统相对稳定的状态，而且对较小波动的敏感性较低。在二语习得过程中，学习者所犯的语法错误是相对稳定的，甚至会持续很长的时间，有时学习者意识到自己的错误，虽然能够及时纠正，但是过后又会回到错误的状态，这种回归正是受到了引子状态的牵引。语言的发展就是从一个引子状态到另一个引子状态的过程，其中充满了非线性的变异，在各个层面都有增长和磨蚀，但都不是最终状态。语言学习过程中中介语的石化现象就是引子状态的一个很好的例子。石化现象，又称僵化，是二语习得或者外语学习中经常出现的一种现象，即不正确的语言特征会在很长的时间内成为一个人说或写一种语言的方式。根据中介语假说，在语言学习的过程中，学习者使用的是一个既不同于自己的母语也不同于目标语的自然语法系统，即中介语。由于他们第二语言能力有限，因此在交际中出现错误，偏离目标语的规范，出现了中介语的石化现象。语言石化可以表现在语言的语音、语法、词汇等各个层次上，例如，一些中国的英语学习者在发名词复数词尾 -s 时，总是发成 /s/，尽管在很多情况下它需要发成 /z/。在传统的观念中，石化现象往往被视为一种最终的结果状态。而动态系统理论认为，学习过程并非基于输入的简单的线性增长过程，而是会在学习者内部与外部各种因素的相互影响与作用之下，可能会出现倒退、停滞或者前进、跳跃等难以预测的变化，石化现象就是其中的一种，是动态系统自我组织过程中的非重建平衡状态（Larsen-Freeman，2005），是一种相对于其他状态而言系统更容易停止的状态，这种停止也是暂时的。随着对语言的不断使用以及学习者语言能力的不断发展，语言系统又会在此基础上不断的重组。

第三，关于一语和二语之间的关系。传统的研究强调一语对二语习得的影响，即所谓的语言迁移。动态系统理论在肯定这一点的同时，也强调二语对一语的影响，因为一语和二语不是两个彼此分离的系统，它们都是学习者语言系统的子系统，彼此之间相互影响（de Bot et al.，2005）。许多研究（例如，Ransdell & Fischler，1987；Dussias，2001）表明，从学习者开始学习一种新的语言开始，就会影响他们原有的语言系统，尤其是随着二语水平的提高，二语对一语的影响也会越来越大。

3.4 动态系统理论与学习者个体差异研究

动态系统理论与学习者个体差异的研究也具有很好的契合性，因为学习者个体差异系统完全符合动态系统的特征。首先，学习者个体差异的各种要素都是动态的，都处在不断的变化之中。例如，学习观念就具有动态的特性，会随着学习者状态的变化而不断地变化（Riley，1994；Barcelos，2000；Woods，2006；Hosenfeld，2003；Kalaja & Barcelos，2003）。学习动机也会在与包括社会环境以及学习者个人等一系列因素的互动之中而呈现出不断变化的过程（Dörnyei & Skehan，2003）。即使是对于语言学能、性格等看似稳定的因素来说，它们也都处在动态变化之中，只不过变化的速度要相对缓慢一些。不断变化的各种因素相互结合，从而构成了一个动态的学习者个体差异系统。第二，该系统具有完全的相关性和复杂性。学习者个体差异可以被视为一个由心理因素（如性格、焦虑、学习风格、动机等）和行为因素（如学习策略、努力程度等）构成的复杂系统。在外语学习的环境下，这一系统中包含着众多的子系统，而每个子系统又包含诸多的要素。例如，语言学能可以被视为是学习者个体差异系统的一个重要子系统，这一子系统又包含语音编码能力、语法编码能力、归纳学习能力和机械记忆能力等要素，而每一个要素又可进一步被视为一个子系统。而且，在这一系统之中，各个子系统和构成要素之间都相互依赖，相互影响，从而构成了一个复杂的关系网络系统。第三，学习者个体差异系统也呈现出非线性的特质。例如，语言学习者的努力程度未必会对学习成绩带来直接的影响。一个人长期的努力学习不一定会导致学习成绩的提高，而一个偶然的事件，例如，出国，或者要参加一个英语竞赛，则可能会激发学习者的学习动机和强烈的学习愿望，从而导致语言学习成绩的大幅度提高。上述实例在说明学习者个体差异系统具有非线性特征的同时，也说明了该系统对初始状态的敏感性。系统中任何一个要素的细微变化很可能会引起连锁反应，从而导致整个系统的变化，最终导致学习效果的变化。另外，学习者个体差异也是一个自我组织的系统，除了系统内部诸要素的互动与重组之外，它还不断地接受着来自于外部因素正面与负面的反馈，从而在适应的过程中得到不断的重组与发展。

尽管动态系统理论与学习者个体差异系统具有很好的契合之处，但是与二语习得的其他领域相比，在动态系统理论的视角下所进行的关于学习者个体差异研究的范围还很狭窄，目前主要涉及学习动机和语言学能两个领域。在学习动机研究领域，Dörnyei 率先运用动态系统理论来阐释学习者个体差异变量之间的关系，是目前该领域最为重要的研究者。他（2000，2001）认为学习动机的研究应该更加关注它的动态特点与时间变异性。当考虑到动机与具体的学习者行为和课堂教学过程的关系时，我们会发现动机不是静止不变的，而是会随着时间的推移出现不断的上下波动；即使在同一个课堂之内，学习者的动机都有可能发生变化。因此，动机应该被视为一个动态的系统。Dörnyei（2000，2001）的观点得到了其他研究者进一步证实。例如，高一虹等（2011）对我国大学生群体的宏观跟踪调查表明，大学生英语学习的动机水平会随着年级的增长而波动，大学四年的动机强度呈现出先降后略升再趋平稳的趋势。MacIntyre 和 Legatto（2011）则使用一种被称为“个人动态法”的新方法测量在执行一系列任务期间学习者交流意愿的实时变化，结果表明学习者交流意愿在几分钟之内都有可能波动。交流意愿与动机具有密切的关系，由此可见，动机的发展并非像以往想象的那样稳定，而是复杂的、不可预测的。Dörnyei 和 Otto（1998）提出了一个关于动机的处理模型。该模型充分考虑了动机的动态性，详细描述了学习者最初的愿望被转化为目标，然后又进一步形成操作性的意图，进而贯彻这些意图，从而达到目标的实现，并且最后进行评估的过程。这一过程包括三个阶段：（1）行动前阶段，选择目标或者学习者要追求的任务；（2）行动阶段，涉及与具体学习环境（如二语课程、教师和学生全体等）相关的执行性动机；（3）行动后阶段，学习者要对整个的过程进行反思性的评价。在这一模式中，动机不再被视为一种静态的、稳定不变的东西，而是一个动态的过程。在此基础上，Dörnyei（2005，2009，2012）提出了一个动机性任务处理模型，其中包括任务执行、任务评估和行为控制三个组成部分。所谓任务评估是指动机系统不停地监控学习者对外部刺激作出反应，并把学习者的实际表现与预期的结果进行比较的处理过程；而行为控制是指学习者的自我规范，以期促进、协助与保护自己的学习行为。Dörnyei 和 Tseng（2009）还采用结构方程建模的方式描述了上述三个组成部分的循环影响关系。Dörnyei（2005）还提出了二语动机自我系统，该系统包括了认知和情感因素，更加充分地体现了动机系统内部成分的相互关联和相互影响。该理论立足于心理学中“可能自我”（possible self）的概念，提出了动机系统的三层架构：理想自我、应该自我与二语学习经验。理想自我是指一个人希望自己拥有的所有特质，例如，愿望、热情、目标等；如果一个人的理想自我与二语的掌握相关联，也就是说，他希望自己成为一个能够熟练使用目标语言的人，那么他的动机就属于我们传统上所说的“融入型动机”。应该自我是指一个人觉得自己应该具备的所有特质，例如，各种任务、义务与责任等。与理想自我相比，应该自我要更加的外在化，两者之间会相互影响，也能通过学习者自身的学习经验互相转化，但是两者之间的功能各不相同：理想自我更多地具有促进的功能；而应该自我更多地具有预防的功能，可以调整负面结果的产生与消失。二语学习经验指直接的学习环境和经历，这与动机处理模型中的行为阶段相对应。把二语学习经验纳入到二语动机自我系统之中，反映了 Dörnyei（2005，2009）所主张的动机与学习者外在环境存在复杂的互动关系这一观点。

动态系统理论也被运用到语言学能的研究之中，其中影响最大的当属 Robinson（2005，2012）所提出的语言学能理论模型。Robinson（2005）认为，语言学习的各种能力不是孤立的，它们之间相互联系、相互影响，构成一个复杂的动态系统，和语言学习环境一起共同作用于语言学习的过程。基于上述认识，他把语言学能勾勒成一个由四个层次圈所形成的圆形图表。

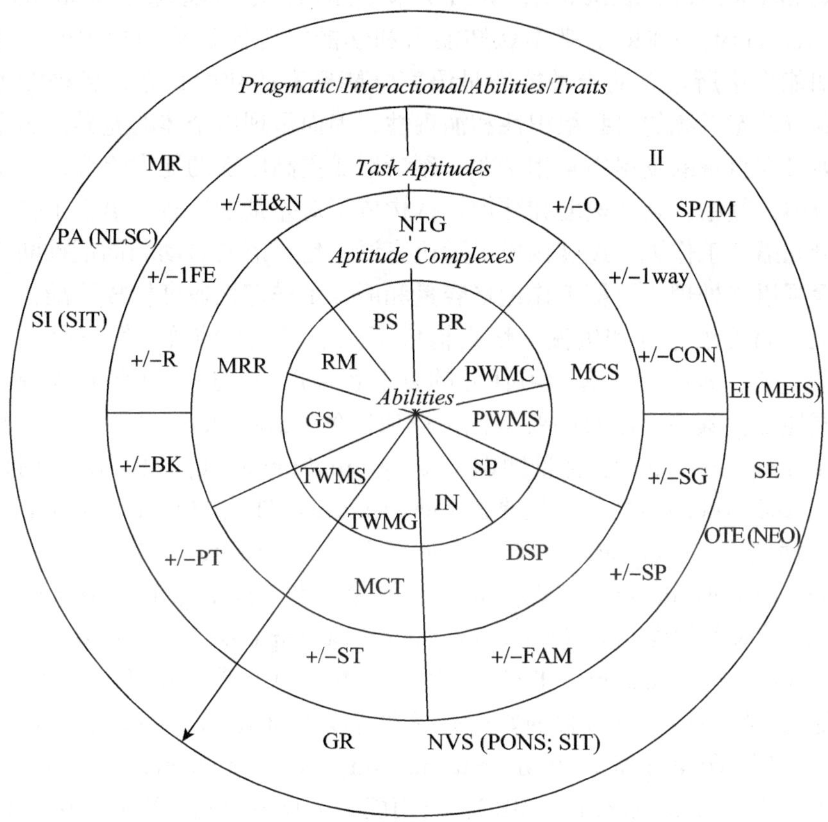

图 3-3　学能、发展与学习环境示意图（Robinson，2005：52）

如图 3-3 所示，四个层次圈分别为基本认知能力层、学能组合体层、任务学能层以及语用 / 交互能力 / 特质层，而且每一个层次都由多种能力构成。居于图形中心的是基本认知能力层，包括处理速度（processing speed，PS）、结构辨认（pattern recognition，PR）、语音工作记忆容量（phonological working memory capacity，PWMC）、语音工作记忆速度（phonological working memory speed，PWMS）、语义启动（semantic priming，SP）、词汇推断（lexical inferencing，IN）、语篇工作记忆容量（text working memory capacity，TWMC）、语篇工作记忆速度（text working memory speed，TWMS）、语法敏感度（grammatical sensitivity，GS）和机械记忆（rote memory，RM）。第二层是学能组合体，包括对差别的注意（noticing the gap，NTG）、随机言语记忆（memory for contingent speech，MCS）、深层语义处理（deep semantic processing，DSP）、随机语篇记忆（memory for contingent text，MCT）和元语言规则演练（metalinguistic rule rehearsal，MRR）。基本认知能力和学能组合体是密切相关的，基本认知能力中所包含的十种能力是语言学能要素的初始状态，各种能力本身具有动态系统的自我组织性和涌现性，因而呈现出个体的差异。这十种能力又在自身的发展中互相交融，逐渐形成更高层次的能力组合，即学能组合体；其中，处理速度和结构辨认构成了对差别的注意，语音工作记忆容量和语音工作记忆速度构成了随机言语记忆，语义启动和词汇推断构成了深层语义处理，语篇工作记忆容量和语篇工作记忆速度构成了随机语篇记忆，语法敏感度和机械记忆则构成了元语言规则演练。第三个层次是任务学能，是指学习者学习任务的复杂程度以及在进行任务时表现出的不同能力，其中所涉及的要素包括单项任务（single task，ST）、计划时间（planning time，PT）、背景知识（background knowledge，BK）、此时此地（here-and-now，H&N）、少量要素（few elements，FE）、推理（reasoning，R）、开放性任务（open task，OT）、单向任务（one-way task，1way）、收敛性任务（convergent task，CT）、同性别的参与者（same gender participants，SG）、同水平的参与者（same proficiency participants，SP）和熟悉的参与者（familiar participants，FP）。第四个层次，也就是最外层，是语用/交互能力/特质层，所包含的要素有互动智能（interactional intelligence，II）、自我呈现/印象管理（self presentation/impression management，SP/IM）、理解他人（mind reading，MR）、语用能力/非字面意义理解（pragmatic ability/nonliteral speech comprehension，PA/NLSC）、社会洞察力（social insight，SI，可采用 social insight test，SIT 进行测验）、情感智能（emotional intelligence，EI，可以采用 multifactor emotional intelligence scale，MEIS 进行测验）、自我效能（self efficiency，SE）、对经验的开放性（openness to experience，OTE，可以采用 Neuroticism，Extroversion and Openness Personality Inventory，NEO 进行测验）、手势理解（gesture reading，GR）、非语言行为的敏感性（nonverbal sensitivity，NS，可以采用 Profile of Nonverbal Sensitivity，PONS 和 Social Interpretation Test，SIT 进行测验）。在这四个层次中，内围的两个层次是以输入为基础的学习能力；第三个层次则是以输出为基础，因此包含了学习者的实际表现；第四个层次则是第三个层次的要素在实际交际中的转化。

郑咏滟和温植胜（2013）认为，Robinson（2005）所提出的语言学能模型充分体现了动态系统理论的思想，突破了以往关于语言学能就是简单因素组合的思想，指出语言学能是由各种因素构成的复杂系统，各种因素间相互连接、层层递进，交互互动。另外，该模型所采用的轮状圆形结构也充分显示了基本认知能力、学能组合体、语言学习环境和条件、语言外部发展四者之间的动态交互关系，体现了认知与环境的互动，说明语言学能是动态发展而不是固定不变的。Robinson（2007）又进一步提出了语言学能综合体假说（Aptitude Complex Hypothesis，ACH），他对基本认知能力进行了进一步的层次区分，分为初级能力和次级能力，次级能力要以初级能力为基础。

3.5　小结

从动态系统理论的视角审视学习者个体差异，我们会发现学习者个体差异的诸多要素构成了一个复杂系统。这些要素会随着时间而不断地发生变化，因此是动态性的。它们之间又相互关联，相互影响，因此是完全相关、互动的。在互动的过程中，各种因素不断变化，会导致系统内部各种因素的相互调试，不断地从一种组织结构变化到另一种组织结构，因此这一系统具有自组织性。系统中一个因素的微小变化有可能会引起一系列的连锁反应，从而对长期的结果产生重大的影响，因此该系统对初始状态具有高度的敏感性。也正因如此，系统的整体运行结果往往是突变的、非连续的，因此是非线性的。另外，学习者个体差异作为一个整体体现于学习者，而学习者又与学习环境之间不断地产生互动，因此，这一系统又是开放的。语言学习者个体差异的复杂系统由内向外形成不同层级的子系统，即内隐变量系统、中介变量系统和直接变量系统，各个子系统之内又包含了多个分系统，每个分系统之内又包含多种因素。这些层级之间存在着各种方式的相互依赖和交互作用，加上环境因素，从而构成了一个庞大复杂的动态系统。在动态系统理论的视角下研究学习者个体差异，就是要研究这些复杂的、动态的、非线性的开放系统及其相互关系，发现它们内在的互动规律，从而为外语教学提供理论支持。但是，与二语习得的其他领域相比，动态系统理论在语言学习者个体差异研究中的应用还比较有限，目前只是局限于语言学能与学习动机两个方面，还缺乏全面系统的研究。

第4章

研究方法

对于任何的研究来说，采用正确的研究方法是取得成功的关键所在。Larsen-Freeman & Cameron（2008）等人的观点为在动态系统理论框架内开展应用语言学的研究提供了总体的方法论，但是具体到学习者个体差异而言，目前尚无成型的研究范式。尽管动态系统理论已经在二语习得研究领域得到了广泛的认可，但是大多数研究只是局限于理论探讨的层面，真正的实证性研究并不多，其中的一个重要原因就在于研究者对研究方法的困惑（Dörnyei，2015）。我们认为，在动态系统理论的指导下开展学习者个体差异的研究要在该理论的总体原则的指导之下，结合自身研究的目的，综合各种方法的长处，创造性地开展研究工作。在本章我们将全面介绍本项目研究的基本思路与研究方法。

4.1 总体设计

动态系统理论对传统的还原论的研究方法提出了挑战，在这一理论指导下的二语习得研究本身也面临着诸多的问题，研究者对于有关的研究方法还存有许多疑问。Dörnyei（2009）指出，这些疑问主要来自以下三个方面：（1）非线性变化的建模。从动态系统理论的角度来看，系统和系统构成要素的变化是非线性的，存在着所谓的“蝴蝶效应”，这就为研究者预测系统的行为带来了困难。“如果（系统的运行）过程是非线性的，那么我们怎么可能会对结果作出任何的预测呢？”（de Bot & Larsen-Freeman，2011：18）（2）观察整个系统的运作以及不同部分的互动，而不是把精力集中在系统内部的具体变量上。动态系统的一个核心特点就是其内部要素的完全相关性，而“如果一切都是关联的，我们怎么可能脱离其他的与之关联的事物去研究某一个变量呢？”（ibid.）（3）寻找传统的定量研究方法的替代方法，以便于观察系统要素的动态关系。

对于上述疑问，我们认为，虽然动态系统理论为二语习得研究提供了一种新的研究范式，但是这并不意味着一切都要推倒重来。具体到研究方法来说，虽然传统的还原论存在着诸多的问题，但是这并不意味着它就一无是处，它与动态系统理论之间存在着很强的互补关系。动态系统理论更多地从整体的眼光来看待研究的对象，它把事物看成是一个由多种因素构成的复杂系统，更加看重整个系统的行为，这是一种宏观的研究视角；而还原论则更加强调研究对象的构成要素，将复杂的系统与现象化解为各个部分来分别加以描述和解释，进而发现各种要素之间的因果关系，这是一种微观的研究视角。从科学研究的角度来看，宏观的研究与微观的研究都是需要的，两者的结合才能使我们看到事物的全貌，才能真正认识事物的本质。单纯地采用还原论的研究方法，很有可能会使我们只关注了问题的细节，而不能把握它的全貌，只见树木，不见森林；而单纯地采用动态系统理论的观点，则很有可能使得我们只去关注事物的全部，不去关注细节，造成的结果则是对事物的全部也无法了解，从而陷入不可知论的泥潭。因此，在动态系统理论的指导下开展学习者个体差异的研究，关键在于充分吸收该理论的核心思想，在重视各种要素的完全相关性和动态性的同时，也不能完全放弃传统研究方法的长处—— 一方面要承认各个要素的相对独立性，把各个要素视为独立的实体分别进行研究，分析它们对学习成绩的影响；另一方面又要重视某个要素与其他要素之间的互动关系以及它们随着时间的推移而发生的变化，构建学习者个体差异动态的系统，分析它们作为一个整体是如何影响学习成绩的。另外，在个体差异研究领域，传统研究的重点在于探讨影响外语学习过程（主要包括成绩和速度）的因素；也就是说，它们大都把个体差异作为自变量，学习成绩作为因变量，很少关注学习成绩对于学习者个体差异要素的反向作用以及个体差异要素之间的相互影响，这一缺陷导致我们无法从总体上认识学习者的个体差异。因此，在本项目研究中，我们将努力在这一方面有所突破。

本项目研究的目的在于建立一个学习者个体差异的动态系统的模型，并以此模型为基础，对我国英语学习者进行跟踪研究[1]，全面考察个体差异

1 跟踪研究是观察性研究的一种类型。所谓观察性研究，是对于实验研究而言的。在实验研究中，研究者要通过有意识地改变某种因素，观察其他相关的因素是否发生变化。而在观察性研究中，研究者对于外语学习的活动和日常教学不作任何的外部干预，只是对教学的状况和学习的过程进行观察，收集数据，然后用统计的方法考察不同因素之间的关系。观察性研究分为横向研究（cross-sectional study）和纵向研究两种类型。横向研究又称共时研究，是研究者在同一个时间点上进行的调查研究；而纵向研究则是在不同的时期内进行重复调查，以了解受试在不同阶段的变化情况（秦晓晴，2003）。

变量之间如何交互影响，进而如何决定学习的成败。为了实现这一目标，研究工作可以按照以下三个步骤来进行：

（1）学习者个体差异要素的确定。个体差异所包含的要素数量众多，不同的研究者从不同的角度出发对学习者个体差异的构成成分进行了不同的分类，其中存在着许多交叉与重叠，大家对个体差异所包含的构成要素看法并不一致。即使对同一个个体差异变量，不同学者的定义也不尽相同。更为重要的是，个体差异变量的表现也不稳定。例如，语言学能的高低会因为学习任务和学习环境的变化而变化（Robinson，2007）；学习动机也不是一成不变的，同一学习者在不同的学习时间会表现出很大的差异（Dörnyei，2009）。动态系统理论主张要从整体的、全局的眼光来看问题，我们可以把学习者个体差异看作是一个总的系统，在这个系统之下又包括许多子系统，例如，语言学能、学习动机、学习策略等，而每一个子系统又包含许多的构成要素。而要做到这一点，我们首先要以目前的研究成果为基础，对学习者个体差异的构成要素进行全面的梳理与总结，从中找出其所包含的核心要素以及这些要素的构成成分，从而为整个项目的研究打下扎实的基础。在本书的第 2 章，我们已经基本完成了这一工作。

（2）学习者个体差异系统的初步建模。复杂性是动态系统的核心特征之一，而要把握这一复杂性，最好的办法就是建立这一系统的互动模型。Dörnyei（2010）指出，建模是在动态系统理论指导下研究学习者个体差异的基本方法，因为通过模型的建立可以形象地说明系统内诸要素的互动关系，从而实现研究的目的。模型的建立首先要以前期有关学习者个体差异的相关研究为基础。学习者个体差异研究开始于 20 世纪 70 年代，至今已有 40 多年的时间，其间取得了丰硕的成果。尽管这些研究大都没有从动态系统理论的角度出发，但是我们也不能因此而忽视了它们的价值：它们都从不同的层次、在一定程度上说明了学习者个体差异诸要素之间的相互作用以及对学习成绩的影响，从而为本项目的研究奠定了良好的基础。我们可以从动态理论的视角出发，重新审视这些研究成果，从中梳理出各种要素之间的互动关系，从而建立一个初步的学习者个体差异的互动关系模型。

（3）模型的检验与修正。这是本项研究的核心部分，我们采用了跟踪研究的方式记录学习者在个体差异以及学习成绩方面的变化过程。动态性是动态系统理论的一个关键性特征，也就是说，学习者个体差异的各个要素都是处于不断的变化中，要捕捉这些变化的过程，最基本的方法就是跟踪研究。如上文所述，Larsen-Freeman 和 Cameron（2008）指出，跟踪研究是动态系统理论框架下开展应用语言学研究的基本方法，同样，Menard（2002）也认为跟踪研究应该是研究任何动态过程的默认方法。实际上，还有许多研究者（例如，Gass et al.，2013；Plonsky，2011）都主张采用这一方法来研究学习者的个体差异，正如 Dörnyei（2005：242）所指出的那样"一个没有显著跟踪研究特点的动态系统研究是很难想象的"。因此，在本项目研究中，我们对研究对象进行了为期一学年的跟踪研究，全面记录包括语言学能、动机、学习策略、性格、外语焦虑、学习风格、学习观念、努力程度等 8 个变量以及学习成绩的变化。

在跟踪研究中，我们采用定量与定性研究相结合的方式，两者都是外语教学研究的基本范式。定量研究主要搜集用数量表示的资料或信息，并对数据进行量化处理、检验和分析，从而获得有意义的结论，其基本内涵就是以数字化符号为基础去测量，以某种标准数量的比较来测定研究对象的特征数值或者求出某些因素间的量化的变化规律。定性研究利用非数字式的数据，如采访、个案研究、参与者现场观察等，深入研究对象的具体特征或行为，进一步探讨其产生的原因。定量研究可以为我们提供大量的、客观的数据，但是单靠这些数据是不够的，没有一定的定性研究与分析，有时定量研究的数据也难以得到全面深入的解释。定性研究和定量研究是各具优势、互为补充的。定量研究比较适合用来客观地描述现象，回答"是什么"的问题；而定性研究则适合用来解释现象背后的原因，回答"为什么"的问题。因此，Dörnyei（2009）主张对于复杂系统的研究要采用综合性的研究方法。Mason（2002）也认为，综合性的研究方法对于复杂系统的研究来说是最为适合的，因为它可以使得复杂系统的各个层面都得到全面的研究。在本项目研究中，除了定量研究之外，我们还采用定性研究的方法，通过采用让学习者记日记和访谈的方式获取相关的资料。下面我们分别介绍定量与定性研究的设计方案。

4.2　定量研究的设计

4.2.1　受试

为了使受试具有代表性，并且能够体现学生类型的差异，同时也为了测量工作的方便，我们从清华大学和中国劳动关系学院两所高校共选取了

75名非英语专业的大一学生参加本项目研究[2]。这些学生分别在各自的高校形成了两个大学英语教学班。在这两所高校中，清华大学为985高校，中国劳动关系学院为二本类院校。选择大一学生的一个主要原因在于，这些学生刚刚结束高中阶段的学习，开始大学阶段的学习，这是他们在人生发展过程中的一个具有重要意义的转折点。面临着新的学习环境、新的教学要求和新的教学方法，他们更容易在个体差异的各个变量上呈现出显著变化，更有利于我们发现这些变化的规律。跟踪研究的一个最大难题在于要保证受试能够长期配合，能够按照研究的要求提供真实的数据。我们认为，要做到这一点，就要遵循自愿、有利、尊重和公正的原则。因此，在研究开始之前，首先向受试说明研究的目的，并向他们讲明所有的数据均用于纯粹的学术研究，不会向他人透露任何个人信息，他们也不会因为不参加而受到任何的惩罚，每次提供数据都会向他们提供一定的报酬。学生自愿签署知情同意书，而且在中途也可以随时退出。从实施的实际情况来看，学生们参与的热情比较高。在长达一学年的跟踪研究中，只有5名学生因为各种原因退出，我们最终获得了70名学生的有效数据。产生这种效果的原因主要有两个：一是受试通过活动的参与获得了很大益处，这不是体现在他们所获得的报酬上，而在于通过提供各种数据的、参加及英语测试，可以更好地监控自己学习英语的进程，不断地进行自我反思，了解自己取得的进步；二是测量的时间间隔适中，避免由于测量过于频繁而增加学生负担的问题。表4-1中列出了这些学生的基本信息。由此我们可以看出，受试者的男女比例基本平衡，专业分布比较广泛。

表4-1　受试基本情况表

总　数	70
性　别	男：31（41.2%） 女：39（58.8%）
年　龄	范围：18～22岁 平均：19.7岁

2　从研究方法的角度来看，受试是研究对象总体的样本，研究的任务就是要根据样本作出对总体的各种假设，进而对总体作出推断。要做到这一点，首先要求样本要具有充分的代表性，即研究对象总体的本质特点要在样本中得到体现。另外就是要求尽可能使用较大的样本。对于样本数达到多少才算是足够大，目前尚无定论，不过一般认为样本量在30以上就可以被称为大样本。

（续表）

专业（括号内数字为人数）	化学工程（3） 土木工程（4） 工业关系（10） 电子工程（4） 财经（1） 热力工程（2） 电力机械（2） 心理学（1） 自动化（1） 生物学（2）	人力资源管理（10） 工程动力（1） 医学（1） 政治学（10） 计算机科学（3） 安全工程（8） 建筑（2） 社会科学（2） 物理学（3）

4.2.2 数据的收集

数据的收集从 2012 年 10 月开始到 2013 年 5 月结束，持续两个学期，与课堂教学的进展同步实施。如第 3 章所述，要把握动态系统内各个要素的变化情况，其中一个关键的因素就是测量的时间尺度，即测量的时间间隔。理论上讲，一个人总是处在不断的变化过程之中，那么与之相关的学习者个体差异以及语言学习成绩也是不断变化的。因此，测量的时间间隔应该越短越好。但是，我们也不能采用微发展的研究方法，即在短时期内进行高强度取样，其主要原因在于:（1）个体差异变量属于相对稳定的个人特点，尤其是像语言学能和性格这样的变量，它们属于人们内在的能力或者心理特质，虽然它们构成成分中的某些要素可能会出现上下的波动或者短时间的变化，但是不会在短时间内从根本上改变其性质。（2）从具体的操作层面来看，由于本项目研究所要测量的变量众多，如果测量的时间间隔太短，就会要求受试频繁地填写各种调查问卷和做各种测试题目，这一方面不符合学术研究的伦理，冲击学生正常的英语学习过程，而且很容易造成学生的厌烦情绪，从而造成大量的受试中途退出，无法获得足够数量的数据。即使是对于那些不退出的学生来说，他们的合作与自愿程度也会大打折扣，他们所提供的数据的真实性和有效性也就成了问题。我们实际实施的经验也证明了这一点。我们最初的方案是对受试进行为期一个学期的跟踪研究，每两周进行一次全面的测量。在正式的数据收集之前，我们尝试着按照这一方案进行了先期的研究，对 5 名学生进行了为期两个月的跟踪研究，结果就造成了上述问题的产生。为了解决这一问题，我们对最初的研究方案进行了调整，调整的内容主要包括以下几个方面：第一，延长测量的时间间隔。我们对学习者个体差异的各种变量进行了思考，把它们分为稳定变量和易变变量两种类型[3]。性格和语言学能属于稳定变量，测量的时间间隔可以较长，而其他的变量以及学习成绩则属于容易变化的因素，测量的时间间隔要相对较短。第二，延长跟踪研究的时间。时间间隔的延长意为测量次数的减少，为了获得足够的数据，我们把原定的一个学期延长为两个学期。对于稳定变量来说，只需在开始和结束两个阶段进行两次测量即可，而对于易变变量而言，每个变量在两个学期之内进行四次测量，这样每次测量的时间间隔大约在 50 天左右。第三，为了尽量减少研究工作对于受试正常学习的影响，我们采用间隔测量的方式，即不是一次就把所有的测量项目全部完成，而是按计划分次进行（详细安排见表 4-2）。第四，为了减少课堂教学的占用时间，除了学习成绩测试之外，受试可以在清楚相关的要求之后，把调查问卷带走，在课后填写，并按照规定的时间交回。第五，在保证准确性的前提下，对目前普遍采用的学习者个体差异的各种测量工具进行必要的删减与合并[4]，以尽量减少测量所用的时间。

表 4-2　数据收集的时间安排表

阶　段	时　间	测 量 项 目
1	2012-10-07	语言学能和性格之外的个体差异变量
2	2012-10-10	学习成绩
3	2012-10-24	语言学能和性格
4	2012-12-05	语言学能和性格之外的个体差异变量
5	2012-12-12	学习成绩
6	2013-02-27	语言学能和性格之外的个体差异变量
7	2013-03-06	学习成绩
8	2013-04-22	语言学能和性格之外的个体差异变量
9	2013-05-08	学习成绩
10	2013-05-15	语言学能和性格

4.2.3　研究工具

如上文所述，学习者个体差异的构成要素数量众多，受到研究时间与研究条件的限制，我们不可能在一个研究项目之中把所有的变量都包括在

3　关于学习者个体差异变量的分类，在本书的第 5 章还有详细的讨论。

4　在 4.2.3 中我们还会对有关测量工具的情况作详细的说明。

内，而只能把精力集中在那些最基本的核心要素上面。通过对相关研究的全面评述与分析，我们确定了语言学能、动机、学习策略、性格、外语焦虑、学习风格、学习观念、努力程度等 8 个核心要素作为研究的对象，并通过一系列的测量工具对它们进行多次的测量，以获得在一学年的时间内受试的这些变量的变化情况。在测量工具的选择上，我们重点考虑了以下两个因素：一是它的有效性，即选择那些被广泛采用而且被证明具有很强的可靠性和有效性的测量工具；二是它的测量项目与我们对于各个学习者个体差异核心要素的构成成分相吻合。例如，在语言学能的测量方面，现代语言学能测试（Modern Language Aptitude Test，MLAT）和皮姆斯纽语言学能测量表（Pimsleur Language Aptitude Battery，PLAB）都是颇具影响的，但是后者把动机也视为语言学能的一个组成部分。在本项目研究以及绝大多数的学习者个体差异研究中，动机被视为一个独立的变量；而且，MLAT 所测量的要素也与我们的观点相同，因此，我们选择了 MLAT 作为语言学能的测量工具。除了测量工具的选择之外，为了尽量减少测量所耗用的时间，我们又根据本项目研究的实际情况，对各种测量工具进行了删减与合并，以避免不必要的重复。与此同时，为了确保测量工具的有效性，我们选取了 45 名学生进行了前期研究，对这些修正后的测量工具进行了检验。结果表明：修改后测量表的克隆巴赫（信度）系数[5]都在 0.71 以上，最高可以达到 0.89，说明它们都可以被用于本研究项目的测量。本项目研究所采用的测量工具包括一系列的用以测量动机、学习策略、性格、外语焦虑、学习风格、学习观念、努力程度等 7 个变量的调查问卷和两套用以测量语言学能和学习成绩的测试题。大多数调查问卷采用里克特量表的计量方法，每个问题都有“非常同意”“同意”“不确定”“不同意”“非常不同意”五个选项，分别标记为 5、4、3、2、1，要求受试根据自己的实际情况作出选择，每个受试的总分就是他对各个题目回答所得分数的总和。下面我们对这些测量工具逐一介绍。

（1）语言学能。如第 2 章所述，在 Carroll 和 Sapon（1959）提出了 Modern Language Aptitude Test 方案之后，又陆续出现了一系列的语言学能测量方案。尽管这些方案都吸收了当今语言学关于语言学习的新的理论，但是，从实际的测量效果来看，MLAT 仍然是最佳的选择。因此，本项目

5　克隆巴赫（信度）系数，又称 Cronbach alpha 系数，用以测量同一概念的不同项目之间的一致性，即测量工具的内在信度。其数值介于 0.00 至 1.00 之间，系数越高，说明量表的内在一致性就越强，测量结果也就越可靠。一般认为一个量表的信度系数在 0.70 以上，就被认为是可靠的。

的研究采用 MLAT 作为语言学能的测量工具。

（2）性格。性格测量采用由陈仲庚（1983）修订的汉化版的艾森克性格问卷（Eysenck Personality Questionnaire，EPQ）。EPQ 是目前应用最广的性格量表。但是，Eysenck 作为一名英国的心理学家，他所设计的问卷中的一些项目并不适用于其他国家，不符合其他国家的社会习俗和具体情况，因此必须加入新的项目备用，并需要反复多次地进行项目分析，淘汰一些不适合的问题，并补充一些新的问题。为了探索 EPQ 在中国的适用性，陈仲庚（1983）以 Eysenck 本人亲自提供的成人问卷为基础，全部采用了艾森克原问卷的 90 条；另外，为了弥补因相关性不高而被淘汰的项目，他又从其他的同类性格测量问卷中筛选出 9 个项目，作为补充备用的问题。他以对中国 643 位成人（其中男 368，女 275）的测试结果为依据，对全部项目进行了信度和效度分析，最后保留了 85 条[6]。目前，该测量方案已经成为我国使用最广的性格测量问卷。该问卷并不采用里克特量表的计算方法，所有的问题都只有“是”和“不是”两个选项。

（3）学习观念。学习观念的测量共包括 33 项，包括自我效能信念（2 项）、对语言学习本质的看法（4 项）、语言学能观念（3 项）、对语言学习难度的看法（3 项）以及学习策略观念（21 项）等五个部分。其中对自我效能信念和学习策略观念两个部分的问题均来自于由 Horwitz（1987）设计的“语言学习观念量表”（Beliefs about Language Learning Inventory，BALLI），共计 23 项；其余的 10 项关于其他学习观念的问题由我们根据本项目研究的需要而自行设计。

（4）学习风格。本研究所采用的学习风格量表包括 12 个项目，分别测量视觉型、听觉型、触觉型和动觉型四种类型，每种类型各有 3 个问题。在这 12 个问题中，有 7 个问题来自于 Reid（1987）的知觉学习风格偏好问卷（Perceptual Learning Styles Preference Questionnaire，PLSPQ），另外 5 个问题由我们自行设计。由于本部分和学习观念量表中自行设计的问题较多，为了确保量表的信度与效度，我们重点进行了以下工作：第一，反复推敲所提出的问题，以确保它们的有效性；第二，除了进行克隆巴赫（信度）系数的测量之外，还采用逐一检验的方式测量量表的内部一致性。结果表明，我们所采用的量表在效度、信度和内部一致性方面均达到了比较理想的程度。

6　有关这些问题的具体内容，请参阅附录 1。

（5）学习动机。动机的测量量表主要采用 Gardner 和 Lambert（1959，1972）所设计的“态度动机调查量表”（Attitude/Motivation Test Battery，A/MTB），并参照了高一虹等（2003）所采用的中国大学本科生英语学习动机类型的调查问卷。我们删除了 A/MTB 中关于英语课堂焦虑和英语使用焦虑的 20 个问题，保留了原有的 4 个与对教师、英语本族语者、英语语言本身以及英语课堂态度相关的问题以及 8 个与综合性动机有关的问题。我们又从高一虹等（2003）的问卷中选取了 6 个与工具型动机有关的问题。最后所采用的动机测量量表共包括 18 个问题，其中有 8 个问题测量融入型动机，6 个问题测量工具型动机，4 个问题测量对英语学习环境的态度。

（6）外语焦虑。外语焦虑的测量主要以 Horwitz 等人所设计的“外语课堂焦虑量表”（Foreign Language Classroom Anxiety Scale，FLCAS）为基础，该量表具有很高的可靠性和内部一致性，而且得到了广泛的使用。原有的量表包括 33 个项目，测量受试交际畏惧、考试焦虑和负面评价恐惧的程度。根据数据收集的时间安排，我们需要在一次完成性格之外的所有个体差异变量的测量。为了尽可能减少测量所用的时间，从而确保数据的准确性和有效性，我们对其中某些具有重叠内容的问题进行了合并与删减，得出的量表总共包括 15 个项目，其中 8 个项目测量考试焦虑，3 个项目测量交际畏惧，4 个项目测量负面评价恐惧。

（7）学习策略。学习策略量表主要依据 Oxford（1990）编制的自陈式语言学习策略量表（Strategy Inventory for Language Learning，SILL）编制而成。选择该量表的原因首先在于它具有很高的信度[7]和广泛的应用。另外，它使用起来也非常方便、易于操作。本研究所采用的精简后的学习策略量表共有 23 项，其中有 14 项测量认知策略，3 项测量元认知策略，3 项测量情感策略，剩余的 3 项测量社会策略。

（8）努力程度。努力程度量表共包括 7 项，其中有 6 项选自于 A/MTB，另外一项是我们添加的关于学习时间的问题。这样，该量表可以测量学习者克服困难的决心、持续进行外语学习的毅力和所付出的学习时间三个方面。

（9）学习成绩。本项目研究采用雅思考试（International English Language Testing System，IELTS）的学术类作为受试学习成绩的测量工具。

7　Weaver 和 Cohen（1997）的研究表明 SILL 的克隆巴赫（信度）系数可以达到 0.93。

雅思考试由剑桥大学考试委员会外语考试部、英国文化协会及 IDP 教育集团共同管理，是为打算到以英语为母语的国家学习、工作或定居的人们设置的英语水平考试。雅思考试分学术类和培训类两种，分别针对申请留学的学生和计划在英语国家参加工作或移民的人士。学术类雅思考试对考生的英语水平进行测试，评估考生的英语水平是否满足申请本科及研究生及以上学位的要求，该考试包括听、说、读、写四个部分。雅思考试是目前国际上广泛采用的英语语言水平测量工具，已获得全球 135 个国家逾 9 000 所教育机构、雇主单位、专业协会和政府部门的认可。为了确保测试结果的有效性，对于口语和写作的评分除了本项目研究组的成员外，我们还邀请了有雅思阅卷经验的英语本族语人士参加。

4.2.4 数据分析

数据的分析采用 SPSS 17.0 和 AMOS 21.0 两种软件，主要分析的项目包括：

（1）相关性分析（Correlation analysis）。相关性分析是考察两个变量之间关系强度的一种方法，用相关系数的大小来衡量。相关系数的值从 -1.00（完全负相关）到 0.00（零相关）再到 +1.00（完全正相关），它的绝对值越大，表明两个变量之间的联系强度越强。在个体差异研究领域，相关性分析常被用来检验某个变量与学习成绩之间的关系。但是，相关性不能被简单地理解为因果关系，例如，学习风格和学习成绩的相关系数很大，但是我们不能简单地解释为学习风格在很大程度上导致了学习成绩的提高。相关性分析在解释因果关系方面存在着很大的不足。其一，相关性较高的结果只是表示两个因素同时出现，但不能由此得出因果关系的结论。具体地说，A 和 B 两个变量相关不一定意味着 A 导致 B，也有可能是 B 导致 A，或者是 C 既导致 A 也导致 B。譬如学习策略和学习成绩间的相关性，有可能是某种学习策略导致学习成绩上升，也有可能是学习成绩好的学生倾向于采用某种学习策略，这是 A 和 B 间因果关系的方向不明确的例子。C 同时导致 A 和 B 的一个经典例子是冰激凌销量与溺亡人数间的正相关，即随着冰激凌销量增加，溺亡人数也增加。冰激凌不太可能导致溺亡，两者间的相关原因更可能是夏天买冰激凌的人数和游泳的人数都增加。因此，我们需要严格区分相关性和因果关系。其二，两个变量间相关性低也不一定表示两者间无关，有可能两者间的关系为非线性，相关性分析无法发现；还有可能是相关性分析不够细致，譬如单看男生或女生，某两个变量间都存在明显线性关系，但一般的相关性分析是所有数据混在一起，这时两个变量间的相关却有可能很低。总之，我们做相关性分析时需要认识到这种分析的局限性，更合适的做法可能不是停留在相关性分析的结果，而是将分析结果作为起点，进行进一步的分析。因此，在本项目研究中，我们只是把相关性分析用于语言学能和性格两个稳定的个体差异变量与其他变量之间的关系。

（2）T- 检验（T-test）。T- 检验是测试和统计学中的一种定量检验方法，用以测定两组数值的平均数之间差异的统计显著性；也就是说，看它们之间的差异是随机差异还是本质上的差异。在本项目的研究中，T- 检验采用 SPSS 进行，其目的在于发现学习者个体差异诸要素历时的变化以及高分组与低分组学生的差异的显著性。T- 检验值越大，就表明两组间的平均值差异越大，就越有可能达到显著性水平。结果表明，T- 检验值达到了 0.05 的显著水平，这说明受试个体差异的诸项变量在不同的测量时间点具有显著的差异，同时也说明这些要素在整个研究的过程中表现出显著的变化态势。

（3）多元回归分析（Multiple regression analysis）。回归分析作为一种统计方法，主要用于一组自变量估计或者预测一个因变量的数值。当出现两个或多个自变量时，这种统计方法就被称为多元回归分析，它可以反映一种现象或事物的数量依多种现象或事物的数量的变动而相应地变动的规律。在本项目研究中，多元回归分析用以确定各种变量之间的因果关系，其中以 0.05 作为显著性的标准值，ß 值（即回归系数）用以确定自变量和因变量之间相关性的强度，而 R^2 值（即测定系统）则用于评估两者之间因果关系的程度。

（4）交叉滞后回归分析（Cross-lagged regression analysis）。因果关系一般有这样的特点：当一个变量是原因，另一个变量是结果时，结果变量的变化总是滞后于原因变量，而且这两个变量存在着高相关，所以追踪测查变量间的相关可能会得到因果的结论。交叉滞后相关设计就是要获得变量自身和变量间随时间变化的相关系数，然后依据这些相关系数确定哪一个是原因变量，哪一个是结果变量，因此，在同一时间检测的两个变量之间难以判断其因果关系。该方法的基本逻辑可以用图 4-1 来表示（A1 和 B1 分别表示在同一个时间点所测定的两个变量的值，A2 和 B2 则表示在另一个时间点所测定的两个变量的值）。如果变量 B 是变量 A 的原因，那么 A1 和 B2 之间的相关性应该高于 A2 和 B1 之间的相关性。

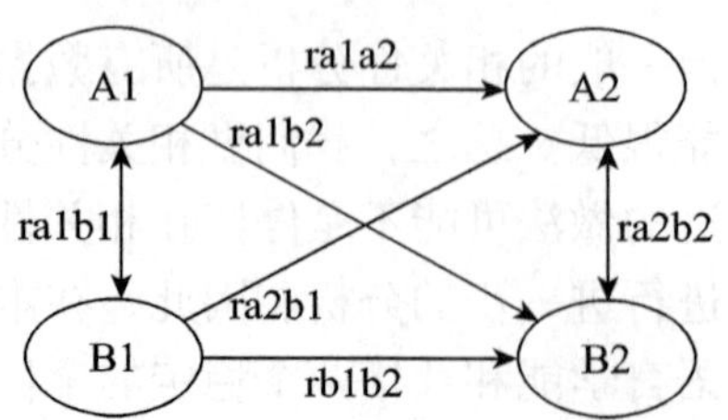

图 4-1 交叉滞后回归分析原理示意图

交叉滞后回归分析属于回归分析的一种，主要用来判定自变量与因变量之间是否存在滞后性的预测关系。常规的（一元或多元）回归分析考察的是两个或多个变量之间共时的关系，但是，仅依靠这类回归分析并不能判定变量间的因果关系，通常需要定性研究的辅助，因为因果关系的成立应该遵循基本的“因在前、果在后”原则。所以，常规的基于共时数据的回归分析体现的更多是变量之间在某一时间的相关关系。常规的多元回归分析与交叉滞后回归分析的另外一个区别在于，常规的多元回归分析能够处理数量众多的变量之间的作用关系，而交叉滞后回归分析一般主要用来判定少数几个（通常为两个）动态变量之间的准因果关系。

（5）中介效应检验。如果两个变量之间的因果关系是经第三个变量间接传递的，这类间接影响关系称为中介效应。中介变量指传递两个变量之间因果关系的变量；中介效应属于一种间接效应。如果只有一个中介变量，中介效应就等同于间接效应；如果存在两个或两个以上中介变量，间接效应是所有中介效应的加总。在个体差异研究中，个体差异变量之间经常存在间接影响关系，很多个体差异自变量需要通过中介变量对因变量产生间接的影响，这种间接影响往往容易被研究人员忽视。例如，学习风格对外语水平的影响通常不是直接的，而是通过影响学习策略间接作用于外语水平，此时，学习策略就成为因果关系链条中的中介变量。有些个体差异因素可能存在多个中介变量。例如，性格通过影响学习观念、学习风格、焦虑等多个因素间接影响外语水平，因此，对于性格和外语水平之间的关系而言，学习观念、学习风格、焦虑等因素都充当了中介变量。

本研究采用 Baron 和 Kenny（1986）提出的因果步骤法来进行中介效应检验。根据 Baron 和 Kenny（1986）的中介效应检验程序，中介效应显著需要同时满足以下四个条件：第一，回归方程 $Y = i_1 + aX + e_1$ 中的自变量 X 和因变量 Y 之间存在显著关系；第二，回归方程 $M = i_2 + bX + e_2$ 中的自变量 X 和中介变量 M 之间存在显著关系；第三，回归方程 $Y = i_3 + a'X + cM + e_3$ 中的因变量 Y 与中介变量 M 之间存在显著关系；第四，回归方程 $Y = i_1 + aX + e_1$ 中 X 对 Y 的回归系数必须大于 $Y = i_3 + a'X + cM + e_3$ 中 X 对 Y 的回归系数，即当控制了中介变量 M 的作用后，自变量 X 对因变量 Y 的回归系数减小或不显著。因果步骤法已经在应用心理学研究中得到广泛应用。

（6）因果关系模型（Causal modeling）。因果关系模型又称协方差结构模型或结构方程模型，是一种处理多变量复杂数据结构的有效方法。主要利用统计技术对理论模型进行处理，检验实证数据与理论模型之间的拟合程度，从而对理论模型进行评价。在因果关系模型中，可以直接测量的变量称作测量变量或观察变量，无法直接观测到的抽象概念称作潜在变量。因果关系模型主要用来呈现潜在变量与测量变量之间的关系以及多个潜在变量之间的关系。

因果关系模型与交叉滞后回归分析的区别在于：交叉滞后回归分析主要通过分析时间序列数据来呈现变量之间的因果关系；因果建模是处理多项变量之间关系的方法，可以用来评估一个假设模型的整体适配度，修正假设模型，计算变量之间的直接影响和间接影响。交叉滞后回归分析的主要优势是处理少数几个（通常为两个）动态变量的直接因果关系，而因果建模的主要应用价值在于处理多个变量的复杂关系（包括直接和间接关系）。从理论上来说，作为不同的统计方法，交叉滞后回归分析与因果关系建模之间没有必然的联系。但是，也有部分研究将两种数据处理方式结合起来，通过构建交叉滞后因果关系模型来体现变量之间的作用关系。

因果关系模型分析已经成功应用于多项个体差异研究（如 Gardner et al.，1997；Wen & Johnson，1997）中，是一种检验因果结构关系的有效统计方法。因果关系模型对于分析多个潜在变量的复杂关系具有很强的适用性。此外，我们需要在前人研究的基础上建立个体差异变量之间关系的假设模型，并检验假设模型能否拟合实证研究的数据。在本项目研究中，因果关系模型主要用于分析包括学习观念、动机、学习风格等在内的中介变量，尤其是当这些变量对学习成绩不产生直接影响时，因果关系模型可以被用来进一步确认通过交叉滞后回归分析所得出的结论。因此，本研究采用因果关系模型来研究个体差异系统中变量间的作用关系。

4.2.5 数据分析的核心点与基本思路

在定量研究中，选择准确的测量工具和有效的数据分析软件都非常重要，但更为重要的是结合研究的目标确定好研究的核心点，并根据研究的特点确定数据分析与解释的基本思路。这对于本项目的研究尤为重要，因为在动态系统理论的指导下开展学习者个体差异的研究还处于一种探索的阶段，还缺乏足够的前期研究作为参照，更没有形成一套标准的、大家所普遍认可的研究程序。因此，我们认为有必要再对本项目研究过程中数据分析的核心要点和基本思路作进一步具体的交代。

如上文所述，本项目研究的目标在于建立一个学习者个体差异的动态系统的模型，并以此体系为基础对我国英语学习者进行跟踪研究，全面考察个体差异变量之间是如何交互影响，进而如何决定学习的成败。为了实现这一目标，我们需要回答的核心问题包括：

（1）个体差异变量的动态性。动态系统理论认为，所有事物都不是静止不变的，而是都处于不断的变化之中。但是我们不可否认的是，不同事物的变化速度和变化范围是不同的。对于有些变量来说，它们的变化速度较快，我们可以在研究期间检测到它们的明显变化；而对于其他的一些变量来说，它们的变化速度很慢，无法使用现有的研究手段检测到它们的变化。因此，我们首先需要对各种个体差异变量的动态性进行研究，以便于确定哪些变量是比较稳定的，而哪些变量又是比较容易变化的。另外，由于每个变量又包括许多具体项目，因此，除了关注各个变量作为一个整体的变化态势之外，我们还需要进一步关注具体有哪些项目发生了显著的变化，这样可以更加准确地确定各个变量动态变化的具体情况。[8]这主要通过 T- 检验的方法来实现：首先统计各个变量在不同测量时间点的均值，然后采用 T- 检验的方法确定这些均值之间的差异是否达到了显著性的水平，进而发现各个变量的动态变化态势。

（2）稳定变量与其他个体差异变量的相关性研究。对于那些稳定的变量，我们将把研究的重点放在它们与其他变量的相关性上，即通过相关性

8　具体地观察每个项目的变化是非常必要的，不同的项目往往会呈现出上下起伏的现象，从而导致均值的增加与减少，而这些增加与减少很可能会相互抵消。如果我们只是简单地看某个变量的整体，我们很有可能会无法真正了解该变量的动态变化情况，因此，从统计的角度来看，我们对该项目的了解是通过计算构成该项目具体构成要素的得分均值而得到的，而这一均值很可能会因为具体要素相互之间增加与减少的抵消而掩盖它真实的动态变化情况。

分析来探究它们与其他变量的相互关系。

（3）影响变量动态变化的因素，即要发现有哪些因素导致了一个变量的动态变化。在这一问题的考察上，研究的重点将集中在那些发生了显著变化的项目上，并且采用交叉滞后回归分析的方式，测量发生显著变化的两个时间点之间导致这一变化发生的因素。

（4）个体差异变量与学习成绩之间的关系。其中包含两个方面的内容。一是某个变量与学习成绩之间的关系，这一问题是许多前期研究所关注的核心问题。考虑到研究的整体性以及数据利用的充分性，我们仍然对此作进一步的分析。二是学习成绩对这一变量的反向作用。在这一问题的研究上，我们的关注点也有两个：一是某个变量的变化能否引起学习成绩的变化以及学习成绩的变化能否带来个体差异变量的变化，这一关注点的研究也是采用交叉滞后回归分析的方法；二是对于中介变量来说，它们对于学习成绩的影响以及学习成绩对于它们的反向作用是直接还是间接的，对于这一关注点的研究我们将采用因果关系建模的方式进行。如果是间接的，我们还将采取中介效应检验的方式研究它是通过哪一个变量来影响学习成绩的。

4.3　定性研究的设计

4.3.1　受试

定性研究的目的在于通过让受试记日记和对他们进行面对面访谈的形式获取信息，以利用这些信息对定量研究的结果作出进一步的检验与解释。另外，定性研究的一个重要目的还在于获取关于学习者学习环境的信息，以弥补定量研究的不足。在所有参加定量研究的 70 多名受试中，有 42 名自愿参加定性研究，在正式研究开始之前，研究者设计了详细的日记记录指南，并对他们进行了简短的培训，以帮助他们了解并掌握在日记中应该记录的内容。研究开始之后，他们每周记录一次，尽可能详细地记录自己在个体差异诸方面的情况，并按月向研究者提交。全部的 42 名志愿者都按时提交了日记，但是有 3 名受试的记录因含有大量与本研究不相关的信息而被放弃。所有的受试都参加了实验结束时的访谈。

4.3.2　数据的收集与分析

定性研究部分主要采用了日记研究和访谈两种方法。日记研究是二语习得研究的一种重要方法，经常作为跟踪研究的组成部分（例如，Schmidt & Frota，1986；文秋芳，1995；Huang，2005）。本项目的研究要求受试在一个学年的时间内，在每周记录他们自己的英语学习情况，主要包括以下内容：（1）与英语学习有关的课外活动以及所用的时间；（2）在从事这些活动时的心理状态以及有关的体验与看法；（3）为了完成这些活动所采用的策略与方法；（4）在英语学习过程中遇到的困难；（5）他们在英语学习过程中所发生的变化；（6）他们对于英语学习的看法。除此之外，受试还可以记录下任何与英语学习有关的内容，而且记录所使用的语言以及文体不受限制。在整个数据收集过程结束时，研究者还要和这 42 名受试进行面对面的访谈。访谈按照预先设计的访谈问题进行，其中包括学习者的背景信息，例如，"你在哪里上的高中？""你是否有出国学习的经历？"等，还包括与各项学习者差异变量有关的问题。访谈全程录音，以用于日后数据的整理与分析。

定性研究的数据分析分两个阶段进行：在第一阶段，主要对受试所提交的日记进行内容分析，在仔细阅读的基础上，由研究人员归纳出有关个体差异变量、变量之间的互动以及环境因素的影响等方面的信息；在第二阶段，主要对访谈的录音进行文字转录，然后进行内容分析，从中归纳出有关学习者个体差异和影响个体差异的各种因素的信息。

4.4 小结

国内运用动态系统理论进行学习者个体差异的全面性实证研究才刚刚开始，目前尚无现成的方法可借鉴。Dörnyei（2010：242）指出："综合的研究方法（即把定性研究和定量研究有机结合起来）可以形成一种不同的方法论，它可以很好地满足复杂问题的多层次分析的需要。"在本项目研究中，我们一方面要采用传统的定量研究方法，通过对大量的数据分析，理清学习者个体差异诸变量之间的互动关系以及它们对学习成绩的影响；另一方面，又要符合动态系统理论方法论的要求，不过分突出线性的因果关系，重视定性分析，更加关注变量的变化而不是变量本身。为了把这两者有机地结合起来，我们采取了如下的研究方案：首先采用定性研究的方法，在全面梳理语言学习者个体差异前期研究的基础上，按照动态系统理论的核心思想建立学习者个体差异互动的框架模型，然后通过定量研究的方式对这一模型进行检验和修正；定量研究部分对 70 名受试进行为期一个学年的跟踪研究，采用各种有信度和效度保障的测量工具定期对学习者个体差异的各个变量进行测量，并通过一系列的数据分析探究各个变量之间的互动关系；在进行定量研究的同时，我们还通过日记研究和访谈的方式获取信息，并进一步通过定性研究的方式来探究学习者个体差异的变量之间的相互影响、它们对语言水平的影响以及环境因素对于各种变量乃至语言水平的影响。

第5章 外语学习者个体差异动态系统的基本框架

根据本项目研究的整体设计，我们在理清学习者个体差异的核心要素之后，下一步的工作就是要根据动态系统理论的基本原则，总结与分析以往学习者个体差异研究所取得的成果，建立一个学习者个体差异的理论模型框架，从而为后续的实证研究打下基础。动态系统理论的系统性为学习者个体差异互动系统的建构提供了基本的指导原则和理论依据，在具体的操作层面上，系统的构建遵循“先归类定性，再分析研究”的基本程序。因此，要构建一个完整的学习者个体差异的系统框架，首先需要在动态系统理论的指导下理清该系统的构成要素并对它们进行合理的分类。

5.1 外语学习者个体差异系统的构成要素

5.1.1 个体差异变量的分类

在第 2 章中，我们全面回顾了学习者个体差异的研究，并从中总结出语言学能、动机、学习策略、性格、外语焦虑、学习风格、学习观念和努力程度等 8 种个体差异的核心变量。这些变量是包括生理因素、心理因素和行为因素在内的复杂系统，它们对于语言学习成绩的影响不是简单的线性关系，而是通过复杂的交互作用而对语言水平产生的综合性的影响，因此，个体差异对语言水平的影响方式呈现出明显的差异性。这一差异主要体现在作用的层次性和动态性两个方面，而以此为基础，我们可以对个体差异的各种要素重新进行分类。

1. 作用的层次性

所谓作用的层次，是指各个变量对于学习成绩影响的直接性。有些变量对于语言学习成绩的影响是直接的，而其他变量的影响则是间接的。一个变量对于学习成绩影响的层次性取决于该变量所固有的属性，即它是属于心理层面的还是行为层面的。从心理学的角度来看，人的心理因素包括心理过程和个性两个方面，前者包括认知过程、意志过程和情绪过程等，它与我们所研究的内容关系不大。学习者个体差异的诸多变量更多地属于个性这一方面。个性是指人在与客观世界的交互作用中形成的对事物的态度和倾向性，其中所包含的要素很多，但是这些要素的形成在先天与后天的作用方面又表现出不同的特点：有些要素的形成更多地依靠先天的因素，它们不容易受到外部环境的改变；还有一些要素则是先天因素与后天因素共同作用的结果。总体来说，心理因素决定或者影响着人的具体行为（Overskeid，1994）。具体到语言学习来说，心理变量作用于学习行为，进而影响到学习成绩。而心理因素作用的层次应该是不同的：先天性成分强的因素往往是内隐性的，它们对行为的影响也是比较间接的；后天成分强的因素往往作用更为直接，会对人的行为产生明确的影响。

鉴于上述的讨论，我们可以把学习者个体差异的各种变量分为行为变量和心理变量两大类型，而心理变量又可以进一步分为内隐性变量和直接对行为产生影响的变量两种类型。这样，结合本项研究的实际情况，学习者个体差异变量可以分为直接变量、中介变量和内隐变量三种类型。直接变量就是行为变量，它们可以直接作用于学习成绩，主要包括学习者采用的学习策略和努力程度。Oxford（1990：8）指出“学习策略是指学习者为了使学习更加容易、更加迅速、更加愉快、更加自主和更加适应于新的环境而采取的具体行为”，努力程度是指学习者学习行为的强度，因此，这两种变量都是属于行为层面的，我们可以直接通过学习者的学习行为观察得到。而内隐变量对学习成绩的影响则是最为间接的，属于学习者与生俱来的固有特质，是学习者所具有的深层次的心理因素，主要包括语言学能和性格。语言学能，是指人与生俱来的学习语言的能力，是人的总体智力的重要组成部分；Deary 等（2010）通过对大量的基因研究和大脑成像研究的综合分析指出，人的智力具有明显的神经基础。性格也与此类似，也是一种个性化的特质，这种特质是天生的，更多地是由遗传所决定的，而不是后天培养的（Eysenck，2013）。内隐变量对学习成果的影响具有潜在性，往往通过间接的作用路径，以中介变量为媒介对学习成果产生影响。例如，Ghapanchi 等（2011）的研究表明，性格特征可以影响动机等其他一些变量，并通过它们对语言学习成绩产生影响。当然，内隐变量也有可能直接作用于学习成绩。例如，语言学能对于最终的语言学习成绩具有很强的预测性（Gardner et al.，1997），可以直接影响学习成绩。

中介变量介于直接变量和内隐变量之间，主要包括学习观念、学习风格、外语焦虑、学习动机等。一方面，它们是属于心理层面的，会对学习行为产生影响；另一方面，与内隐变量相比，它们的形成要更多地依靠先天因素与客观世界相互作用的结果，而且与具体的学习行为有更为直接的联系。学习观念是指学习者具有的关于语言各个方面、语言学习和语言教育的看法（Richards et al.，2002），它的形成受到特定文化环境（McCargar，1993）、自身的教育经历，尤其是语言学习经历（Little et al.，1984）和他人学习经验（文秋芳，1995）的影响。学习风格是学习者的"认知、情感和心理特质，它们可以相对稳定地说明学习者感知学习环境，并与之互动以及作出适当反应的方式"（Keefe，1979：4），是一种学习者在与学习环境互动中所表现出的特点，在保持其心理特质的同时也具有一些行为的特点。因此，Claxton 和 Ralston（1978：7）把学习风格定义为"利用学习环境的刺激并作出反应的稳定的方式"。外语焦虑可以被视为是性格的一个组成部分，因此它具有很强的心理特性，但是语言焦虑主要针对二语和外语学习而言，这使它具有了更多的行为特征。Oxford（1996）指出，语言焦虑的成因来自两个方面：一是学习者的内部因素，包括自尊、歧义容忍度、冒险和竞争性等，这些因素都与学习者的先天性的性格特质有关；二是学习者的外部因素，包括社交、测试、身份、文化冲击、师生互动和课堂活动方式等，这些因素都与学习环境和学习者的行为有关。与学习观念、学习风格和语言焦虑一样，学习动机也同时具备了心理与行为两个方面的特质。动机是指引起行为的驱动力，一方面它是隐含在行为背后的心理状态；另一方面它又与行为直接相关，这也就是有的学者（例如，Ellis，1994）把努力程度也归结在动机之内的原因。由上述讨论我们可以看出，中介变量是比直接变量层次更高的个体差异特征，它们通过直接或间接途径影响语言水平。同时，中介变量充当内隐变量和直接变量间的作用媒介，将内隐变量的影响力传递到直接变量。作为心理因素，学习观念、外语焦虑、学习风格和学习动机对学习者的表层行为产生潜在的影响，在不同的学习情境下影响学习策略的使用和努力程度。例如，Wen & Johnson（1997）的研究发现，学习观念通过影响学习策略进而影响学习成绩；而 Huang 等（2012）的研究则表明，学习风格会影响到在不同学习环境下的努力程度，进而影响最终的学习成绩。

2. 作用的动态性

个体差异对语言水平影响方式的差异还表现在它们的动态性上。根据动态系统理论，个体差异系统及其内部变量都在发生着持续的变化，但是它们发生显著变化所需的时间长短却明显不同。因此，变量的动态性可以从其稳定性来加以考察：有的变量是比较稳定的，不容易发生变化；还有一些变量则是很不稳定的，很容易发生变化。根据不同变量的稳定性程度，我们可以将个体差异划分为易动变量、相对稳定变量和稳定变量。语言学习者的学习动机和努力程度具有较强的动态性（Xu，2009），会随着学习情境的变化而发生相应的变化，因此可视作个体差异系统中的易动变量。性格和语言学能是所有要素中变动最不明显的变量（Moss & Susman，1980；Skehan，1998），这些变量发生显著变化需要长达几年甚至几十年的时间，变化几乎不易察觉，我们可以将其视作个体差异中的稳定变量。还有一些个体差异介于易动变量和稳定变量之间，在一段时间内会呈现出一定的稳定性，但是当内外部环境发生变化时也会随之变化，可以视为个体差异系统中的相对稳定变量，其中包括学习风格（胡志军，2007）、学习观念（Furnham et al.，1985）、焦虑（Dewaele，2007）和学习策略（文秋芳，2001）。易动变量、相对稳定变量和稳定变量的划分与直接变量、中介变量和内隐变量的划分具有密切的关系：行为变量是最容易发生改变的，因此它们都是易动变量；内隐变量是最稳定的，因此它们都属于稳定变量；而中介变量则介于稳定和易动之间，都属于相对稳定变量。

从作用层次性和动态性两个角度考察学习者个体差异的各种因素，充分体现了动态系统理论的基本原则，有助于我们进一步深刻地认识这些变量的特点。表5-1呈现了在层次性和动态性双重分类标准的基础上建立的个体差异分类框架。以层次性作为分类标准可以体现出个体差异系统内部的综合作用关系，而以动态特性作为分类标准可以呈现出个体差异系统发展变化的本质属性。这一新的分类方式为个体差异动态系统的建立以及验证性研究的开展奠定了理论基础。

表5-1 基于动态系统理论的语言学习者个体差异核心要素分类框架

层次性＼动态性	易动变量	相对稳定变量	稳定变量
直接变量	努力程度	学习策略	
中介变量	学习动机	学习观念　学习风格　焦虑	
内隐变量			语言学能　性格

5.1.2 学习环境

动态系统理论强调环境对于系统的影响，认为动态系统通过与外部环境的互动以及系统内自我组织的不断发展，不断实现无序到有序的周期性调整。Larsen-Freeman 和 Cameron（2008）指出，情景与系统不可分离，情景是系统的重要组成部分。系统不断根据外部环境的变化而作出自身的调整，它不仅依赖于环境，也会建构与改变环境。动态系统理论强调学习者个体差异与学习环境的互动关系，认为个体差异通过与环境因素的相互作用以及自我组织来提高个体对于外界环境的适应性。语言学习者是处在学校、社会、家庭等多重环境中的个体，不能脱离环境孤立存在。Ellis（2008a）指出，个体差异受到具体的语言学习环境以及学习任务的影响。语言学习环境势必会影响直接变量、中介变量和内隐变量等全部个体差异因素，进而影响到语言水平。因此，要构建学习者个体差异的动态系统模型，除了关注学习者个体差异系统本身之外，还需要分析影响个体差异变化的环境因素。影响外语学习的环境因素非常之多，概括地讲，可以将这些因素分为教学环境、家庭环境和社会环境三大部分。教学环境包括教学材料、教师、教学方法、同学、课堂等诸多的因素。教学环境对于学习者个体差异的影响最为直接。例如，教材可以通过其课文的选材、活动的设计对于学习者的学习风格、学习观念以及学习策略等产生影响；课堂教学不仅可以帮助学生掌握学习的方法，进而影响他们学习策略的使用，而且还可以改变他们的学习观念；另外，教师的教学方式可能会影响到学生的外语焦虑和动机等各种情感因素。

社会环境包括政治、经济以及文化环境三个方面。研究表明，文化环境对于学习者个体差异的许多变量都具有重要的影响，其中包括学习策略的使用（Sheorey，1999）、动机（Sasaki，2004）、学习风格（Reid，1987）、学习观念（Horwitz，1999）、性格（Triandis & Suh，2002）、外语焦虑（Zheng，2008；Ohata，2005）等。其他的社会因素也有可能会影响到学习者个体差异。例如，政治因素对于学习者动机的形成会产生重要的影响（Norton，2001）；经济因素也是如此，社会经济状况的好坏可能会影响到学习者的动机，也有可能会影响到学习者的努力程度。

家庭环境则包括父母以及早期教育等。家庭常常被视为人生的第一课堂，它对于学习者具有深刻且长远的影响。越来越多的人已经意识到家庭环境在人的智力和个性特征形成过程中的作用，这种作用几乎涵盖了学习者个体差异的内隐变量、间接变量和直接变量的全部。例如，Gardner 等

（1999）对101位大学生的家庭背景以及他们对语言学习的态度和信念进行了调查，结果表明：学生的家庭背景对于他们的语言学习态度、动机以及语言水平的自我评价都具有重要的影响。Gardner（1960）的研究则证实父母学习语言的动机以及他们对于目标语国家的态度对于学生的动机取向具有很强的影响。

5.2 外语学习者个体差异的互动关系

在对语言学习者个体差异进行分类的基础上，我们将对直接变量、中介变量和内隐变量之间的作用关系依次进行归纳和梳理，然后整合形成一个个体差异的动态系统框架。

5.2.1 直接变量与中介变量的关系

直接变量主要包括学习策略和努力程度。学习策略作为首要的直接变量，与中介变量之间具有密切的联系。学习策略是学习者为了提高二语技能而有意识地采取的行动、步骤或技巧（Oxford，1993）。作为学习者的外部行为，学习策略受到心理特质和行为倾向性的影响和制约。通过对前期大量研究的回顾与总结，我们发现中介变量的四个要素——学习风格、学习观念、动机以及语言焦虑——会对学习策略的选择和使用产生影响，其中，学习风格的影响则最为明显（Li & Qin，2006）。学习风格是指个体吸收、加工和存储新信息或技能时所采用的自然、习惯性和偏好的方式（Reid，1995）。也就是说，学习风格是学习者行为方式的总体倾向性，而学习策略是学习者在特定的学习情境下为了解决某些问题而采取的具体方法。学习者总是倾向于使用与自己学习风格相匹配的学习策略（Oxford & Nyikos，1989）。多项研究（例如，Carrell，1988；Weng，2012；Rossi-Le，1995；Jowkar，2012）考察了学习者的学习风格与学习策略之间的关系，认为学习风格会对学习策略产生重要的影响。Weng（2012）的研究发现，听觉感知风格的学习者比视觉感知风格的学习者更多地使用社会策略。Rossi-Le（1995）的研究发现，具有群体学习风格的学习者更倾向于使用社会策略。Jowkar（2012）考察了感知学习风格和听力理解学习策略之间的关系，发现动觉型学习风格和记忆策略以及社会策略显著相关，动觉型学习者经常使用肢体动作、图形等记忆策略以及请求别人澄清和纠错等社会策略。

除了学习风格外，学习观念也是影响学习策略选择和使用的重要因素。学习观念是学习者对于语言学习、学习方法和自身学习能力的观点和想法，这些观念往往来自于学习者在长期学习过程中积累的经验和感受，也是他们选择和使用学习策略的重要决策依据。因此，正如 Li（2004）所指出的那样，学习观念对于学习策略的使用具有重要的影响。从 20 世纪 70 年代开始，学者们围绕学习观念和学习策略之间的关系展开了大量研究，结果表明两者之间存在显著的相关性，学习观念对于学习策略的选择和使用都具有重要的影响（例如，Abraham & Vann，1987；Wen & Johnson，1997；Chang & Shen，2010）。Oxford（1994）指出，持有消极学习观念的学习者往往不善于使用学习策略或者不能系统地应用学习策略。Heidari 等（2012）的研究发现，英语学习者的自我效能观念与词汇学习策略密切相关，自我效能观念强的学习者更多地使用学习策略。文秋芳（2001）调查了学习观念和学习策略的关系，发现管理观念、形式操练观念、功能操练观念和依赖母语观念分别影响管理策略、形式操练策略、功能操练策略和母语依赖策略。

另外，学习动机也会影响学习策略的选择和使用（Pintrich，1999; Pintrich & De Groot，1990）。学习动机主要包括工具型动机和融入型动机。诸多研究（例如，Tamada，1996；Sedaghat，2001）表明，工具型动机与融入型动机对学习策略的选择和使用产生重要的影响。Schmidt 和 Watanabe（2001）指出，如果学习者具有强烈的工具型动机或者内在动机，认为学习语言能够实现自己的工具性目标或内在价值，就会采用各种认知策略和元认知策略来实现自己的目标。这一观点在多项研究中得到了确认（例如，Khamkhien，2010；Wu，2011）。Khamkhien（2010）对越南的外语学习者的研究发现，学生学习的动机越强，他们就会更多地使用元认知策略。Wu（2011）实证考察了香港 243 名学生的学习观念、学习动机和学习策略，发现融入型动机能够显著预测元认知策略的使用情况。MacIntyre 和 Noels（1996）考察了社会心理变量对学习策略使用的影响，发现融入型动机与学习者使用学习策略的意愿密切相关：融入型动机越强烈的学习者使用的学习策略越多；融入型动机显著影响认知策略、元认知策略和社会策略的使用。

学习策略还会受到外语焦虑的影响。研究表明（例如，Sioson，2011；MacIntyre & Noels，1996），外语焦虑和学习策略的使用之间存在显著的负相关，焦虑水平越高，学习者使用的学习策略就越少。MacIntyre 和 Noels（1996）指出，外语焦虑对学习策略的整体应用以及不同类别策略的应用都具有重要的影响。Park（2007）通过实证研究发现，不成功学习者通常会受到失败学习经历的影响，在与英语为母语的人交流时外语焦虑水平较高，因此，他们使用社会策略的数量减少，口语交际能力下降。可见，外语焦虑在一定程度上抑制了学习策略的使用。

努力程度是直接变量中的另一个重要因素，它与学习策略所不同的是，它主要受到学习动机和焦虑两个中介变量的影响，尚未有研究发现其他两个中介变量，即学习风格和学习观念会对努力程度产生直接的影响。Gardner（1985）指出，态度和动机至关重要，因为个体会在多大程度上积极参与语言学习，最根本的决定性因素就是动机。研究表明，在诸多动机要素中，融入型动机对努力程度有更强的影响。Gardner（1985）指出，具有融入型动机的学习者比其他学习者具有更持久而强大的动力，对语言学习有更浓厚的兴趣、更积极的学习态度，愿意付出更多的努力。Dörnyei 和 Clement（2001）对匈牙利外语学习者的动机特征的研究发现，在诸多动机因素中，融入型动机是最能够有效预测学习者努力程度的因素。学习者的外语焦虑水平也会直接影响其努力程度。焦虑水平过高的学习者通常表现出紧张、担忧、恐惧等负面情绪，这些情绪会导致学习者无法全身心投入语言学习，缺乏自主学习的热情和学习动力，无法激发出自身的学习潜能。Liu（2012）指出，焦虑水平越高的学生在自主学习活动中学习动机越低，在语言学习方面付出的努力越少，最终导致语言水平降低。因此，焦虑水平的高低会直接影响到学习者的努力程度。

5.2.2　中介变量与内隐变量的关系

在四个中介变量中，学习观念与内隐变量，尤其是性格的联系最为紧密。Rifkin（2000）通过研究发现影响学习观念的因素很多，如教学水平、教学机构、语言性质等，但性格对于学习观念的影响最为显著。性格对观念的影响在早期的心理学研究中就已经得到了证实。性格特征在观念的形成和发展过程中发挥了至关重要的作用（Chan & Wu，2004；Hao et al.，2004）。Furnham 等（1985）的调查也发现性格和观念之间存在着密切的联系。Langston 和 Sykes（1997）指出，开放型、和悦型、神经型、尽责型、外向型这五大性格特征与个体对于人和外部世界的看法紧密相关。在语言学习中，性格外向的学习者更倾向于赞同以交流沟通为主的学习方法，也更愿意将语言视作交流的工具，这种观念会促使学习者主动寻求使用语言交流的机会；而内向型学习者则可能更赞同以读写为主的语言学习模式，更愿意花时间学习语法。因此，不同的性格特征会促使学习者形成不同的学习观念。

性格除了影响学习观念外，也是影响外语焦虑的主要因素之一（MacIntyre，1999；Young，1991）。作为学习者稳定的内在特征，性格会影响到学习者在不同语言学习情境下的情感状态。研究发现，外语焦虑与某些性格特征显著相关，如完美主义倾向（Gregersen & Horwitz，2002）、精神质（Dewaele，2002）、内外倾向性（MacIntyre & Charos，1996; Dewaele，2002）。Dewaele（2002）以100名比利时学生作为被试考察了神经质、外向型和精神质三项性格特征与外语学习焦虑之间的关系，发现三项性格特征均显著影响被试在英语口语产出时的焦虑水平；在内外倾向性量表和神经质量表中得分越高的学习者焦虑水平越低，而精神质水平越低的学习者焦虑越低。MacIntyre & Charos（1996）运用路径分析方法考察了性格、态度和情感因素对言语交际的影响，发现性格特征对学习态度、焦虑和外语水平都具有明显的影响。

学习风格是学习者偏好的个性化学习方式，受诸多社会环境因素和个体差异因素的影响，其中，性格是影响学习风格的重要因素。教育心理学家发现，个体偏好的学习方式千差万别，性格是决定个体最佳学习方式的重要因素。Fallan（2006）认为，学习者的性格类型与最有效的学习方式密切相关。性格特征影响个体感知信息的方式（Moody，1988）。在多项性格特征中，内外倾向性对语言学习者学习风格的影响尤其明显，其中，合作/独自型学习风格与内外倾向性具有密切联系。外向型学习者更热衷于参与交际式学习任务，如小组讨论、角色扮演等，而内向者更喜欢独自完成学习任务。内外倾向性也会影响到其他学习风格维度。Riding 和 Dyer（1980）的研究表明，外向型与语言–表象风格密切相关，外向者倾向于采用语言为主的信息处理方式，内向者青睐以视觉表象为主的信息处理方式。

语言学能对中介变量中的外语焦虑具有显著影响。语言学能是学习者内在固有的语言能力，语言学能高的学习者学习语言的速度更快，能够以较少的努力取得更好的学习成果；而学能低的学习者掌握一门语言则需要更长的时间和更多的努力，因此更容易产生焦虑感。Horwitz（1989）发现，焦虑水平高的学习者通常认为语言学习难度较高，而他们的语言学能则比他人更低。Sparks 和 Ganschow（2007）也发现，焦虑水平低的学生在语言学能测试中的得分显著高于焦虑水平高的学生。Ganschow 和 Sparks（1996）实证考察了外语焦虑与语言学能之间的关系，发现低度焦虑的学生比中高度焦虑的学生在现代语言学能测试中的得分更高，中度焦虑学生的得分显著高于高度焦虑学生。因此，语言学能能显著预测学习者的焦虑水平。

5.2.3　同类变量之间的相互作用

个体差异变量之间的互相作用不仅体现在不同类别的变量之间，而且体现在同一类别内部的变量之间。在直接变量内部，学习策略和努力程度紧密相关。学习者的努力程度是指学习者为了实现语言学习目标而付出的努力，努力程度高的学习者表现出更高的学习积极性以及克服困难的坚强决心和毅力。Schmidt 和 Watanabe（2001）研究发现，努力程度最能够有效预测学习者采取的策略。学习者的努力程度越高，越会积极主动地采取更多的学习策略，从而提高自己的学习效果。

在中介变量内部，外语焦虑受到学习观念和学习动机的影响。研究表明，焦虑与语言学习观念显著相关（Talebinejad & Nekouei，2013），而且与其中自我效能观念的相关性更为显著（Ghonsooly & Elahi，2011）。学习者对自身语言学习能力的看法会影响他们在学习语言时的压力和焦虑。当学习者感到自己不具备学好语言的能力时，就会陷入焦虑状态，产生紧张、担忧等消极情绪。研究表明，对自身语言学习能力评价较低的学习者焦虑水平较高，而对自己评价较高的学习者焦虑较低（Clément et al.，1980；Kitano，2001）。除自我效能观念外，学习者对于语言学习的其他看法也会影响其焦虑水平，如语言学习的难易程度（Ganschow et al.，1994）、语言天赋（Horwitz，1990）等。学习动机也会影响外语焦虑。研究发现，学习动机与外语焦虑显著相关（Hao et al.，2004），学习动机低的学习者焦虑程度较高（Noels et al.，1999）。在 Gardner 等（1997）的研究中，焦虑被视为学习动机的一个组成部分，这充分体现了两个变量之间的密切关系。研究表明，在不同的动机类型中，融入型动机更能有效地预测焦虑。例如，Wei（2007）发现，融入型动机强的学习者焦虑水平更低。Gardner 等（1992）也发现，融入型动机越强，语言学习的焦虑越低。

此外，学习观念直接影响学习者的学习动机。学习观念是指学习者在长期语言学习过程中形成的对语言、语言学习以及自身语言学习能力等方面的看法和观点。学习者对语言学习的看法会影响他们采取的学习策略，而学习者对于自身语言学习能力的看法则会直接影响到他们的学习动机。Fatemi 和 Vahidnia（2013）认为，个体的自我效能观念会影响他的感受、想法、动机和行为。如果学习者认为某一种能力对于语言学习很重要，而自己并不具备这种能力，其学习动机便会大打折扣。此外，学习者对语言学习难度、语言学习天赋等问题的主观看法都会极大影响他们学习语言的动力和热情。如果学习者从主观上放大了语言学习的难度或者语言天赋的重要性，就容易滋生消极懈怠的情绪，无法以积极的心态投入语言学习中，更不利于其学习动机的激发和保持。

5.2.4 个体差异与学习成绩

如上文所述，个体差异的各种变量对于学习成绩的影响是有层次性的，某些因素对于学习成绩的影响是直接的，而其他因素对于学习成绩的影响则是间接的。从目前已有的研究来看，除了直接变量之外，内隐变量中的语言学能和中介变量中的语言焦虑两项也有可能对最终的学习成绩产生直接的影响。自从 20 世纪 90 年代以来，众多关于语言学能的研究（例如，Ehrman，1998；Ehrman & Oxford，1995）都表明，在众多的学习者个体差异的变量之中，语言学能是预测最终学习成绩的最为可靠的因素，语言学能的高低直接决定了学习者所能达到的语言水平。语言焦虑是学习者在语言学习过程中所经受的一种负面情感状态，它会使人感到恐惧和紧张，占据学习者的认知资源，干扰正常的语言处理过程，从而导致学习者记忆能力和语言使用能力的下降，因此，Horwitz（2001）指出，语言焦虑对学习成绩具有直接的影响。

学习者个体差异与学习成绩的互动不是单向的，个体差异的诸多变量会以直接或者间接的方式影响语言学习成绩，与此同时，学习成绩也会对个体差异产生反向的作用。它可以直接影响学习者的语言焦虑、努力程度、学习观念以及动机，也可以间接地影响学习策略。学习成绩对于学习观念的影响主要体现在自我效能观念和学习策略观念两个方面。Bandura（1986）指出，成功的语言学习经历可以增强学习者的自我效能感，而不成功的语言学习经历则会降低学习者对自我效能的认识。Zhong（2010）的研究也进一步证实了这一点。另外，学习成绩的好坏以及学习的经历可以促使学习者自我反思学习的过程，并以此来调整自己的信念以及学习策略的选择与使用。学习成绩还会直接地影响学习者的动机结构。总体而言，成功的语言学习者更有可能真正地对语言学习产生兴趣，从而具有融入型的语言学习动机，而不成功的语言学习者则更有可能具有工具性的动机，只是为了某个现实的目的（如获得一个证书）而学习语言。高一虹等（2009）对中国五所大学的英语学习者进行了长达两年的跟踪研究，结果表明，学生对于目标语文化的兴趣以及内在的学习动机在两年的时间内不断地增强，这与语言水平的提高具有很大的关系。语言水平的提高可以使学习者获取更多的知识和信息，开阔他们的视野，激发他们的兴趣，进而增强他们语言学习的内在动机。学习成绩的好坏也会直接影响学习者的努力程度，成功的学习经历可以给学习者带来愉悦和成功感，进而激发学习者的学习热情，使他们付出更多的努力来学习语言。与此相反，不成功的语言学习经历则有可能挫伤他们学习的积极性，使得他们减少对语言学习时间和精力的投入。

5.3　外语学习者个体差异的动态系统框架

基于上文对个体差异变量的分类、相互的互动关系以及环境因素和学习成绩与个体差异的互动关系的分析，我们可以初步建立起一个语言学习者个体差异系统的动态系统框架（如图 5-1 所示）。

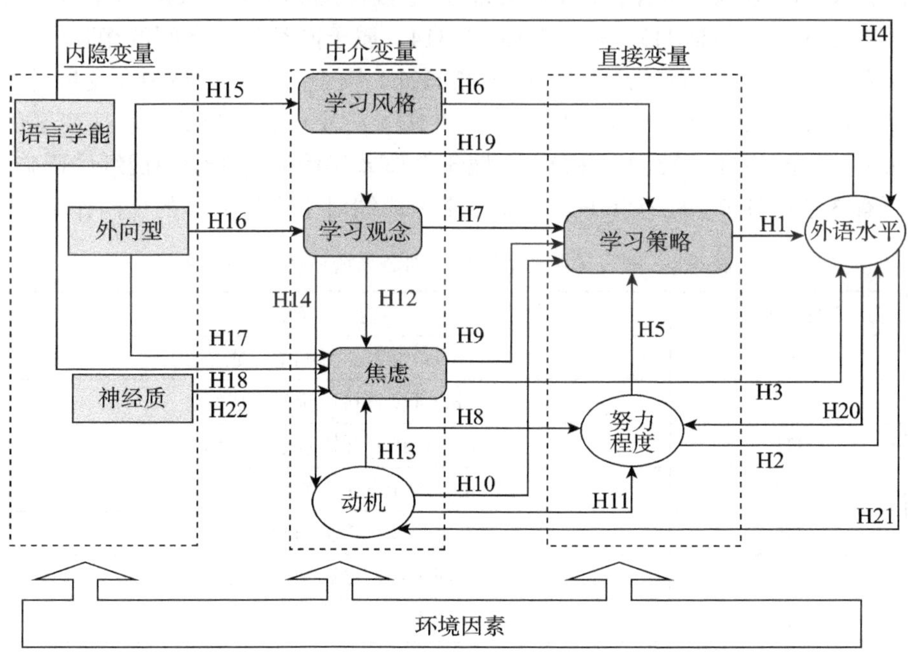

图 5-1　语言学习者个体差异系统的动态系统框架[1]

（图中虚线框表示个体差异的类别，箭头所示方向表示相互之间的作用关系，H1-H22 分别表示我们所假设的 22 条直接作用的路径）

1　在“性格”一项中，由于前期的研究发现外向与神经质对其他学习者个体差异的影响最为明显，为了使得本项研究的问题更加明确，我们没有笼统地使用“性格”这一术语，而是分别使用“外向”和“神经质”来代替它。

该模型包括三大部分：学习者个体差异系统、环境因素和学习成绩。个体差异的诸多因素相互影响、相互作用，从而形成一种合力而影响最终的语言水平，而学习成绩则反过来影响学习观念、动机以及努力程度，而环境因素则影响到整个的学习者个体差异系统。在个体差异系统的三类变量中，内隐变量位于路径的最外层，通过 4 条路径直接作用于中介变量：性格直接影响学习风格、学习观念和焦虑；语言学能直接影响焦虑水平。内隐变量通过作用于中介变量将影响力逐层传递到直接变量。中介变量位于中间层，充当内隐变量和直接变量间的媒介，在受到内隐变量影响的同时，通过 6 条路径作用于直接变量：学习风格、学习观念、焦虑和动机对学习策略产生直接影响；外语焦虑和学习动机也影响努力程度。中介变量除了本身对直接变量产生影响外，也传递着内隐变量对直接变量的间接影响。直接变量位于路径的最内层，受到中介变量的直接影响和内隐变量的间接影响。从图中我们可以发现 22 条直接作用的路径（如图 5-1 所示），其中有 4 条（包括 H5、H12、H13 和 H14）属于同类变量之间的相互作用，5 条（包括 H15、H16、H17、H18 和 H22）属于内隐变量与中介变量的互动，6 条（H6、H7、H8、H9、H10 和 H11）属于中介变量对直接变量的影响，4 条（H1、H2、H3 和 H4）属于个体差异因素对于学习成绩的影响，还有 3 条（H19、H20 和 H21）属于学习成绩对于个体差异的反向作用。

表 5-2　语言学习者个体差异动态系统中的作用路径 [2]

序　号	内　　容
H1	学习策略直接影响学习成绩。
H2	努力程度直接影响学习成绩。
H3	语言焦虑直接影响学习成绩。
H4	语言学能直接影响学习成绩。
H5	努力程度直接影响学习策略。
H6	学习风格直接影响学习策略。
H7	学习观念直接影响学习策略。
H8	语言焦虑直接影响努力程度。
H9	语言焦虑直接影响学习策略。

2　在本表中，我们反复使用了“直接”一词，这样做的目的在于强调不同要素之间的互动的层次性，从动态系统理论的角度来看，系统内部诸要素具有完全的相关性，但是这种关联不是完全等同，有的要素之间具有直接的关联，还有的要素之间是通过这些直接的关联而同系统内的其他要素关联起来的。

（续表）

序 号	内 容
H10	动机直接影响学习策略。
H11	动机直接影响努力程度。
H12	学习观念直接影响语言焦虑。
H13	动机直接影响语言焦虑。
H14	学习观念直接影响动机。
H15	外向直接影响学习风格。
H16	外向直接影响学习观念。
H17	外向直接影响语言焦虑。
H18	语言学能直接影响语言焦虑。
H19	学习成绩直接影响学习观念。
H20	学习成绩直接影响努力程度。
H21	学习成绩直接影响动机。
H22	神经质直接影响语言焦虑。

这一模型形象地揭示了个体差异变量的动态互动过程，有助于我们从诸多要素中识别出影响语言学习的关键因素。个体差异的形成最早从内隐变量开始，语言学能是个体与生俱来的语言学习能力，而性格是个体在童年甚至婴幼儿时期就初步形成的稳定特征。性格和学能的形成过程在个体开始外语学习之前就已经结束了，因此，这两个变量代表了语言学习的初始条件。当个体开始语言学习后，通过与外界环境进行互动而积累经验和体会，并逐渐形成自己的学习风格、学习观念和学习策略，同时也产生了外语焦虑。在这一过程中，内隐变量作为既定存在的已知条件影响着中介变量和直接变量的形成和发展。虽然从路径图上看，内隐变量对学习成绩的影响最为间接，但是内隐变量的影响范围更广，几乎覆盖全部中介变量和直接变量。同时，由于内隐变量属于个体差异中的稳定变量，它们对语言学习的影响不易随环境发生变化，是长期而稳定存在的。因此，内隐变量在语言学习中发挥着根本性的重要作用。语言学习者的很多行为和心理问题都能从内隐变量中找到根源。

5.4 小结

从动态系统理论的视角来看，语言学习者的个体差异变量互相影响、互相依存，共同构成了一个复杂动态系统。在动态系统理论框架下构建的个体差异动态系统的模型充分体现了个体差异系统的层次性、完全相关性和非线性等特征，有利于我们以全局性的视角重新审视个体差异，使我们对不同个体差异变量在语言学习中发挥的不同作用有了更清晰的认识。更为重要的是，该框架模型的建立为我们下一步的实证研究作了充分的准备，这主要体现在以下两个方面：

第一，我们确定了学习者个体差异的诸多变量以及它们的层次性，明确了研究的对象。学习者个体差异是包括生理因素（语言学能）、心理因素（性格、学习风格、语言焦虑、动机、学习观念）和行为因素（学习策略和努力程度）在内的复杂系统，要在动态系统理论的指导之下展开一个全面的完整的研究绝非易事，这首先需要我们明确具体的研究对象，并对研究对象的内部层次进行全面的梳理。在此前的研究中，我们以动态系统理论的基本原则为指导，按照层次性的原则，从个体差异变量对学习成绩影响的直接性以及变量的稳定性两个维度出发，对这些变量进行了详细的梳理、考察和分类，把他们分为内隐变量、中介变量和直接变量三种类型，这就使得我们对各种变量的实质以及他们的作用有了清楚的认识。例如，学习策略是学习者根据自身特点在综合考虑的基础上形成的解决方案，是一种直观呈现出来的表面现象，属于行为层面，对学习成绩具有直接的影响；但是在策略背后又隐藏着许多心理的要素，性格、动机等因素都有可能对策略的形成产生影响。

第二，我们梳理了个体差异变量之间以及它们与学习成绩之间的互动关系，明确了具体的研究内容。从动态系统理论的观点来看，系统内部各个要素之间具有完全的相关性，但是这并不意味着这些相关性是完全等同的，它们之间还存在差异：有些相关性是直接的，两个变量之间构成一定的因果关系；还有些相关性是间接的，它们通过那些直接相关的要素而间接地联系起来，从而构成一个整体。因此，我们需要把那些直接相关的关联梳理出来，并把它们作为本项目研究的核心问题。在全面总结前人研究的基础上，我们梳理出了 22 个直接的关联，这将成为下一步实证研究的重点问题。但是我们的研究并不局限于此，除了验证这 22 个直接的关联之外，我们还将全面地考察各种变量的动态变化以及引起这些变化的各种因素。

第6章

语言学能与其他个体差异变量之间的相关性

从动态系统理论的角度来研究学习者个体差异，首先是要发现个体差异之间的互动关系，即它们之间是如何相互影响与相互作用的。这种互动关系包括两种情况：一种是潜在的互动关系，也就是说，一种变量的变化有可能导致另一种变量的变化，但是由于各种变量的动态性差异，有的变量变化的速度较快（如学习策略和努力程度），有的变量则变化较慢（如语言学能和性格）。这种互动关系并不一定在本项目研究的过程中具体地体现出来，因此是潜在的；另一种互动关系是在本项目研究中真实发生的，也就是说，一个变量的变化引起了另一个变量的变化。上述两种互动关系都是本项目研究的核心问题，但是，对于那些稳定性较强、不易发生改变的个体差异变量来说，如果它在研究期间没有发生明显的变化，我们也只能通过相关性分析来探究它们与其他变量之间的潜在互动关系。本章将围绕语言学能与其他个体差异变量以及与学习成绩之间的相关性进行讨论。

6.1 语言学能的动态变化

正如 Skehan（1998）所指出的那样，语言学能是人们与生俱来的能力，它不可能通过教育而得到提高，也不会受到学习经历的影响。因此，在本项目研究的设计中，为了有效减少数据收集的工作量，我们只在第一学期的 10 月和第二学期的 5 月对语言学能和性格两个内隐变量进行了两次测量。表 6-1 显示了有关语言学能的测量结果。

表 6-1 中的数据进一步证明了语言学能的稳定性。在两次测量中，语言学能的三个构成要素——语音编码能力、语法敏感性和机械记忆能力，它们的均值虽然都有所变化，但是 T- 检验的结果表明这些变化均未达到

显著性的程度，这说明语言学能是一个非常稳定的变量。

表 6-1 语言学能变化的 T- 检验结果

	Variable	Mean	T value	P
Time 1–4	PC	25.21/25.36	–.406	.686
	GS	28.46/29.33	– 1.719	.090
	RLA	16.54/17.53	– 1.624	.109

（PC ：语音编码能力；GS ：语法敏感性；RLA ：机械记忆能力）

6.2 语言学能与其他个体差异变量的相关性

语言学能在众多的个体差异的变量之中，受到的关注最久。但是在漫长的研究过程中，人们更多地关注语言学能的构成要素、测量以及它与学习成绩之间的关系，却很少关注它与其他个体差异要素之间的相关性。以学习观念为例，人们研究的重点主要集中在教育经历（例如，Little et al.，1984）、文化背景（例如，Tumposky，1991）、性别（例如，Bacon & Finnemann，1993）、认知方式和个性（例如，徐锦芬、唐芳，2004）等对于学习观念的影响，而很少关注语言学能与学习观念的相关性。学习者作为一个有机的整体，他的各种个体差异变量相互之间构成了一个动态的复杂系统，这个系统的重要特点之一就是完全的相关性；也就是说，各种个体差异变量之间都会具备各种直接或者间接的关系，它们之间是相互影响的。更为重要的是，每个语言学习者都可以被视为一个复杂的自我适应的系统（Ellis & Larsen-Freeman，2009），它需要依据自身内部的条件以及外部学习环境的变化而不断地自我调适，以期达到最佳的效果；其中内部条件中最为重要的因素之一就是语言学能。如上文所述，不同的学习者在不同的语言学能构成要素上表现出不同的优势，在长期的学习过程中，他们作为一个有机的自适应系统，逐渐形成具有自身特点的学习风格、学习观念以及具体的学习策略。因此，语言学能应该与其他个体差异变量之间存在着一定的相关性。鉴于上述考虑，我们对语言学能和其他个体差异变量之间的相关性进行了系统的分析。

考虑到语言学能的稳定性，在整个研究期间我们只是对语言学能进行了两次测量，而对其他个体差异变量进行了四次测量；考虑到测量的时间因素，我们把语言学能第一次测量的值与其他个体差异变量的前三次测量值相对应，而把语言学能的第二次测量值与其他变量的第四次测量值相对应，以进行相关性分析。[1]

6.2.1　语言学能与性格

语言学能与性格同属于内隐性变量，它们更多地受到先天性因素的制约。尽管后天的环境也有可能会导致它们的变化，从而使它们表现出一定的动态性，但是，这种变化往往是比较缓慢的，不可能在短时间内发生显著的变化。那么两者之间是否存在一定的相关性呢？换言之，语言学能的高低是否会影响到一个人的性格，或者具备某种性格特质的人是否在语言学能整体或者某一个方面具有突出的表现呢？表 6-2 显示了第一次测量的时间点上语言学能与性格的相关性数据。

表 6-2　语言学能与性格在第一时间点上的相关性数据[2]

	PC1	GS1	RLA1	PSY1	NEU1	EXT1
PC1	1					
GS1	.472**	1				
RLA1	.601**	.468**	1			
PSY1	–.043	.085	.071	1		
NEU1	–.183	–.076	–.151	.293*	1	
EXT1	–.030	–.261*	–.032	–.121	–.342**	1

**p<.01，*p<.05

（PSY：精神质；NEU：神经质；EXT：内外向）

如表 6-2 所示，相关性分析的结果表明，在所有语言学能变量和性格变量中，仅有内外倾向性与语法敏感性之间呈现显著的负相关（$r = -.261$，$p < .05$），而且第二次的分析结果也与此一致（见表 6-3）。这说明外向型的学习者对于语法的敏感性较弱，内向型学习者对语法的敏感性较强；也就是说，内向型学习者在语法或者语言规则的学习方面可能具有更强的优势。其他语言学能变量和性格变量之间不存在显著关系。

1　这里所说的“其他个体差异变量”不包括性格一项，因为该项目也是一个比较稳定的变量，也只是进行了两次测量，正好与语言学能的两次测量相对应。其实，从具体的数据来看，由于语言学能的稳定性，两次测量之间的差异很小，采用哪一次测量的结果与其他变量的四次测量结果作相关性分析，都不会对分析的结果产生明显的影响。

2　表中的数字 1 表示第一个测量时间点。在后面的表格中，2 表示第二个测量时间点，3 表示第三个测量时间点，4 表示第四个测量时间点。

表 6-3　语言学能与性格在第二时间点上的相关性数据

	PC2	GS2	RLA2	PSY2	NEU2	EXT2
PC2	1					
GS2	.570**	1				
RLA2	.649**	.593**	1			
PSY2	–.028	.157	.075	1		
NEU2	–.136	–.015	–.122	.415**	1	
EXT2	–.074	–.255*	–.195	–.208	–.367**	1

**p<.01，*p<.05

6.2.2　语言学能与学习风格

学习风格又被称为认知风格，是“一个人的自然的、习惯性的以及喜欢的吸收信息、处理信息和保持信息的方式和技能，它是比较稳定的，不会因为教学方法或者教学内容的变化而变化”（Kinsella，2002：171）。在语言学能方面，学习者除了在整体上有所差异之外，他们还表现出在具体构成要素方面的差异；也就是说，他们或许在某一个方面表现出比较明显的优势，那么学习者是否会有可能根据自己语言学能的特点而表现出学习风格的倾向性呢？在本项目研究中，第一个时间点上的数据分析结果表明，所有语言学能变量与学习风格之间的相关系数都没有达到显著水平（如表 6-4 所示）：

表 6-4　语言学能与学习风格在第一时间点上的相关性数据

	PC1	GS1	RLA1	AUD1	VIS1	KIN1	TAC1
PC1	1						
GS1	.472**	1					
RLA1	.601**	.468**	1				
AUD1	–.072	–.093	.066	1			
VIS1	.028	.036	.149	.282*	1		
KIN1	–.023	–.098	–.160	.160	.243*	1	
TAC1	–.088	–.053	.141	–.002	.230	.372**	1

**p<.01，*p<.05

（AUD：听觉型；VIS：视觉型；KIN：动觉型；TAC：触觉型）

表 6-4 结果也得到了第二个时间点（表 6-5）和第三个时间点（表 6-6）上相关数据分析结果的证实：所有语言学能变量与学习风格之间的相关系数都没有达到显著水平。

表 6-5　语言学能和学习风格在第二时间点上的相关性数据

	PC1	GS1	RLA1	AUD2	VIS2	TAC2	KIN2
PC1	1						
GS1	.472**	1					
RLA1	.601**	.468**	1				
AUD2	–.095	–.091	.067	1			
VIS2	–.001	.017	.091	.251*	1		
TAC2	–.048	–.036	.169	.072	.223	1	
KIN2	–.175	–.200	–.227	.205	.120	.317**	1

**p<.01，*p<.05

表 6-6　语言学能和学习风格在第三时间点上的相关性数据

	PC1	GS1	RLA1	AUD3	VIS3	TAC3	KIN3
PC1	1						
GS1	.472**	1					
RLA1	.601**	.468**	1				
AUD3	–.083	–.166	.014	1			
VIS3	–.020	–.045	.131	.374**	1		
TAC3	–.014	–.005	.123	.057	.279*	1	
KIN3	–.128	–.106	–.036	.295*	.230	.260*	1

**p<.01，*p<.05

但是在第四个时间点上，我们发现语音编码能力与触觉型学习风格之间具有显著的正相关性（r=.258，p<.05）（如表 6-7 所示）。

表 6-7　语言学能和学习风格在第四时间点上的相关性数据

	PC2	GS2	RLA2	AUD4	VIS4	TAC4	KIN4
PC2	1						
GS2	.570**	1					
RLA2	.649**	.593**	1				
AUD4	−.096	−.024	.021	1			
VIS4	.138	.022	.018	.186	1		
TAC4	.258*	.104	.051	−.042	.396**	1	
KIN4	−.064	−.176	−.166	.290*	.389**	.350**	1

**p<.01，*p<.05

从总体上来看，语言学能和学习风格之间的相关性表现得并不是非常的明显，但是我们仍然能够发现语音编码能力和触觉型学习风格之间的相关性。对于这一结果，可以说语音编码能力强的学习者更倾向于采用触觉型的学习风格，也可以说具有触觉型学习风格的学习者更有可能具有较强的语音编码能力。这两种说法都有道理，但是我们更加关注的是第一种，因为它更加强调了语音编码能力和触觉型学习风格之间的因果关系。因为语言学能是先天的，而学习风格的形成是先天与后天因素结合的成果。语言学习者作为一个自适应系统，会自动地根据自己的先天条件和学习环境而不断自我调适，形成自己的学习风格。因此，语言学能应该与学习观念之间具有一定的相关性，而本项目研究的成果已经在一定程度上证实了这一点。但是，由于本项目研究在整体目标以及研究时间的局限性，我们还不能更加细致了解学习者的语言学能和学习风格的相互关系，这有待于我们今后的进一步研究。

6.2.3　语言学能与学习观念

学习观念是指学习者对于语言本身、语言学习和语言教学的看法，它的核心构成要素包括自我效能信念、对语言学习本质的看法、语言学能观念、对语言学习难度的看法以及学习策略观念等五个部分。从动态系统理论的角度来看，学习观念与学习风格一样，它也应该属于学习者自我调适而形成的重要个体差异特征；也就是说，学习者应该能够有意识或者无意识地根据自己语言学能的特点，而形成一定的学习观念，因此应该与语言学能之间具有重要的相关性。本项目相关研究的结果也进一步证明了这一点。如表 6-8 显示，根据相关性分析的结果，语音编码能力与总体学习观念之间的相关系数为 –.272（p<.05），与学习难度观念的相关系数为 –.276（p<.05），都达到了显著的水平，说明语音编码能力与学习难度观念密切相关。也就是说，语音编码能力强的学习者更有可能认为外语学习的难度较低，而语音编码能力弱的学习者则更有可能认为外语学习的难度较高。

表 6-8 语言学能和学习观念在第一时间点上的相关性数据

	PC1	GS1	RLA1	BEL1	SEB1	BLS1	BLA1	BNL1	BD1
PC1	1								
GS1	.472**	1							
RLA1	.601**	.468**	1						
BEL1	–.272*	–.203	–.062	1					
SEB1	.160	–.009	.201	.213	1				
BLS1	–.099	–.148	.007	.710**	.391**	1			
BLA1	–.150	–.126	–.110	.159	–.344**	–.238*	1		
BNL1	–.098	.058	.063	.217	–.306**	–.176	.415**	1	
BD1	–.276*	–.164	–.195	.147	–.354**	–.005	.028	.241*	1

**p<.01，*p<.05

（BEL：总体学习观念；SEB：自我效能观念；BLS：学习策略观念；BLA：语言学能观念；BNL：对外语学习本质的看法；BD：语言学习难度的看法）

第二个和第三个测量时间点的相关性分析结果进一步证明了语音编码能力与学习者对学习难度看法的相关性。表 6-9 和 6-10 中的数据进一步证实，语音编码能力与学习难度观念之间显著负相关（分别为 r = –.261，p<.05 和 r= –.278，p<.05）。

表 6-9 语言学能和学习观念在第二时间点上的相关性数据

	PC1	GS1	RLA1	BEL2	SEB2	BLS2	BLA2	BNL2	BD2
PC1	1								
GS1	.472**	1							
RLA1	.601**	.468**	1						
BEL2	–.158	–.169	.011	1					
SEB2	.109	–.043	.152	.345**	1				
BLS2	–.050	–.139	.043	.817**	.446**	1			
BLA2	–.162	–.108	–.126	.194	–.295*	–.257*	1		
BNL2	–.092	.064	.070	.302*	–.220	–.205	.436**	1	
BD2	–.261*	–.134	–.205	.203	–.344**	–.066	.141	.227	1

**p<.01，*p<.05

表 6-10　语言学能和学习观念在第三时间点上的相关性数据

	PC1	GS1	RLA1	BEL3	SEB3	BLS3	BLA3	BNL3	BD3
PC1	1								
GS1	.472**	1							
RLA1	.601**	.468**	1						
BEL3	–.157	–.137	.023	1					
SEB3	.130	.056	.106	.280*	1				
BLS3	–.073	–.132	.046	.829**	.385**	1			
BLA3	–.074	–.078	–.080	.104	–.515**	–.269*	1		
BNL3	–.094	.082	.072	.302*	–.159	–.196	.371**	1	
BD3	–.278*	–.140	–.183	.226	–.238*	–.060	.072	.256*	1

**p<.01，*p<.05

除了语音编码能力之外，第四个时间点的相关性分析的结果（见表 6-11）也表明机械记忆能力与自我效能观念之间具有显著的正相关（r = .318，p<.01）。这说明学习者的机械记忆能力越强，他们对自己学习英语的效率就越有信心，自我效能观念也就越强。

表 6-11　语言学能和学习观念在第四时间点上的相关性数据

	PC2	GS2	RLA2	BEL4	SEB4	BLS4	BLA4	BNL4	BD4
PC2	1								
GS2	.570**	1							
RLA2	.649**	.593**	1						
BEL4	–.161	–.082	–.166	1					
SEB4	.127	.049	.318**	.205	1				
BLS4	–.168	–.052	–.181	.814**	.346**	1			
BLA4	.053	–.060	–.126	.155	–.389**	–.270*	1		
BNL4	.019	.017	.056	.314**	–.272*	–.200	.386**	1	
BD4	–.218	–.123	–.194	.220	–.413**	–.071	.157	.299*	1

**p<.01，*p<.05

综上所述，语言学能和学习观念之间存在着明显的相关性，两者之间的互动关系应该体现在语言学能对学习观念的影响上。前者是与生俱来的，受到后天影响的程度较小；而后者的形成则要受到包括特定文化环境（McCargar，1993）、自身的教育经历，尤其是语言学习经历（Little et al.，1984）和他人学习经验（文秋芳，1995）等因素的影响，而这些因素对于学习者来说都是外部的。作为一个自适应的系统，外语学习者学习观念的形成还会受到内部因素的影响，从本项目研究的结果来看，这些内部因素应该包括语言学能。在语言学能的各个项目中，与学习观念显著相关的有语音编码能力和机械记忆能力两个项目，它们都属于易被学习者感知的，而语法的敏感性[3]一项是学生难以直接觉察的。由此我们可以看出，在外语学习的过程中，学习者会在有意或者无意之中对自己语言学能逐渐产生一定的认识，他们也会在有意或者无意之中按照扬长避短以取得学习效益最大化的原则形成自己的学习观念。

关于语言学能与学习观念的关系，我们还发现语言学能对于对语言学习本质的看法和学习策略观念的形成都未产生直接的影响。这是比较容易解释的，这说明他们的形成更多地受到外部环境的影响。有意思的是，语言学能的高低与学习者对于自身语言学能的看法也没有明显的相关性，这说明学习者对自身的语言学能并没有明显的意识，语音编码能力和机械记忆能力对于语言学习难度和自我效能观念的影响更多的是潜意识的，这也在一定程度上进一步证明了外语学习者自我调适系统工作机制的潜在性。

6.2.4　语言学能与外语焦虑

焦虑指人的恐惧、忧虑等主观性情感。外语焦虑主要针对二语或者外语学习而言，可以被视为一种情景性焦虑，“是一种产生于外语学习过程和课堂外语学习相联系的有关自我知觉、信念、情感和行为的独特的综合体”（Horwitz，1986：87），它主要包括害怕得到负面的评价、交际恐惧和考试焦虑三个方面。对于语言学能和外语焦虑之间的关系，我们感兴趣的问题在于：语言学能属于先天性的外语学习能力，而外语焦虑是一种心理状态，两者之间是否存在着一定的内在关系呢？表 6-12 显示了在第一个时间点上两者之间的相关性分析数据。

3　由于本项目所采用的语言学能测试只是测量语音编码能力、语法的敏感性和机械记忆能力三项，并没有测量归纳学习的能力，因此在此我们没有进行相关的讨论。不过，归纳学习能力应该也属于不容易被学生直接觉察到的项目，因此，我们预测它对于学习观念形成的影响力也比较弱。

表 6-12　语言学能和外语焦虑在第一时间点上的相关性数据

	PC1	GS1	RLA1	ANX1	TAN1	CA1	FNE1
PC1	1						
GS1	.472**	1					
RLA1	.601**	.468**	1				
ANX1	–.280*	–.265*	–.160	1			
TAN1	–.289*	–.253*	–.237*	.950**	1		
CA1	–.225	–.233	–.059	.863**	.688**	1	
FNE1	–.230	–.243*	–.049	.937**	.808**	.855**	1

**p<.01，*p<.05

（ANX：总体焦虑水平；TAN：考试焦虑；CA：交际恐惧；FNE：负面评价恐惧）

表 6-12 中的数据表明，语言学能与外语焦虑之间具有高度的相关性。其中，语音编码能力与总体焦虑水平和考试焦虑之间的相关系数分别是 –.280 和 –.289（p<.05），达到了显著水平。这说明，学习者的语音编码能力越强，它们的总体焦虑水平就越低；更进一步说，语音编码能力对于外语焦虑的影响主要体现在考试焦虑上。这一结果又得到了第三个时间点上的相关数据分析结果的进一步证实[4]。语法敏感性也与总体焦虑水平、考试焦虑和害怕得到负面评价之间密切相关，相关系数分别是 –.265、–.253 和 –.243（p<.05），也都达到显著水平。这说明语法敏感性强的学习者总体上焦虑水平更低，且语法敏感性对于外语焦虑的影响主要体现在考试焦虑和负面评价恐惧两个方面；也就是说，语法敏感性强的学习者的考试焦虑水平倾向较低，而且对得到负面评价的焦虑水平也会较低。另外，机械记忆能力与考试焦虑之间的相关系数也达到了显著的水平（r = –.237，p<.05），说明机械记忆能力与考试焦虑关系密切：学习者的机械记忆能力越强，考试焦虑水平越低。这一结果又得到了第三个时间点的相关数据分析结果的进一步证实[5]。

4　由表 6-14 可以看出，第三个时间点上的相关数据分析结果表明，语音编码能力与总体焦虑水平、考试焦虑的相关系数分别是 –.282 和 –.291（p<.05），达到了显著的水平。

5　由表 6-14 可以看出，第三个时间点上的相关数据分析结果表明，机械记忆能力与考试焦虑之间具有显著的负相关，相关系数为 –.235（p<.05），达到了显著的水平。

表 6-13　语言学能和外语焦虑在第二时间点上的相关性数据

	PC1	GS1	RLA1	ANX2	TAN2	CA2	FNE2
PC1	1						
GS1	.472**	1					
RLA1	.601**	.468**	1				
ANX2	–.292*	–.271*	–.160	1			
TAN2	–.290*	–.249*	–.234	.951**	1		
CA2	–.259*	–.256*	–.064	.842**	.666**	1	
FNE2	–.236*	–.248*	–.047	.931**	.807**	.806**	1

**p<.01，*p<.05

第二个时间点上的相关性数据分析的结果进一步证实了语音编码能力与总体焦虑水平和考试焦虑之间的相关性（相关系数分别为 –.292、–.290，p<.05）。与此同时，这一部分的数据分析结果还表明它与交际恐惧和负面评价恐惧之间也具有很强的相关性，相关系数分别是 –.259 和 –.236（p<.05），都达到了显著的水平。这说明，语音编码能力强的学习者在总体的焦虑水平，以及考试焦虑、交际恐惧和负面评价恐惧的水平都会较低。这一结果又得到了第四个时间点的相关数据分析结果的进一步证实[6]。另外，这一部分相关性数据分析的结果也进一步证实了语法敏感性与考试焦虑和负面评价恐惧的高度相关性，相关系数分别为 –.249 和 –.248（p<.05），均达到了显著的水平；语法敏感性与总体焦虑水平和交际恐惧之间也具有很强的负相关性，相关系数分别为 –.271 和 –.256（p<.05），也达到了显著的水平。这说明，与语音编码能力一样，语法敏感性对于焦虑水平的影响也是全面性的，语法敏感性强的学习者不仅总体的焦虑水平会较低，而且在考试焦虑、交际恐惧和负面评价恐惧三个方面的水平都会较低。这一结果又得到了第三个时间点[7]和第四个时间点[8]的相关数据分析结果的进一步证实。另

6　由表 6-15 可以看出，第四个时间点的相关数据分析结果表明，语音编码能力与总体焦虑水平、考试焦虑、交际畏惧和负面评价恐惧的相关系数分别是 –.322、–.309、–.287 和 –.304（p<.05），达到了显著的水平。

7　由表 6-14 可以看出，第三个时间点的相关数据分析结果表明，语法敏感性与总体焦虑水平、考试焦虑和负面评价恐惧的相关系数分别是 –.262、–.246 和 –.246（p<.05），达到了显著的水平。

8　由表 6-15 可以看出，第四个时间点的相关数据分析结果表明，语法敏感性与总体焦虑水平、考试焦虑、交际畏惧和负面评价恐惧的相关系数分别是 –.332、–.323、–.278 和 –.317（p<.05），都达到了显著的水平。

外，第四个时间点的相关数据（见表 6-15）在进一步证明机械记忆能力和考试焦虑之间的相关性之外[9]，还显示机械记忆能力与总体焦虑水平、交际恐惧和负面评价恐惧之间也具有很强的相关性，相关系数分别为 –.370，–.248 和 –.307（$p<.05$），都达到了显著的水平。这说明，机械记忆能力对于焦虑水平的影响也是全面性的，机械记忆能力强的学习者在总体焦虑水平以及其各项具体的构成要素上的表现水平都会较低。

表 6-14　语言学能和外语焦虑在第三时间点上的相关性数据

	PC1	GS1	RLA1	ANX3	TAN3	CA3	FNE3
PC1	1						
GS1	.472**	1					
RLA1	.601**	.468**	1				
ANX3	–.282*	–.262*	–.160	1			
TAN3	–.291*	–.246*	–.235*	.950**	1		
CA3	–.225	–.233	–.059	.863**	.687**	1	
FNE3	–.233	–.246*	–.053	.937**	.808**	.854**	1

**p<.01，*p<.05

表 6-15　语言学能和外语焦虑在第四时间点上的相关性数据

	PC2	GS2	RLA2	ANX4	TAN4	CA4	FNE4
PC2	1						
GS2	.570**	1					
RLA2	.649**	.593**	1				
ANX4	–.322**	–.332**	–.370**	1			
TAN4	–.309**	–.323**	–.411**	.959**	1		
CA4	–.287*	–.278*	–.248*	.882**	.736**	1	
FNE4	–.304*	–.317**	–.307**	.949**	.844**	.867**	1

**p<.01，*p<.05

9　由表 6-15 可以看出，第四个时间点的相关数据分析结果表明，机械记忆能力与考试焦虑的相关系数是 –.411（$p<.05$），达到了显著的水平。

综上所述，语言学能和外语焦虑之间具有很强的负相关性；也就是说，语言学能高的学习者往往会具备较低的外语焦虑水平。有关的相关性分析的结果表明，语言学能对于外语焦虑的影响是全面的，语音编码能力、语法敏感性和机械记忆能力等三个语言学能的构成要素，不仅会影响到学习者的总体外语焦虑水平，而且它们在考试焦虑、交际恐惧和负面评价恐惧等三个方面的水平也与语言学能水平呈负相关。当然，从四个时间点测量的结果差异来看，它们影响的稳定性也存在一定的差异。其中语音编码能力对考试焦虑以及语法敏感性对考试焦虑和负面评价恐惧影响的稳定性最强，它们在四个测量的时间点上都表现出显著的相关；语音编码能力对交际恐惧和负面评价恐惧、语法敏感性对交际恐惧以及机械记忆对考试焦虑影响的稳定性次之，它们在四个测量的时间点上有两到三次表现出显著的相关，而机械记忆能力对交际恐惧和负面评价恐惧影响的稳定性最弱，只有一次表现出显著的相关。

6.2.5 语言学能与学习动机

动机可以简单地解释为学习外语的原因或者目的，它包括融入型动机、工具型动机和态度三个方面。从动态系统理论的角度来看，我们不妨假设学习者有可能会在有意或者无意之中根据自己语言学能的高低以及构成要素的具体情况，现实地确定自己外语学习的目的或者目标，那样语言学能与学习动机之间应该也表现出一定的相关性。但是，在四个测量的时间点上相关数据的分析却不能证明这一假设。

表 6-16 语言学能和学习动机在第一时间点上的相关性数据

	PC1	GS1	RLA1	MOT1	ITM1	ISM1	ATT1
PC1	1						
GS1	.472**	1					
RLA1	.601**	.468**	1				
MOT1	–.118	–.226	–.095	1			
ITM1	.025	–.060	.089	.726**	1		
ISM1	–.044	–.076	.052	.631**	.571**	1	
ATT1	.111	–.081	.007	.604**	.439**	.212	1

**p<.01，*p<.05

（MOT：动机的整体水平；ITM：融入型动机；ISM：工具型动机；ATT：态度）

表 6-17 语言学能和学习动机在第二时间点上的相关性数据

	PC1	GS1	RLA1	MOT2	ITM2	ISM2	ATT2
PC1	1						
GS1	.472**	1					
RLA1	.601**	.468**	1				
MOT2	−.122	−.221	−.072	1			
ITM2	.003	−.104	.077	.749**	1		
ISM2	−.089	−.137	−.039	.629**	.513**	1	
ATT2	.102	.026	.082	.542**	.339**	.163	1

**p<.01

表 6-18 语言学能和学习动机在第三时间点上的相关性数据

	PC1	GS1	RLA1	MOT3	ITM3	ISM3	ATT3
PC1	1						
GS1	.472**	1					
RLA1	.601**	.468**	1				
MOT3	.016	−.086	.068	1			
ITM3	.057	−.026	.132	.910**	1		
ISM3	−.090	−.104	−.011	.842**	.626**	1	
ATT3	.110	−.105	.010	.540**	.377**	.214	1

**p<.01

表 6-19 语言学能和学习动机在第四时间点上的相关性数据

	PC2	GS2	RLA2	MOT4	ITM4	ISM4	ATT4
PC2	1						
GS2	.570**	1					
RLA2	.649**	.593**	1				
MOT4	.191	.070	.144	1			
ITM4	.198	.059	.162	.919**	1		
ISM4	.206	.057	.108	.877**	.732**	1	
ATT4	−.004	.053	.047	.529**	.306*	.233	1

**p<.01，*p<.05

表 6-16 至表 6-19 共 4 个表格的数据显示，语言学能与学习动机之间都没有表现出显著的相关性，这说明学习动机更多地受到其他因素，如社会环境等的影响，而语言学能对学习动机的影响并不大。这一现象的出现很可能与自我调适机制的潜在性有关，如上文我们在讨论语言学能和学习观念之间的关系时所提到的那样，学习者对自己的语言学能很可能缺乏必要的了解，因此也就不可能根据自己语言学能的情况调整自己外语学习的目的或者目标。

6.2.6　语言学能与学习策略

学习策略属于学习者个体差异系统中的直接变量，因此具有更多的外部行为特征。学习策略包括认知策略、情感策略、元认知策略和社会策略四种类型。为了发现语言学能与学习策略之间的相关性，与其他个体差异变量一样，我们在四个测量的时间点上对两者之间进行了相关的数据分析。其中在第一个时间点上的相关性数据分析的结果（见表 6-20）显示，语法敏感性与认知策略之间的相关系数为 –.240（$p< .05$），达到了显著的水平，说明学习者的语法敏感性越强，他们所采用的认知策略就越少。

表 6-20　语言学能与学习策略在第一时间点上的相关性数据

	PC1	GS1	RLA1	STR1	CST1	SST1	AST1	MST1
PC1	1							
GS1	.472**	1						
RLA1	.601**	.468**	1					
STR1	.058	–.097	.040	1				
CST1	–.097	–.240*	–.091	.873**	1			
SST1	.188	–.015	.142	.697**	.416**	1		
AST1	.186	.140	.180	.721**	.372**	.563**	1	
MST1	.170	.088	.117	.765**	.453**	.544**	.704**	1

**p<.01，*p<.05

（STR：学习策略整体；CST：认知策略；SST：社会策略；AST：情感策略；MST：元认知策略）

第二个时间点上的相关性数据分析的结果（见表 6-21）进一步证实了语法敏感性和认知策略之间的关系，两者之间的相关系数为 –.274（$p< .05$），达到了显著的水平。

表 6-21　语言学能与学习策略在第二时间点上的相关性数据

	PC1	GS1	RLA1	STR2	CST2	MST2	SST2	AST2
PC1	1							
GS1	.472**	1						
RLA1	.601**	.468**	1					
STR2	–.005	–.177	.000	1				
CST2	–.151	–.274*	–.075	.891**	1			
MST2	.175	.045	.050	.672**	.350**	1		
SST2	.144	–.099	.090	.588**	.299*	.486**	1	
AST2	.172	.080	.116	.716**	.406**	.664**	.514**	1

**p<.01，*p<.05

除了语法敏感性和认知策略之间的相关性之外，第四个测量时间点上[10]的相关性数据分析的结果（见表 6-22）还发现机械记忆能力也与认知策略的使用具有相关性，两者之间的相关系数为 –.280（p<.05），也达到了显著的水平。这说明机械记忆能力强的学习者也倾向于使用较少的认知策略。

表 6-22　语言学能与学习策略在第四时间点上的相关性数据

	PC2	GS2	RLA2	STR4	CST4	MST4	SST4	AST4
PC2	1							
GS2	.570**	1						
RLA2	.649**	.593**	1					
STR4	–.050	–.161	–.160	1				
CST4	–.129	–.178	–.280*	.853**	1			
MST4	.087	–.073	.018	.685**	.309**	1		
SST4	.033	–.068	.054	.641**	.306*	.494**	1	
AST4	.042	–.054	.055	.650**	.238*	.662**	.574**	1

**p<.01，*p<.05

10　由于第三个测量时间点的相关性数据分析并没有发现语言学能与学习策略之间任何的相关性，为节省篇幅，在此省去有关的分析数据。

综上所述，我们发现语言学能对于学习策略也具有一定的影响，这种影响主要表现在语法敏感性和机械记忆能力对于认知策略的影响。这两种能力强的学习者往往会使用较少的认知策略。认知策略指学习者对于学习材料直接进行处理的各种方式，例如，推理、分析、记笔记、合成等，是最为具体的学习策略，这说明语言学能高的学习者在具体学习策略的使用上要更加的集中，而不是频繁地更换或者大量地使用各种不同的方法。

6.2.7　语言学能与努力程度

努力程度是指学习者为外语学习所付出的时间和精力的多少，它包括学习者在外语学习上所花费时间的长短、克服学习中遇到困难的决心和持续进行外语学习的毅力三个方面。本项目研究的相关数据表明语言学能与努力程度之间也具有一定的相关性。

表 6-23　语言学能与努力程度在第一时间点上的相关性数据

	PC1	GS1	RLA1	EFF1	DET1	PER1	LEN1
PC1	1						
GS1	.472**	1					
RLA1	.601**	.468**	1				
EFF1	.106	.094	.212	1			
DET1	.094	.073	.235*	.914**	1		
PER1	.161	.107	.204	.931**	.749**	1	
LEN1	.097	.224	.335**	.804**	.684**	.750**	1

**p<.01，*p<.05

（EFF：总体努力程度；DET：克服困难的决心；PER：毅力；LEN：所付出的时间）

第一个时间点的相关数据分析表明，机械记忆能力和克服学习中遇到困难的决心具有显著的相关性，相关系数为 .235（p<.05），达到了显著的水平。这说明学习者的机械记忆能力越强，克服学习困难的决心也就有可能越强。另外，机械记忆能力还与外语学习所付出的时间长短也有很大的关系，两者之间的相关系数为 .335（p<.05），也达到了显著性的水平。这说明机械记忆能力强的学习者在学习外语上所花费的时间也就越多。

表 6-24　语言学能与努力程度在第二时间点上的相关性数据

	PC1	GS1	RLA1	EFF2	PER2	DET2	LEN2
PC1	1						
GS1	.472**	1					
RLA1	.601**	.468**	1				
EFF2	.103	.104	.233	1			
PER2	.161	.084	.221	.946**	1		
DET2	.088	.104	.190	.852**	.698**	1	
LEN2	.075	.228	.292*	.821**	.762**	.571**	1

**p<.01，*p<.05

第二个时间点的相关数据分析的结果进一步证明了机械记忆能力和学习时间长短之间的相关性，两者之间的相关系数为 .292（p<.05），达到了显著的水平。这进一步说明学习者的机械记忆能力越强，他们的平均学习时间也就有可能越长。第三个和第四个时间点的相关数据分析结果都说明机械记忆能力和学习时间之间相关性的高度稳定性，因为在这两个时间点上，两者之间的相关系数都达到了显著的程度。除此之外，第三个时间点上的分析结果还发现，语法敏感性与学习时间之间也有一定的相关性，两者之间的相关系数为 .283（p<.05），达到了显著的水平。这说明学习者的语法敏感性越强，他们也有可能在外语学习上花费更多的时间（见表 6-25 和表 6-26）。

表 6-25　语言学能与努力程度在第三时间点上的相关性数据

	PC1	GS1	RLA1	EFF3	DET3	PER3	LEN3
PC1	1						
GS1	.472**	1					
RLA1	.601**	.468**	1				
EFF3	.116	.043	.157	1			
DET3	.018	–.115	–.020	.797**	1		
PER3	.144	.075	.225	.926**	.571**	1	
LEN3	.207	.283*	.345**	.758**	.389**	.743**	1

**p<.01，*p<.05

表 6-26 语言学能与努力程度在第四时间点上的相关性数据

	PC2	GS2	RLA2	EFF4	DET4	PER4	LEN4
PC2	1						
GS2	.570**	1					
RLA2	.649**	.593**	1				
EFF4	.156	.086	.194	1			
DET4	.138	.045	.123	.851**	1		
PER4	.123	.049	.191	.908**	.619**	1	
LEN4	.232	.175	.291*	.724**	.492**	.617**	1

**p<.01，*p<.05

综上所述，语言学能和努力程度之间也呈现出一定的相关性。其中表现最为稳定是机械记忆能力和学习时间之间的关系，在四个测量的时间点上，数据分析的结果都得出了两者之间显著的相关系数。这充分说明，机械记忆能力强的学习者更有可能愿意在外语学习上花费更多的时间。另外，机械记忆能力也与克服困难的决心具有一定的正相关性；换言之，机械记忆能力强的学习者克服困难的决心也越大，这很可能也与学习者的自我效能感有很大的关系。产生这一结果的原因可能在于，外语学习的过程涉及大量的机械记忆，如对单词、句式、短语、语法规则的记忆等，如果学习者具有较强的机械记忆能力，他们对于语言知识的记忆效果也就会越好，从而使他们具有较强的自我效能感，对外语学习具有更高的信心和兴趣，这反过来就可以激励学习者在外语学习上付出更多的时间，同时也具备更强的克服困难的决心。这一分析与前文对语言学能和学习观念之间的关系的讨论结果是一致的。在上文中曾经谈到，机械记忆能力和自我效能感之间呈现出显著的正相关。除此之外，语法的敏感性也与学习时间的付出具有一定的相关性，语法敏感性强的学习者也有可能在外语学习上花费更多的时间，其内在的原因很可能与上述原因是一致的，但是这两者之间的相关性没有机械记忆能力与学习之间的相关性表现得那样稳定。

6.3 语言学能与学习成绩

语言学能与学习成绩之间具有密切的关系。自从 20 世纪 90 年代以来，众多关于语言学能的研究（例如，Ehrman，1998；Ehrman & Oxford，1995）都表明，在众多的学习者个体差异的变量之中，语言学能是预测最终学习成绩的最为可靠的因素，语言学能的高低直接决定了学习者所能达到的语言水平，而本项目研究的结果又进一步证明了这一点[11]。

表 6-27 语言学能与外语成绩在第一时间点上的相关性数据

	PC1	GS1	RLA1	PRO1	LP1	RP1	SP1	WP1
PC1	1							
GS1	.472**	1						
RLA1	.601**	.468**	1					
PRO1	.657**	.680**	.647**	1				
LP1	.658**	.645**	.675**	.940**	1			
RP1	.550**	.589**	.522**	.886**	.762**	1		
SP1	.552**	.575**	.534**	.879**	.783**	.652**	1	
WP1	.595**	.643**	.583**	.907**	.804**	.700**	.872**	1

**p<.01

（PRO：总体成绩；LP：听力成绩；RP：阅读成绩；SP：口语成绩；WP：写作成绩）

第一个时间点上的相关数据的分析结果表明，语言学能和学习外语学习成绩之间存在着显著的相关性。其中，语音编码能力与总体成绩、听力、阅读、口语和写作分项成绩的相关系数依次为 .657、.658、.550、.552 和 .595（p<.05），语法敏感性与总体成绩、听力、阅读、口语和写作分项成绩的相关系数依次为 .680、.645、.589、.575 和 .643（p<.05），机械记忆能力与总体成绩、听力、阅读、口语和写作分项成绩的相关系数依次为 .647，.675，.522，.534 和 .583（p<.05），都达到了显著性的水平。

表 6-28 语言学能与外语成绩在第四时间点上的相关性数据

	PC2	GS2	RLA2	PRO4	LP4	RP4	SP4	WP4
PC2	1							
GS2	.570**	1						
RLA2	.649**	.593**	1					
PRO4	.602**	.664**	.643**	1				
LP4	.563**	.574**	.615**	.894**	1			
RP4	.528**	.656**	.574**	.923**	.777**	1		
SP4	.391**	.337**	.414**	.674**	.627**	.577**	1	
WP4	.526**	.488**	.539**	.862**	.733**	.786**	.704**	1

**p<.01

11 鉴于语言学能和学习成绩之间关系的稳定性，且语言学能只进行了两次测量，因此，这里只分析在第一时间点和第四时间点上内隐变量语言学能与外语成绩的关系。

由表 6-28 中的数据我们可以看出，第四个时间点上的相关性分析结果与第一个时间点上的结果是一致的，语音编码能力与总体成绩、听力、阅读、口语和写作分项成绩的相关系数依次为 .602、.563、.528、.391 和 .526（$p<.05$），语法敏感性与总体成绩、听力、阅读、口语和写作分项成绩的相关系数依次为 .664、.574、.656、.337 和 .488（$p<.05$），机械记忆能力与总体成绩、听力、阅读、口语和写作分项成绩的相关系数依次为 .643、.615、.574、.414 和 .539（$p<.05$），均达到了显著性的水平。

6.4　小结

与以往的同类研究一样，本项目的研究也分析了语言学能与学习成绩之间的关系，结果进一步证明了两者之间的高度相关性，而且这种相关是全方位的：不仅语言学能的总体水平会影响到总体的学习成绩，而且语音编码能力、语法敏感性和机械记忆能力都与各项外语学习成绩具有高度的相关性。这说明，语言学能对学习成绩具有高度的预测性，语言学能高的学习者更有可能在外语学习上取得好的学习成绩。与以往的研究不同的是，本项目研究还从动态系统理论的角度，对语言学能和其他个体差异变量的相关性进行了全面的分析，并以此探究语言学能与其他个体差异变量之间潜在的互动关系，尤其是前者对于后者的潜在影响。结果表明，虽然学习者对于自己的语言学能并不见得具有充分的认识，但是他们作为一个不断自我调适的自适应系统，会在潜意识之中根据自己语言学能的实际情况来调整自己，从而导致语言学能与其他个体差异变量之间产生了一定的相关性。这主要表现在以下几个方面：

（1）语言学能是一个非常稳定的个体差异变量，在历时一学年的研究期间未发生显著的变化。考虑到除了性格之外的其他个体差异变量的动态性，我们可以认为语言学能与它们之间的互动关系主要是单向的，主要表现在语言学能对于其他变量的影响上面。

（2）语言学能和另一内隐变量性格之间存在着一定的相关性，这主要表现在语法敏感性和内外向的倾向性上面，内向型学习者的语法敏感性一般要高于外向型的学习者。由于两种内隐变量具有高度的稳定性，两者的形成更多地受到先天因素的影响，因此，我们可以认为两者之间的相关性是与生俱来的。

（3）语言学能和学习风格之间的相关性主要表现在语音编码能力和触

觉型学习风格之间，语音编码能力强的学习者更有可能具有触觉型的学习风格。

（4）在语言学能和学习观念之间，表现最为稳定和突出的是语音编码能力对于学习观念的影响，它不仅会影响到总体的学习观念，还会影响学习者对于外语学习难度的看法，语音编码能力强的学习者更倾向于认为语言学习难度较低。另外，机械记忆能力与自我效能观念之间也具有显著的正相关，说明学习者的机械记忆能力越强，他们对自己学习英语的效率就越有信心。这里有一个有趣的发现：语言学能的高低与学习者对于自身语言学能的看法也没有明显的相关性，这说明学习者对自身的语言学能并没有明显的意识。

（5）语言学能对于学习者的外语焦虑水平具有很强的影响，而且这种影响是全面的，不仅语言学能高的学习者往往会具备较低的外语焦虑水平，而且语音编码能力、语法敏感性和机械记忆能力等三个语言学能的构成要素，也会影响到学习者的总体外语焦虑水平，而且三种能力强的学习者在考试焦虑、交际恐惧和负面评价恐惧等三个方面的水平也会较低，其中语音编码能力对考试焦虑以及语法敏感性对考试焦虑和负面评价恐惧影响的稳定性最强。

（6）语言学能对于学习策略也具有一定的影响，这种影响主要表现在语法敏感性和机械记忆能力对于认知策略的影响，两种能力强的学习者往往会使用较少的认知策略。

（7）语言学能和努力程度之间也呈现出一定的相关性，机械记忆能力强的学习者更有可能愿意在外语学习上花费更多的时间，而且克服困难的决心也越大。另外，语法的敏感性也与学习时间的付出具有一定的相关性，语法敏感性强的学习者也有可能在外语学习上花费更多的时间。

第7章

性格与其他个体差异变量之间的相关性

性格是指“一个人秉性、气质、才智和素质联合起来构成的、决定着他独特的适应环境方式的、相对稳定持久的特质”（Eysenck，2013：2），包括精神质、内向 / 外向和神经质三个方面。性格可以被看作是一种个性化的特质，与语言学能一样，这种特质是天生的，更多地是由遗传所决定的，而不是后天培养的。因此，我们把性格和语言学能划分为同一种类型，都属于学习者个体差异的内隐变量。在上一章之中，我们已经就语言学能和性格之间的相关性进行了分析。在本章中，我们将在讨论性格变量的稳定性的基础上，进一步讨论它与包括学习风格、学习观念、动机、外语焦虑、学习策略和努力程度在内的其他个体差异变量以及学习成绩之间的相关性，借以探讨性格与它们之间所存在的潜在的互动关系。

7.1 性格的动态变化

以往许多的研究（例如，Moss & Susman，1980；Costa & McCrae，1997）认为性格是一种与生俱来的个性化特质，很难受到后天因素的影响，因此它在短时间内难以发生本质性的变化。本项目研究的结果也充分说明了这一点。在整个一学年的跟踪研究中，我们分别对受试进行了两次性格特征的测量，然后对测量的结果进行了 T- 检验，以便于探究性格特征的动态性（见表 7-1）。

表 7-1 性格特征变化的 T- 检验结果

	Variable	Mean	T value	p
Time 1–4	EXT	56.20/55.96	.280	.781
	NEU	52.47/52.23	.377	.707
	PSY	44.94/44.93	.017	.986

（EXT：内向 / 外向；NEU：神经质；PSY：精神质）

由表 7-1 所显示的数据可以看出，性格的确是一个相当稳定的个体差异变量。在两次测量的结果之间，存在的差异非常小。其中，内 / 外向的均值从 56.20 降低到 55.96，神经质的均值从 52.47 降低到 52.23，精神质从 44.94 变为 44.93。但是，这些变化都在正常的波动范围之内，并没有达到显著性的水平。

7.2 性格与其他个体差异变量的相关性

与语言学能一样，性格也属于一种内隐性变量。以往的个体差异研究更多地关注语言学能和学习成绩之间的关系，而不太关注它与其他个体差异变量的相关性；而对于性格的研究则不同，研究者（例如，Eysenck，2013；Larsen-Freeman & Long，1991）在关注性格特征的构成要素的同时，也关注它与其他个体差异变量之间的相关性，其中包括性格与学习观念（例如，Chan & Wu，2004；Hao et al.，2004）、性格与外语焦虑（例如，MacIntyre & Charos，1996；Dewaele，2002）、性格与学习风格（例如，Fallan, 2006；Moody, 1988）等。但是这些研究大都属于单变量研究的类型，只是考察了两个个体差异变量之间的相互关系，并没有从动态系统理论的角度出发，从整体上对性格和其他多个个体差异变量之间的关系进行全面的考察。因此，在本项目研究中，我们将以相关性分析为基础，全面探讨性格对其他个体差异变量的潜在影响。

如上文所述，考虑到性格的稳定性，在整个研究期间我们只对它进行了两次测量，而对其他个体差异变量进行了四次测量。考虑到测量的时间因素，我们把性格的第一次测量值与其他个体差异变量的前三次测量值相对应，而把性格的第四次测量值与其他变量的第四次测量值相对应，进行了相关性分析[1]。在第 6 章中，我们已经对语言学能和性格之间的相关性进行了分析，结果表明，两者之间存在着一定的相关性，这主要表现在语法敏感性和内外向的倾向性之间，内向型学习者的语法敏感性一般要高于外向型的学习者。下面我们再对性格和学习风格、学习观念、学习动机、外语焦虑、学习策略和努力程度之间的相关性进行分析。

7.2.1 性格与学习风格

学习风格是学习者所偏爱的学习方式。从动态系统理论的角度来看，

1 其实，从具体的数据来看，由于性格的稳定性，两次测量之间的差异很小。无论采用哪一次测量的结果与其他变量的四次测量结果作相关性分析，都不会对分析的结果产生明显的影响。

学习者作为一个具有自我调适能力的自适应系统，应该能够根据自己的性格特点调整自己的学习风格。因此，从理论上讲，性格对于学习风格应该具有重要的影响，两者之间应该具有密切的相关性。然而事实是否如此，我们在本研究中进行了分析。表 7-2 显示了性格与学习风格在第一时间点上的相关性分析数据。

表 7-2　性格和学习风格在第一时间点上的相关性数据 [2]

	PSY1	NEU1	EXT1	AUD1	VIS1	KIN1	TAC1
PSY1	1						
NEU1	.293*	1					
EXT1	–.121	–.342**	1				
AUD1	–.094	.095	.212	1			
VIS1	–.023	–.005	.118	.282*	1		
KIN1	–.240*	–.247*	.447**	.160	.243*	1	
TAC1	–.048	–.001	.161	–.002	.230	.372**	1

**p<.01，*p<.05

（AUD：听觉型；VIS：视觉型；KIN：动觉型；TAC：触觉型）

如表 7-2 所示，在所有四类学习风格项目中，性格与动觉型的学习风格具有密切的关系。精神质和神经质与动觉型学习风格的相关系数分别是 –.240 和 –.247（p<.05），均达到了显著性的水平。这说明神经质和精神质水平高的学习者要具有更弱的动觉型学习风格，他们好静不好动，更加不喜欢使用手势和其他肢体语言，或者通过动手和亲身体验来获得最佳的学习效果。另外，动觉型学习风格也与内外向性密切相关，两者之间的相关系数是 .447（p<.05），达到了显著的水平，说明外向型的学习者更有可能具有动觉型的学习风格。

表 7-3　性格和学习风格在第二时间点上的相关性数据

	PSY1	NEU1	EXT1	AUD2	VIS2	TAC2	KIN2
PSY1	1						
NEU1	.293*	1					
EXT1	–.121	–.342**	1				

2　表中变量后面的数字表示具体的时间点：1 表示第一个时间点，在后面的表格中，2 表示第二个时间点，3 表示第三个时间点，4 表示第四个时间点。

（续表）

	PSY1	NEU1	EXT1	AUD2	VIS2	TAC2	KIN2
AUD2	–.089	.108	.197	1			
VIS2	.035	.002	.123	.251*	1		
TAC2	–.046	–.015	.150	.072	.223	1	
KIN2	–.142	–.084	.392**	.205	.120	.317**	1

**p<.01，*p<.05

如表 7-3 所示，第二个时间点上性格和学习风格的相关性分析的数据进一步证实了内外向与动觉型学习风格之间的相关性，两者之间的相关系数为 .392（p<.05），又达到了显著的水平。这进一步说明，外向型学习者更有可能具有动觉型的学习风格，更喜欢全身心地投入到某种学习环境，他们好动不好静，说话时表情丰富，喜欢使用手势和其他肢体语言，可以通过动手和亲身体验来获得最佳的学习效果。第三个时间点和第四个时间点上的相关数据分析结果又进一步证明了这一点（如表 7-4 和表 7-5 所示），两者之间的相关系数分别为 .506 和 .458（p<.05），都达到了显著性的水平。

表 7-4　性格和学习风格在第三时间点上的相关性数据

	PSY1	NEU1	EXT1	AUD3	VIS3	TAC3	KIN3
PSY1	1						
NEU1	.293*	1					
EXT1	–.121	–.342**	1				
AUD3	–.061	.136	.225	1			
VIS3	–.101	–.067	.191	.374**	1		
TAC3	.054	.047	.142	.057	.279*	1	
KIN3	–.108	–.159	.506**	.295*	.230	.260*	1

**p<.01，*p<.05

表 7-5 显示了第四个时间点上性格和学习风格之间的相关性分析结果。除了进一步验证内外向与动觉型学习风格之间的密切关系之外，它还进一步验证了神经质与动觉型学习风格之间的相关性，两者之间的相关系数为 –.241（p<.05），达到了显著水平。神经质的水平表现为情绪稳定性的差异，这进一步说明情绪稳定性差的学习者，其动觉型学习风格的倾向性更弱。另外，我们还发现，内外倾向性与听觉型学习风格之间也具有一

定的相关性，两者之间的相关系数是 .358（p<.01），达到了显著性的水平。这说明学习者的性格越外向，越有可能偏爱听觉输入，更有可能喜欢听讲座、口头讲解和与他人进行口头的交流。

表 7-5　性格和学习风格在第四时间点上的相关性数据

	PSY2	NEU2	EXT2	AUD4	VIS4	TAC4	KIN4
PSY2	1						
NEU2	.415**	1					
EXT2	–.208	–.367**	1				
AUD4	.053	.055	.358**	1			
VIS4	.011	.033	.094	.186	1		
TAC4	.082	.096	.020	–.042	.396**	1	
KIN4	–.076	–.241*	.458**	.290*	.389**	.350**	1

**p<.01，*p<.05

综上所述，性格和学习风格之间具有较强的相关性，也就是说，学习者的性格可以在很大程度上影响到他们的学习风格倾向。从四个时间点上的相关数据来看，表现最为稳定的是内外向与动觉型学习风格之间的关系：性格外向的学习者一般都具有动觉型的学习风格。另外，在本项目的研究中我们也发现，内外向也与听觉型学习风格具有一定的关系，性格外向的学习者也更有可能具有听觉型的学习风格。这与同类的相关研究结果是一致的，例如，Moody（1988）的研究结果表明，内外倾向性对语言学习者学习风格的影响尤其明显，外向型学习者更热衷于参与交际式学习任务，如小组讨论、角色扮演等，而内向者更喜欢独自完成学习任务。我们还发现，神经质水平以及精神质水平与动觉型学习风格之间呈现出显著的负相关性，这说明情绪稳定性差的或者精神质水平高的学习者具有动觉型学习风格的可能性更小。

7.2.2　性格与学习观念

性格对学习观念的影响是前期学习者个体差异研究的一个核心问题，在四个中介变量中，学习观念与内隐变量，尤其是性格的联系最为紧密。许多研究（例如，Rifkin，2000；Chan & Wu，2004；Hao et al.，2004）都发现性格特征在观念的形成和发展过程中发挥了至关重要的作用。表 7-6 显示了第一个时间点上性格与学习观念之间的相关性数据分析的结果。

表 7-6　性格和学习观念在第一时间点上的相关性数据

	PSY1	NEU1	EXT1	BEL1	SEB1	BLS1	BLA1	BNL1	BD1
PSY1	1								
NEU1	.293*	1							
EXT1	–.121	–.342**	1						
BEL1	.009	–.039	.327**	1					
SEB1	.091	–.261*	.480**	.213	1				
BLS1	.226	–.053	.384**	.710**	.391**	1			
BLA1	–.024	.091	–.277*	.159	–.344**	–.238*	1		
BNL1	–.154	–.139	–.188	.217	–.306**	–.176	.415**	1	
BD1	–.164	–.046	–.107	.147	–.354**	–.005	.028	.241*	1

**p<.01，*p<.05

（BEL：总体学习观念；SEB：自我效能观念；BLS：学习策略观念；BLA：语言学能观念；BNL：对外语学习本质的看法；BD：对语言学习难度的看法）

如表 7-6 所示，对学习观念影响最大的性格项目是内外向倾向性，它与总体学习观念、自我效能观念、学习策略观念和语言学能观念的相关系数分别是 .327、.480、.384、–.277（p<.05），都达到了显著性的水平。这说明外向型的学习者对于自己学习外语的效率更有自信，对于学习策略的意识也更强，但是他们对与语言天赋在外语学习中作用的评价要低于内向型的学习者。另外，神经质与自我效能观念的相关系数为 –.261（p<.05），也达到了显著的水平。这说明神经质水平高、情绪稳定性低的学习者对自己外语学习能力的评价也会比较低，这一结果又得到了第三个时间点的相关性数据分析的证实（见表 7-8）。

表 7-7　性格和学习观念在第二时间点上的相关性数据

	PSY1	NEU1	EXT1	BEL2	SEB2	BLS2	BLA2	BNL2	BD2
PSY1	1								
NEU1	.293*	1							
EXT1	–.121	–.342**	1						
BEL2	.066	–.089	.304*	1					
SEB2	.054	–.145	.483**	.345**	1				
BLS2	.166	–.023	.433**	.817**	.446**	1			

（续表）

	PSY1	NEU1	EXT1	BEL2	SEB2	BLS2	BLA2	BNL2	BD2
BLA2	–.014	.069	–.260*	.194	–.295*	–.257*	1		
BNL2	–.164	–.138	–.188	.302*	–.220	–.205	.436**	1	
BD2	–.152	–.071	–.141	.203	–.344**	–.066	.141	.227	1

**p<.01，*p<.05

表 7-7 显示了第二个时间点上性格与学习观念相关性的数据分析结果。它与第一个时间点的分析结果基本上是一致的，进一步证明了内外向倾向性对于总体学习观念、自我效能观念、学习策略观念以及语言学能观念的影响，它们之间的相关系数分别是 .304、.483、.433、–.260（p<.05），都达到了显著性的水平。这一结果又得到了第三个时间点的相关性数据分析结果的完全证实（见表 7-8）。另外，第四个时间点的相关数据分析结果又进一步确认了内外向倾向性对于自我效能观念的影响，两者之间的相关性系数为 .248（p<.05），达到了显著性水平。

表 7-8　性格和学习观念在第三时间点上的相关性数据

	PSY1	NEU1	EXT1	BEL3	SEB3	BLS3	BLA3	BNL3	BD3
PSY1	1								
NEU1	.293*	1							
EXT1	–.121	–.342**	1						
BEL3	.035	–.088	.295*	1					
SEB3	–.014	–.297*	.526**	.280*	1				
BLS3	.141	–.003	.430**	.829**	.385**	1			
BLA3	.022	.098	–.337**	.104	–.515**	–.269*	1		
BNL3	–.187	–.128	–.197	.302*	–.159	–.196	.371**	1	
BD3	–.160	–.065	–.140	.226	–.238*	–.060	.072	.256*	1

**p<.01，*p<.05

表 7-9　性格和学习观念在第四时间点上的相关性数据

	PSY2	NEU2	EXT2	BEL4	SEB4	BLS4	BLA4	BNL4	BD4
PSY2	1								
NEU2	.415**	1							

（续表）

	PSY2	NEU2	EXT2	BEL4	SEB4	BLS4	BLA4	BNL4	BD4
EXT2	–.208	–.367**	1						
BEL4	.047	–.026	.106	1					
SEB4	–.058	–.225	.248*	.205	1				
BLS4	.011	–.028	.193	.814**	.346**	1			
BLA4	.134	.131	–.196	.155	–.389**	–.270*	1		
BNL4	.016	–.016	–.172	.314**	–.272*	–.200	.386**	1	
BD4	–.072	.001	–.050	.220	–.413**	–.071	.157	.299*	1

**p<.01，*p<.05

从本项目的研究结果来看，性格与学习观念之间的关系并不如先前研究所主张的那么强烈。性格对于学习观念的影响并不是全方位的，在性格的三个维度，即内外向、精神质和神经质之中，对学习观念产生影响的主要是内外向倾向一项，它对自我效能观念、学习策略观念以及语言学能观念有可能会产生较强的影响。性格外向的学习者的自我效能观念和对学习策略的意识可能会更强，而对自己语言天赋在外语学习中作用的评价则会更低。除此之外，神经质的水平也有可能对自我效能观念具有一定的影响，情绪不够稳定的学习者对于自己学习外语效率的评价可能会更低。

7.2.3 性格与外语焦虑

焦虑是外语学习过程最为重要的情感因素之一，它对学习的过程和学习成绩都具有重要的影响。焦虑分为性格焦虑、状态焦虑和情景焦虑。性格焦虑是指一个人在任何情况下都容易变得焦虑的较为固定的性格倾向。状态焦虑是指在某个特别的时刻和特定的情景中感受到的焦虑，是一时的、不稳定的状态。情景焦虑可以看作是局限于某些特定的具体情形或者某些特别的事件的状态焦虑。外语焦虑可以被视为一种情景性焦虑，但是它与其他两种类型，尤其是性格焦虑之间具有密切的关系。由此我们可以推论，性格应该对外语焦虑具有重要的影响，因为具有某种性格特质的人有可能比其他人更容易产生焦虑感。本项目研究的结果证实了这一推论，发现性格与焦虑之间存在着密切的关系。表 7-10、表 7-11 和表 7-12 显示了第一、第二、第三个时间点上性格与外语焦虑之间的相关性数据分析的结果。

表 7-10　性格和外语焦虑在第一时间点上的相关性数据

	PSY1	NEU1	EXT1	ANX1	TAN1	CA1	FNE1
PSY1	1						
NEU1	.293*	1					
EXT1	–.121	–.342**	1				
ANX1	.189	.406**	–.241*	1			
TAN1	.214	.489**	–.271*	.950**	1		
CA1	.130	.158	–.144	.863**	.688**	1	
FNE1	.135	.337**	–.198	.937**	.808**	.855**	1

**p<.01，*p<.05

（ANX：总体焦虑水平；TAN：考试焦虑；CA：交际恐惧；FNE：负面评价恐惧）

表 7-11　性格和外语焦虑在第二时间点上的相关性数据

	PSY1	NEU1	EXT1	ANX2	TAN2	CA2	FNE2
PSY1	1						
NEU1	.293*	1					
EXT1	–.121	–.342**	1				
ANX2	.188	.407**	–.242*	1			
TAN2	.211	.488**	–.272*	.951**	1		
CA2	.142	.169	–.118	.842**	.666**	1	
FNE2	.127	.325**	–.215	.931**	.807**	.806**	1

**p<.01，*p<.05

表 7-12　性格和外语焦虑在第三时间点上的相关性数据

	PSY1	NEU1	EXT1	ANX3	TAN3	CA3	FNE3
PSY1	1						
NEU1	.293*	1					
EXT1	–.121	–.342**	1				
ANX3	.186	.405**	–.244*	1			
TAN3	.208	.486**	–.277*	.950**	1		
CA3	.130	.158	–.144	.863**	.687**	1	
FNE3	.139	.340**	–.197	.937**	.808**	.854**	1

**p<.01，*p<.05

性格与外语焦虑的相关性在三个时间点上呈现出了高度的一致性，它们都表明，神经质与外语焦虑具有显著正相关。在第一个时间点上，神经质与总体焦虑水平、考试焦虑和负面评价恐惧的相关系数分别是 .406、.489、.337（p<.01）（见表 7-10），在第二个时间点上的相关系数分别是 .407、.488、.325（p<.01）（见表 7-11），在第三个时间点上的相关系数分别是 .405、.486、.340（p<.01）（见表 7-12），都达到了显著的水平。这说明神经质的分值越高，学习者情绪的稳定性越差，而情绪稳定性差的学习者考试焦虑和负面评价恐惧的水平有可能较高，从而使得他们的总体焦虑水平提高；相反，如果他们的情绪稳定性越强，其考试焦虑和负面评价恐惧的水平就更有可能越低，总体焦虑水平也就越低。内外倾向性也对总体焦虑水平和考试焦虑具有重要的影响。在第一个时间点上，内外倾向性与总体焦虑水平、考试焦虑的相关系数分别是 –.241 和 –.271（p<.05），在第二个时间点为 –.242 和 –.272（p<.05），在第三个时间点为 –.244 和 –.277（p<.05），也都达到了显著的水平。这说明学习者的外向性越强，他们的焦虑水平越低，而这一现象主要是由于考试焦虑水平的降低而造成的。

表 7-13　性格和外语焦虑在第四时间点上的相关性数据

	PSY2	NEU2	EXT2	ANX4	TAN4	CA4	FNE4
PSY2	1						
NEU2	.415**	1					
EXT2	–.208	–.367**	1				
ANX4	–.035	.288*	–.214	1			
TAN4	.023	.394**	–.260*	.959**	1		
CA4	–.064	.051	–.114	.882**	.736**	1	
FNE4	–.115	.211	–.161	.949**	.844**	.867**	1

**p<.01，*p<.05

表 7-13 显示了第四个时间点上性格和外语焦虑之间的相关性分析的数据，其结果进一步证实了神经质对于总体焦虑水平和考试焦虑的影响，它们之间的相关系数分别是 .288 和 .394（p<.05），达到了显著性的水平。这进一步说明学习者的情绪稳定性越高，他们的考试焦虑水平也就越低，从而导致总体焦虑水平的降低。另外，第四个时间点上的数据分析结果也进一步证实了内外倾向性对考试焦虑的影响，两者之间的相关系数是 –.260（p<.05），达到显著水平。这说明内外倾向性与外语焦虑显著负相关，学习者的外向性越强，考试焦虑水平越低。

综上所述，性格与外语焦虑之间具有密切的关系。在构成性格的三种因素中，神经质水平（即情绪的稳定）的作用最为突出，它通过影响考试焦虑和负面评价恐惧进而影响到外语焦虑的总体水平，学习者的情绪稳定性越高，他们的外语焦虑水平就有可能越低。另外，学习者性格的内外向倾向对于考试焦虑水平也具有重要的影响，学习者的性格越是外向，他们的考试焦虑水平也就越低。

7.2.4　性格与学习动机

性格与语言学能同属于内隐性变量，两者的形成更多地受到先天性因素的影响，而不易受到后天环境的改变。在上一章，我们发现语言学能对动机没有明显的影响，两者之间并不存在显著的相关性。那么，性格是否也对学习动机没有影响呢？为了回答这一问题，我们也对性格和学习动机之间的相关性进行了分析。表 7-14 显示了第一个时间点上两者之间相关性分析的结果。

表 7-14　性格和学习动机在第一时间点上的相关性数据

	PSY1	NEU1	EXT1	MOT1	ITM1	ISM1	ATT1
PSY1	1						
NEU1	.293*	1					
EXT1	–.121	–.342**	1				
MOT1	–.237*	–.236*	.349**	1			
ITM1	–.092	–.237*	.253*	.726**	1		
ISM1	–.135	–.067	.085	.631**	.571**	1	
ATT1	–.211	–.191	.270*	.604**	.439**	.212	1

**p<.01，*p<.05

（MOT：动机的整体水平；ITM：融入型动机；ISM：工具型动机；ATT：态度）

由表 7-14 中的数据我们可以看出，性格与学习动机之间的相关性还是比较明显的。其中，精神质与总体学习动机的相关系数是 –.237（p<.05），达到了显著的水平。精神质表现为孤独、冷酷、敌视、怪异等偏于负面的性格特征，这说明性格孤僻的学习者很可能具有较低的学习动机水平。但是这一性格特征对学习动机的影响只是表现在动机的总体水平上，它与具体动机项目的相关性并不明显；而且我们也只是在第一个时间点上发现了这一相关性，在其后的三个时间点的数据分析中，它们之间的相关性

都未达到显著性的水平。神经质与总体学习动机和融入型动机的相关系数分别为 –.236 和 –.237（$p<.05$），达到了显著的水平，说明学习者的神经质水平越高，他们的融入型动机和总体动机水平也就越低；这说明，情绪稳定性差的学习者更容易缺乏融入外国文化和群体的动机，进而会影响到他们整体的学习动机水平。这一结果又得到了第二个时间点和第三个时间点的相关性数据分析结果的进一步证实（见表 7-15 和表 7-16）。在第二个时间点上，神经质和融入型动机的相关系数为 –.276（$p<.05$）；而在第三个时间点上，神经质与总体学习动机和融入型动机的相关系数分别为 –.242 和 –.248（$p<.05$），都达到了显著性的水平。另外，内外倾向性与总体学习动机、融入型动机和态度在第一个时间点上的相关系数分别为 .349（$p<.01$）、.253 和 .270（$p<.05$），也都达到了显著性的水平，表明学习者的性格越是倾向于外向，他们的融入型动机水平也就越高，学习态度也就更加积极，从而导致整体的学习动机水平的提高；这说明外向型的学习者往往会具有较强的外语学习动机，更渴望融入外国文化和群体，而且具有更加积极的学习态度。这一结果也得到了其后三个时间点上的相关性数据分析结果的进一步证实（见表 7-15、表 7-16 和表 7-17）。

表 7-15　性格和学习动机在第二时间点上的相关性数据

	PSY1	NEU1	EXT1	MOT2	ITM2	ISM2	ATT2
PSY1	1						
NEU1	.293*	1					
EXT1	–.121	–.342**	1				
MOT2	–.207	–.210	.379**	1			
ITM2	–.108	–.276*	.291*	.749**	1		
ISM2	–.037	–.024	.163	.629**	.513**	1	
ATT2	–.207	–.146	.252*	.542**	.339**	.163	1

$^{**}p<.01$，$^{*}p<.05$

表 7-16　性格和学习动机在第三时间点上的相关性数据

	PSY1	NEU1	EXT1	MOT3	ITM3	ISM3	ATT3
PSY1	1						
NEU1	.293*	1					
EXT1	–.121	–.342**	1				

（续表）

	PSY1	NEU1	EXT1	MOT3	ITM3	ISM3	ATT3
MOT3	–.156	–.242*	.253*	1			
ITM3	–.092	–.248*	.224	.910**	1		
ISM3	–.114	–.140	.195	.842**	.626**	1	
ATT3	–.229	–.190	.185	.540**	.377**	.214	1

**p<.01，*p<.05

表 7-17　性格和学习动机在第四时间点上的相关性数据

	PSY2	NEU2	EXT2	MOT4	ITM4	ISM4	ATT4
PSY2	1						
NEU2	.415**	1					
EXT2	–.208	–.367**	1				
MOT4	–.053	–.143	.181	1			
ITM4	–.057	–.222	.237*	.919**	1		
ISM4	–.030	–.047	.211	.877**	.732**	1	
ATT4	–.041	–.027	–.125	.529**	.306*	.233	1

**p<.01，*p<.05

本项目研究的结果说明，性格与语言学能虽然同属于内隐性个体差异变量，但是与语言学能所不同的是，性格对于学习动机具有重要的影响，其中表现最为突出的是内外向倾向。除了与工具型动机无显著相关之外，它与总体的学习动机水平、融入型动机和态度之间都表现出了明显的相关性。外向型的学习者更有可能具有更强的融入型动机和更积极的学习态度，因此也就具备更高的动机水平。其次是神经质（即情绪的稳定性）对学习动机的影响，它与学习动机的总体水平和融入型动机之间呈现出显著的相关性。情绪稳定性强的学习者可能会具有更强的融入型动机和学习动机水平。另外，精神质也可能与学习动机的总体水平具有一定的关系，但是它到底会影响哪一种学习动机目前尚不清楚。性格与语言学能之间对学习动机影响的差异很可能与两者之间的显性程度有关[3]。在上一章我们发现，尽管语言学能可能会影响到学习者的自我效能观念以及对学习难度的

3　我们这里所说的显性程度是指某个变量表现的明显性程度，也就是它们的外在表现是否明显，是否能够被学习者轻易地感受到。

看法等学习观念项目，但是不会影响到他们对自己语言学能的看法，这说明语言学能的显性程度很低。而性格则不同，它的显性程度要远远高于语言学能，学习者对于自己的性格特点都有一定程度的认识，因此他们作为一个具有调适能力的自适应系统，会有意或者无意地调整自己，从而使得性格对学习动机产生显著的影响。

7.2.5 性格与学习策略

学习策略是直接变量的一种，使用学习策略有可能会直接对学习成绩产生影响。性格应该与学习策略之间具有密切的关系，因为学习者很可能会根据自己的性格特点来选择适合自己的学习策略。例如，性格外向的学习者敢于开口，容易与他人建立联系，因此更容易创造和把握学习和使用语言的机会；而性格内向的学习者则更善于进行细致而深入的语言形式分析，这些都有可能影响到学习者的学习策略选择。本项目的研究也分析了四个时间点上性格与学习策略之间的相关性。表 7-18 显示了第一个时间点上的分析结果。

表 7-18 性格与学习策略在第一时间点上的相关性数据

	PSY1	NEU1	EXT1	STR1	CST1	SST1	AST1	MST1
PSY1	1							
NEU1	.293*	1						
EXT1	–.121	–.342**	1					
STR1	–.128	–.176	.439**	1				
CST1	–.100	–.080	.380**	.873**	1			
SST1	–.011	–.086	.214	.697**	.416**	1		
AST1	–.138	–.285*	.343**	.721**	.372**	.563**	1	
MST1	–.151	–.205	.397**	.765**	.453**	.544**	.704**	1

**p<.01，*p<.05

（STR：学习策略整体；CST：认知策略；SST：社会策略；AST：情感策略；MST：元认知策略）

如表 7-18 所示，神经质与情感策略之间的相关系数为 –.285（p<.05），达到了显著的水平。这一结果的出现可以预期，也是很容易解释的，因为神经质与情绪的稳定性相关，而情感策略则主要与学习者情绪的控制有关，因此，神经质水平高的学习者自然不能很好地管理与把控自己的

情绪，他们在情感策略一项的得分均值自然也就越低。这一结果又得到了第二个时间点、第三个时间点和第四个时间点的数据分析结果的进一步证实（见表 7-19、表 7-20 和表 7-21）。另外，内外向倾向性与总体策略水平、认知策略、情感策略和元认知策略都具有正相关性，在第一个时间点上的相关系数分别是 .439、.380、.343 和 .397（p<.01），达到了显著的水平，说明学习者越外向，采用的认知策略、情感策略和元认知策略也就越多。第三个时间点的相关性数据分析也都得到了同样的结果（见表 7-20），内外向倾向性与总体策略水平、认知策略、情感策略和元认知策略的相关系数分别为 .450、.353、.405 和 .457（p<.01），也都达到了显著的水平。

表 7-19　性格与学习策略在第二时间点上的相关性数据

	PSY1	NEU1	EXT1	STR2	CST2	MST2	SST2	AST2
PSY1	1							
NEU1	.293*	1						
EXT1	−.121	−.342**	1					
STR2	−.235	−.209	.448**	1				
CST2	−.208	−.093	.346**	.891**	1			
MST2	−.164	−.228	.446**	.672**	.350**	1		
SST2	−.084	−.120	.238*	.588**	.299*	.486**	1	
AST2	−.209	−.361**	.368**	.716**	.406**	.664**	.514**	1

**p<.01，*p<.05

如表 7-19 示，在第二时间点上的相关性数据分析结果除了进一步证实内外向倾向对于总体策略水平、认知策略、情感策略和元认知策略的影响之外（它们的相关系数分别为 .448、.346、.368 和 .446，p<.01，达到了显著的水平），我们还发现性格的内外向倾向还会影响社会策略的使用，两者之间的相关系数为 .238（p<.05），达到了显著的水平，这说明性格外向的学习者也倾向于使用更多的社会策略。这一结果与第四个时间点上的数据分析结果（见表 7-21）是一致的，内外倾向性与总体策略水平、认知策略、元认知策略、社会策略和情感策略都具有显著的正相关，相关系数分别是 .502、.430、.390、.259 和 .328（p<.05），达到了显著的水平。

表 7-20　性格与学习策略在第三时间点上的相关性数据

	PSY1	NEU1	EXT1	STR3	CST3	MST3	SST3	AST3
PSY1	1							
NEU1	.293*	1						
EXT1	–.121	–.342**	1					
STR3	–.258*	–.245*	.450**	1				
CST3	–.234	–.152	.353**	.894**	1			
MST3	–.196	–.272*	.457**	.722**	.433**	1		
SST3	–.104	–.098	.226	.675**	.448**	.455**	1	
AST3	–.228	–.335**	.405**	.715**	.413**	.685**	.477**	1

**p<.01，*p<.05

在第三时间点上的相关性数据分析中，我们还发现神经质水平不仅影响情感策略，它与元认知策略的使用也密切相关，两者之间的相关系数为 –.272（p<.05），达到了显著的水平。这说明学习者的情绪稳定性越高，越善于运用元认知策略来安排计划自己的外语学习。

表 7-21　性格与学习策略在第四时间点上的相关性数据

	PSY2	NEU2	EXT2	STR4	CST4	MST4	SST4	AST4
PSY2	1							
NEU2	.415**	1						
EXT2	–.208	–.367**	1					
STR4	–.210	–.396**	.502**	1				
CST4	–.145	–.328**	.430**	.853**	1			
MST4	–.265*	–.318**	.390**	.685**	.309**	1		
SST4	–.055	–.215	.259*	.641**	.306*	.494**	1	
AST4	–.177	–.268*	.328**	.650**	.238*	.662**	.574**	1

**p<.01，*p<.05

第三个时间点上的相关性数据分析结果进一步证实了神经质与情感策略之间的关系，两者之间的相关系数为 –.268（p<.05），达到了显著性的水平。神经质与认知策略之间也具有一定的相关性，两者之间的相关系数为 –.328（p<.01），说明情绪稳定性低的学习者使用的认知策略更少，而

情绪稳定性高的学习则有可能使用更多的认知策略。另外，我们还发现精神质与元认知策略具有显著负相关（r=–.265，p<.05），表明学习者的精神质水平越高，采用的元认知策略越少，这说明性格孤僻的学习者很可能不善于对自己学习的过程进行分析、计划、评价、监控与组织。

综上所述，本项目研究的结果发现性格对于学习策略的使用具有重要的影响，其中表现最为突出的是内外向倾向，它对总体策略水平、认知策略、元认知策略、社会策略和情感策略都产生了全面的影响。学习者性格越外向，他们使用的学习策略也就越多。其次是神经质水平，也就是情绪的稳定性，最为显著和稳定的是神经质与情感策略的使用，两者之间呈现出显著的负相关；也就是说，学习者的神经质水平越高，情绪稳定性越差，它们越不善于使用情感策略，也就越不善于在外语学习过程中管理和调控自己的情绪。神经质也与认知策略和元认知策略呈现出一定的负相关，说明情绪稳定性差的学习者所使用的认知策略和元认知策略也就有可能越少。另外，精神质也有可能会影响到元认知策略的使用，精神质的水平越高，他们所使用的元认知策略也就有可能越少。

7.2.6　性格与努力程度

性格对人的影响是全面的，人们常说的“性格即命运”恰好说明了这一点，因此我们可以预测学习者性格的差异也会影响到他们在外语学习上的努力程度。表 7-22 显示了本项目研究第一个时间点上性格和努力程度之间的相关性数据分析的结果。

表 7-22　性格与努力程度在第一时间点上的相关性数据

	PSY1	NEU1	EXT1	EFF1	DET1	PER1	LEN1
PSY1	1						
NEU1	.293*	1					
EXT1	–.121	–.342**	1				
EFF1	–.113	–.421**	.356**	1			
DET1	–.135	–.428**	.422**	.914**	1		
PER1	–.065	–.312**	.261*	.931**	.749**	1	
LEN1	–.065	–.409**	.188	.804**	.684**	.750**	1

**p<.01，*p<.05

（EFF：总体努力程度；DET：克服困难的决心；PER：毅力；LEN：所付出的时间）

如表 7-22 所示，神经质水平对于努力程度的影响是全方位的：神经质与总体努力水平、克服困难的决心、毅力和所付出的时间之间的相关系数分别为 –.421、–.428、–.312、–.409（p<.01），都达到了显著性水平。这说明，学习者的情绪稳定性越高，他们在外语学习中克服困难的决心和毅力就越强，投入的学习时间也越多，因此，他们在外语学习上的努力程度也就越高。第二个时间点和第三个时间点上两者之间的相关性数据分析结果又进一步证明了这一点（见表 7-23 和表 7-24）。在这两个时间点上，神经质与总体努力水平、克服困难的决心、毅力和所付出的时间之间的相关系数都达到了显著性水平。第四个时间点的相关性数据分析结果又部分地证明上述发现（见表 7-25），神经质与所付出的时间之间的相关系数是 –.256（p<.05），与总体努力程度之间的相关系数是 –.289（p<.05），也都达到了显著性的水平。另外，我们还发现，内外倾向性也与努力程度具有密切的关系，但是它的影响程度没有神经质那么全面。表 7-22 中的数据表明，内外倾向性与总体努力程度、克服困难的决心和毅力的相关系数分别是 .356、.422（p<.01）和 .261（p<.05），达到了显著的水平，说明学习者越外向，他们克服困难的决心和毅力越强，总体努力程度也就越高。第二个时间上的数据分析结果又完全证明了上述结果（见表 7-23），内外倾向性与总体努力程度、克服困难的决心和毅力的相关系数分别为 .305、.247（p<.01）和 .337（p<.05），都达到了显著性的水平。第三个时间点和第四个时间点上的数据分析结果也都部分地证明了上述发现。

表 7-23 性格与努力程度在第二时间点上的相关性数据

	PSY1	NEU1	EXT1	EFF2	PER2	DET2	LEN2
PSY1	1						
NEU1	.293*	1					
EXT1	–.121	–.342**	1				
EFF2	–.125	–.396**	.305*	1			
PER2	–.110	–.301*	.247*	.946**	1		
DET2	–.088	–.385**	.337**	.852**	.698**	1	
LEN2	–.040	–.375**	.175	.821**	.762**	.571**	1

**p<.01，*p<.05

表 7-24 性格与努力程度在第三时间点上的相关性数据

	PSY1	NEU1	EXT1	EFF3	DET3	PER3	LEN3
PSY1	1						
NEU1	.293*	1					
EXT1	–.121	–.342**	1				
EFF3	–.110	–.332**	.271*	1			
DET3	–.081	–.241*	.215	.797**	1		
PER3	–.050	–.269*	.238*	.926**	.571**	1	
LEN3	–.117	–.390**	.145	.758**	.389**	.743**	1

**p<.01，*p<.05

表 7-25 性格与努力程度在第四时间点上的相关性数据

	PSY2	NEU2	EXT2	EFF4	DET4	PER4	LEN4
PSY2	1						
NEU2	.415**	1					
EXT2	–.208	–.367**	1				
EFF4	.015	–.289*	.258*	1			
DET4	.071	–.227	.162	.851**	1		
PER4	.019	–.196	.244*	.908**	.619**	1	
LEN4	–.001	–.256*	.180	.724**	.492**	.617**	1

**p<.01，*p<.05

由上述讨论我们可以看出，性格对努力程度具有重要的影响，这一影响主要体现在神经质和内外倾向性上，精神质的水平并未对努力程度产生显著的影响。而在神经质和内外倾向性之间，它们对于努力程度的影响是有差异的。这主要表现在神经质对努力程度的影响是全方位的，神经质水平的高低会影响到克服困难的决心、毅力和所付出的时间以及总体努力程度，而内外倾向性则只是影响克服困难的决心和毅力两个方面，并没有影响到学习者在外语学习上所付出的时间，这说明内外倾向性对于努力程度的影响主要表现在心理方面。

7.3 性格与学习成绩

性格与外语学习成绩之间的关系一直是语言学习者个体差异研究的一

个重点问题，但是研究的结论却非常的不一致，甚至是相互矛盾的。例如，有的研究（例如，Chastain，1975；Krashen，1981；Brown，1987）发现，外向型的性格更有助于外语语言能力的获得，还有的研究（例如，Smart et al.，1970；Eysenck & Eysenck，1985；Kiany，1998）的结果则与之相反，认为内向型性格的学习者外语学习的成绩会更好。在本项目研究中，我们也对性格的两次测量结果和与之对应的第一个和第四个时间点上的学习成绩的结果之间进行了相关性分析，分析的结果见表 7-26 和表 7-27。

表 7-26　性格与外语成绩在第一时间点上的相关性数据

	PSY1	NEU1	EXT1	PRO1	LP1	RP1	SP1	WP1
PSY1	1							
NEU1	.293*	1						
EXT1	–.121	–.342**	1					
PRO1	.045	–.124	–.120	1				
LP1	.031	–.095	–.111	.940**	1			
RP1	.075	–.203	–.075	.886**	.762**	1		
SP1	.022	–.019	–.100	.879**	.783**	.652**	1	
WP1	.017	–.092	–.157	.907**	.804**	.700**	.872**	1

**p<.01，*p<.05

（PRO：总体成绩；LP：听力成绩；RP：阅读成绩；SP：口语成绩；WP：写作成绩）

表 7-27　性格与外语成绩在第四时间点上的相关性数据

	PSY2	NEU2	EXT2	PRO4	LP4	RP4	SP4	WP4
PSY2	1							
NEU2	.415**	1						
EXT2	–.208	–.367**	1					
PRO4	.073	–.078	–.161	1				
LP4	.020	–.056	–.073	.894**	1			
RP4	.049	–.073	–.269*	.923**	.777**	1		
SP4	.115	–.081	–.051	.674**	.627**	.577**	1	
WP4	.084	–.050	–.028	.862**	.733**	.786**	.704**	1

**p<.01，*p<.05

由表 7-26 和表 7-27 所显示的数据可以看出，性格对于学习成绩的影响还是比较微弱的，除了在表 7-27 中内外倾向性与阅读成绩之间具有显著的负相关之外[4]，在其他方面，性格和学习成绩的整体水平以及听力、口语和写作成绩之间都没有显著的相关性。这一结果与 Dewaele 和 Furnham（1999）的观点有所不同。他们认为内外倾向性对于学习者口语和书面语言产出的影响是不同的。性格外向的学习者在口语，尤其是复杂的口语活动（如会话）中的表现要好于性格内向的学习者。他们从语言处理心理过程的角度来解释这一现象：复杂的处理活动往往会给内向的学习者带来更大的心理压力，当心理压力超过一定的程度时，就会影响语言产出的自动化程度，从而增加工作记忆的负担，导致学习者的话语减慢、停顿增加，而且错误也会相应地增加。但是，我们的研究结果并未证实这一点，还有待于我们做进一步更为深入的研究。

7.4 小结

在本项目的研究中，我们从总体上研究了性格对学习成绩的影响，结果显示，除了内外向倾向性有可能对阅读成绩产生影响之外，性格对于学习成绩并没有直接的影响。但是，我们并不能因此否认性格对外语学习的影响，因为从动态系统理论的角度出发，结合本项目研究的成果，我们会发现，性格作为一种内隐性变量，它在外语学习中的作用主要体现在它对中介变量和直接变量的影响上。另外，通过对相关研究结果的分析与讨论，我们发现了性格与其他个体差异变量之间潜在的互动关系，考虑到性格的稳定性，这一互动关系更多的是单向的，主要体现在性格对其他相关变量的影响上面。

（1）性格与学习风格的形成具有很强的相关性。具体为内外向倾向与动觉型的学习风格之间呈现出显著的正相关。与听觉型的学习风格也呈现出显著的正相关。这说明，性格外向的学习者更有可能具有动觉型和听觉型的学习风格。另外，神经质水平以及精神质水平与动觉型学习风格之间呈现出显著的负相关性，这说明情绪稳定性差或者精神质水平高的学习者具有动觉型学习风格的可能性更小。

（2）性格对学习观念的影响主要表现在内外向倾向对自我效能观念、学习策略观念以及语言学能观念的影响上面。性格外向的学习者的自我效

4 如表 7-27 所示，内外向倾向与阅读水平之间的相关系数为 –.269，达到了显著性的水平，说明外向型的学习者在阅读方面的成绩可能会较低。

能观念和对学习策略的意识可能会更强，而对自己语言学能的评价则会更低。除此之外，神经质的水平也有可能对自我效能观念具有一定的影响，情绪不够稳定的学习者对于自己学习外语效率的评价可能会更低。

（3）性格与外语焦虑之间具有密切的关系。其中，神经质水平的作用最为突出，它通过影响考试焦虑和对负面评价的恐惧进而影响到外语焦虑的总体水平，学习者的情绪稳定性越高，他们的外语焦虑水平就有可能越低。另外，学习者性格的内外向倾向对于考试焦虑水平也具有重要的影响，学习者的性格越是外向，他们的考试焦虑水平也就越低。

（4）性格对于学习动机也具有重要的影响。表现最为突出的是内外向倾向，除了工具型动机之外，它与总体的学习动机水平、融入型动机和学习态度之间都表现出了明显的正相关。其次是神经质水平对学习动机的影响，它与学习动机的总体水平和融入型动机之间呈现出显著的负相关，说明情绪稳定性强的学习者可能会具有更强的融入型动机和学习动机水平。

（5）性格对于学习策略的使用同样具有重要的影响。内外向倾向与总体策略水平、认知策略、元认知策略、社会策略和情感策略都呈现出显著的正相关，神经质水平与情感策略、认知策略和元认知策略的使用之间呈现出显著的负相关。另外，精神质也有可能会影响到元认知策略的使用，精神质的水平越高，他们所使用的元认知策略也就有可能越少。

（6）性格对努力程度也有重要的影响。神经质与努力程度整体、克服困难的决心、毅力和所付出的时间之间都呈现出显著的负相关，而且内外倾向性也与总体努力程度、克服困难的决心和毅力之间呈现出显著的正相关。

第8章 学习策略与其他相关变量的动态互动

在前面两章中，我们对语言学能和性格两个内隐变量与其他个体差异变量的相关性进行了全面的分析，目的在于探索这两个稳定性强、不易发生变化的变量对其他变量的潜在性影响。从本章开始，我们将逐一探讨在短期内易发生变化的个体差异变量与其他变量的动态互动关系。学习策略和努力程度都属于直接变量，它们代表着学习者的行为特征，是最容易发生变化的个体差异因素，在外语学习中起着至关重要的作用，是学习者个体差异动态系统的重要组成部分。动态系统理论认为，任何要素都处在不断的变化之中，而且系统内的要素之间相互影响、相互作用。因此，在学习者个体差异的动态系统中，直接变量要受到其他类型变量，尤其是中介变量的影响，进而影响最终的外语学习成绩。本章将以本项目研究所得到的各种数据为基础，对学习策略的动态变化、影响其变化的个体差异变量以及学习策略与学习成绩之间的关系进行讨论。

8.1 学习策略使用的动态变化

学习策略是指学习者为了使学习更容易、更迅速、更愉快、更自主和更适应于新的环境而采取的具体行为（Oxford，1990：8）。Dörnyei（2009：169）在总结以往众多相关研究的基础上，指出学习策略包括四种类型：（1）认知策略：对学习材料的组织与转化；（2）元认知策略：对语言学习过程的分析、计划、评价、监控和组织；（3）社会策略：用以增加使用目标语言进行交际的行为；（4）情感策略：对自己情感状态的控制与管理。在本项目研究中，对学习策略的使用情况进行了四次测量，其中的时间间隔大约在60天左右，测量的内容包括学习策略的总体使用情况以及上述四类学习策略的使用情况。表8-1显示了具体的统计数据。

表 8-1　学习策略的动态变化数据[1]

Variable	T1/T2	T2/T3	T3/T4
STR	3.21/3.32***	3.32/3.37	3.37/3.33
CST	3.09/3.26***	3.26/3.34	3.34/3.28
AST	3.62/3.64	3.64/3.64	3.64/3.61
SST	3.03/3.06	3.06/3.08	3.08/3.05
MST	3.55/3.55	3.55/3.57	3.57/3.54

（STR：策略总体；CST：认知策略；AST：情感策略；SST：社会策略；MST：元认知策略）

表 8-1 中的数据表明，学习策略的使用的确不是恒定不变的，而是处于不断的变化之中。在四个测量的时间点上，总体策略使用的平均值分别为 3.21、3.32、3.37 和 3.33。Oxford（1990）指出，平均值介于 2.5～3.4 之间，说明学习者的学习策略使用处于中等的水平。由此可以推断出，本项目研究中受试的学习策略使用都处于中等偏上的水平（都在 3.00 之上）。为了发现学习策略使用的变化幅度，我们又对四次测量的结果进行了 T-检验。结果表明，第一次和第二次测量之间学习策略使用的总体平均值变化幅度较大，从 3.21 增加到了 3.32，达到了显著的水平（$p<.001$），其后又在第三次测量时增加到 3.37，第四次测量时又回落到 3.33。T- 检验的结果表明，从第二次到第四次测量结果之间的差异不具备显著性。这说明，在学期初，学习者在短时内迅速增加了学习策略的使用，其后就逐渐达到一个相对稳定的水平。如上文所述，学习策略包括认知策略、社会策略、情感策略和元认知策略。下面逐一分析这四种学习策略的变化情况。

如图 8-1 所示，各种学习策略的使用与其总体使用情况的变化趋势是一致的，但是它们具体的变化幅度并不相同，其中变化幅度最大的要属认知策略。认知策略是指学习者对于学习材料直接进行处理的各种方式，

1　表格中的数值指在相应时间点上，所有被试在该变量上的得分的平均值。本研究通过检验变量在不同时间点上平均值差异的显著性来判断该变量是否随时间发生变化，以星号表示差异的显著性水平等级，*** 表示在 0.1% 的水平上显著，** 表示在 1% 的水平上显著，* 值表示在 5% 的水平上显著。未标注星号的数据表示变量在相应时间段内未发生显著变化。如果变量在 a 时间点上与 b 时间点上的平均值存在显著差异，则变量在从 a 到 b 的时间段中发生了显著变化。如果变量在 b 时间点上的平均值大于在 a 时间点上的平均值，且差异显著，则变量在从 a 到 b 的时间段中发生了显著增加；反之，如果变量在 b 时间点上的平均值小于在 a 时间点上的平均值，且差异显著，则变量在从 a 到 b 的时间段中发生了显著减小。

如推理、分析、记笔记等。在四个测量时间点上，认知策略使用的平均值从 3.09 迅速增加至 3.26（见表 8-1），然后又增加至 3.34，最后又回落至 3.28。由此可以看出，前面两次测量结果的差异最大，且 T- 检验的结果也表明前两次认知策略使用的平均值之间差别较大，已经超过了显著的水平。这说明，在学期初，学习者在短时间内迅速增加了认知策略的使用，其后逐渐达到一个相对稳定的水平，这与学习策略总体使用情况的变化完全一致。与认知策略相比，情感策略、社会策略和元认知策略的使用虽然也表现出不断变化的态势，但是它们处于相对稳定的状态，在四个测量时间点上的变化幅度不大。以社会策略为例，第一次测量得到平均值为 3.03，其后在第二次测量时增加到 3.06，又进一步增加到 3.08，最后又有所回落，平均值为 3.05，这些变化都没有达到显著的水平，这说明社会策略的使用也是比较稳定的。

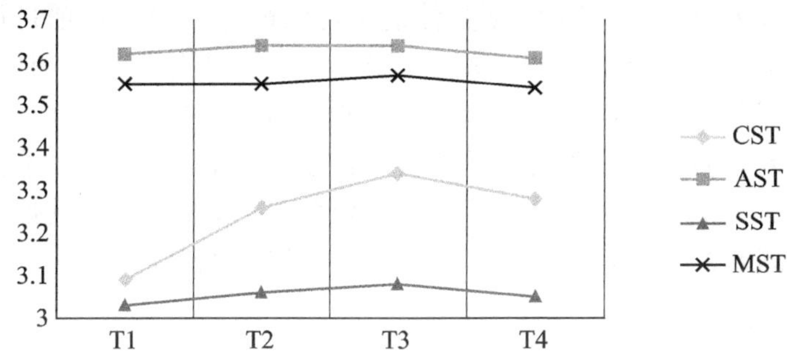

图 8-1 四种学习策略的变化态势图

本项目研究共包含了 23 个关于学习策略的问题题项，而每个题项都代表一个具体的学习策略。为了进一步了解各个具体策略的变化情况，我们又具体统计了各个学习策略的平均值并对每次变化进行 T- 检验。表 8-2 显示了具体的结果。

表 8-2 学习策略具体题项的动态变化数据 [2]

Item	T1/T2	T2/T3	T3/T4	Item	T1/T2	T2/T3	T3/T4
S1	2.76/2.97	2.97/3.11	3.11/3.10	S13	2.54/2.74	2.74/2.97	2.97/2.70*
S2	3.81/4.06	4.06/4.00	4.00/4.11	S14	3.24/3.17	3.17/3.19	3.19/3.07
S3	2.49/2.94***	2.94/3.17	3.17/3.14	S15	3.93/3.89	3.89/3.79	3.79/3.81

2 ***p<.001、**p<.01、*p<.05，具有此类标识的数据表示其变化具有显著性。S 后面的数字表示具体学习策略的编号。

（续表）

Item	T1/T2	T2/T3	T3/T4	Item	T1/T2	T2/T3	T3/T4
S4	3.11/3.39*	3.39/3.40	3.40/3.50	S16	3.73/3.63	3.63/3.66	3.66/3.57
S5	3.60/3.71	3.71/3.84	3.84/3.69	S17	3.00/3.14	3.14/3.29	3.29/3.24
S6	3.20/3.33	3.33/3.43	3.43/3.31	S18	3.56/3.67	3.67/3.64	3.64/3.56
S7	3.23/3.11	3.11/3.10	3.10/3.06	S19	3.76/3.67	3.67/3.74	3.74/3.64
S8	2.36/2.47	2.47/2.63	2.63/2.57	S20	3.54/3.59	3.59/3.53	3.53/3.63
S9	3.76/3.86	3.86/3.74	3.74/3.90	S21	2.56/2.70	2.70/2.67	2.67/2.70
S10	2.97/2.96	2.96/3.23*	3.23/2.99**	S22	3.79/3.67	3.67/3.64	3.64/3.56
S11	3.29/3.61**	3.61/3.73	3.73/3.61**	S23	2.74/2.80	2.80/2.90	2.90/2.89
S12	2.93/3.17	3.17/3.23	3.23/3.26				

如表 8-2 所示，总共 23 项具体的学习策略中，没有一项是保持不变的，都处于动态的变化之中，这进一步确认了学习策略作为个体差异动态系统组成部分的动态性。但是，它们的变化幅度和态势又是不一样的。T-检验的结果表明，平均值变化呈现出显著性的具体学习策略共有五项，包括 S3、S4、S10、S11 和 S13，其中，S10 属于元认知策略，其他都属于认知策略。图 8-2 显示了这 5 项学习策略的具体变化态势。

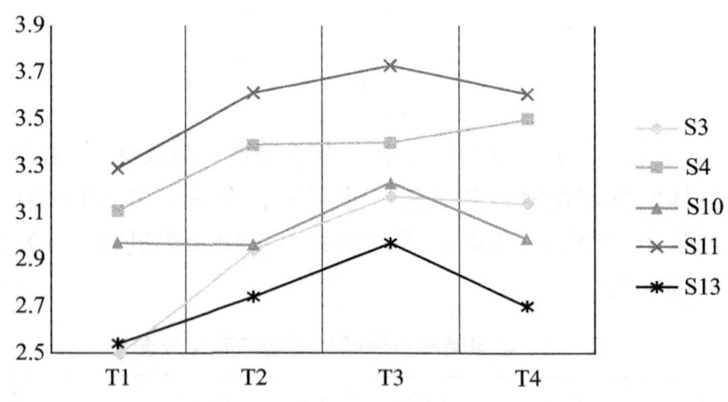

图 8-2　5 项学习策略的变化态势图

S3 项的具体内容为“我经常借助手势、表情等肢体语言来记单词”。从第一次测量到第二次测量，受试对该策略的使用显著增加，从 2.49 的平均值急剧增长到 2.94，其后又不断增加，在第三次测量时已经达到 3.17，尽管在第四次测量时这一数值略有降低，为 3.14，但是，整体呈现出不断增长的态势。S4 项的具体内容为“记单词时，我经常联想单词对应的图像”，虽然这一策略的使用程度的变化幅度没有 S3 那么大，但是它一直呈现出稳定增长的态势。与此形成对比的是 S10（“我有明确的英语学习计划和学习目标”），在四个测量的时间点上，它呈现出明显的上下起伏的态势：第二次测量的结果（2.96）与第一次（2.97）差别不大，但是到第三次测量时，它的平均值有了显著的增长，达到了 3.23，到最后一次测量时，又出现了显著的回落，降低到了 2.99。这说明学习者对这一策略的使用是非常不稳定的。S11 的具体内容为“我课外经常看英语原声电影或电视节目”，它的变化态势与 S10 是一样的，前面两次测量的结果差异比较显著，从 3.29 迅速增长到 3.61，后来又进一步增长到 3.73，但是在第四次测量时，又迅速回落到 3.61 的平均值。这说明学习者对这一策略的使用也是不稳定的。最后一项呈现出显著变化的具体学习策略题项是 S13，其具体内容为“为了更好地理解英语课文，我经常把课文译成中文”。在四次测量的时间点上，前三次的平均值呈现出逐渐增长的态势，从 2.54 增长到 2.74，再增长到 2.97，但是在第四次测量时，又回落到 2.70，不过其变化的幅度要小于 S10 和 S11。这说明，学习者在第一个学期要更多地依赖母语来学习外语，但是到第二学期他们对母语的依赖程度开始降低。

由以上的讨论可以看出，总体而言，学习策略的使用状况处于不断的变化之中，但是在这一过程中，不同学习策略的变化速度是有差异的。学期之初，学习者的学习策略使用的变化最大，而在此之后变化的速度会放缓，会逐渐进入一种相对稳定的状态。在四种类型的学习策略中，认知策略是最容易变化的，而包括社会策略、情感策略和元认知策略在内的其他三种策略的变化幅度较小。在 23 项具体的学习策略问题题项中，有 5 项的变化幅度最大，其中 4 项属于认知策略，还有 1 项属于元认知策略，而其他项目则在变化之中保持着相对的稳定状态。由此可以得出结论：学习策略的变化主要是由认知策略造成的，而认知策略的变化则主要是由 S3、S4、S11 和 S13 造成的。下面进一步分析哪些因素导致了这些策略的变化。

8.2 影响学习策略动态变化的因素

通过对学习策略动态变化的分析发现，学习策略的变化主要是由问题题项 S3、S4、S10、S11 和 S13 的变化所造成的。下面围绕这 5 个最容易变化的具体学习策略项目来分析影响其变化的因素。

如上所述，在第一次测量和第二次测量之间，S3（“我经常借助手势、表情等肢体语言来记单词”）一项产生了显著的变化，它属于认知策略的范畴。采用交叉滞后回归分析的方法来检验导致这一变化的因素。具体数据结果见表 8-3。

表 8-3　S3 项与其他变量关系的交叉滞后回归分析数据[3]

Variable	β（B1A2）	Variable	β（B1A2）
SEB	.110	AUD	.186
BLS	.254*	VIS	.271*
BLA	–.071	KIN	.335**
BNL	.007	TAC	.152
BD	–.141	EFF	.100
ITM	.268*	TAN	–.101
ISM	.183	CA	.037
ATT	.180	FNE	–.021

***p<.001，**p<.01，*p<.05

在表 8-3 中，第一栏和第三栏代表我们要检验的学习者个体差异变量，其中，学习观念包括：自我效能观念（SEB，Self-efficacy belief）、学习策略观念（BLS，Beliefs about learning strategy）、语言学能观念（BLA，Beliefs about language aptitude）、学习本质观念（BNL，Beliefs about the nature of foreign language learning）和学习难度观念（BD，Beliefs about the difficulty of foreign language learning）；动机包括融入型动机（ITM，Integrative motivation）、工具型动机（ISM，Instrumental motivation）和态度（ATT，Attitudes towards learning situations）；学习风格包括听觉型（AUD，Audio style）、视觉型（VIS，Visual style）、动觉型（KIN，Kinesthetic style）和触觉型（TAC，Tactile style）；外语焦虑包括考试焦虑（TAN，Test anxiety）、交际恐惧（CA，Communication apprehension）和负面评价恐惧（FNE，

3　交叉滞后回归分析主要用于判断从时间点 a 到时间点 b 这段时间中自变量对因变量是否存在显著影响以及影响程度。表中列出的变量为交叉滞后回归分析的自变量（因变量体现在表头中），表中的数值为回归分析的标准化回归系数（β），表示在特定时间段内相应的自变量对因变量的预测程度。表中的 $\beta(B_aA_b)$ 表示从时间点 a 到时间点 b 这段时间的交叉滞后回归系数。例如，β（B1A2）表示从时间点 1 到时间点 2 这段时间的交叉滞后回归系数，β（B2A3）表示从时间点 2 到时间点 3 这段时间的交叉滞后回归系数。表中以星号表示回归系数的显著性水平等级，*** 表示在 0.1% 的水平上显著，** 表示在 1% 的水平上显著，* 值表示在 5% 的水平上显著。未标注星号代表回归系数不显著。标准化回归系数的绝对值越大，自变量对因变量的影响力越强，显著性水平越高。

Fear of negative evaluation）; EFF 代表努力程度。第二栏和第四栏是交叉回归分析的结果，β（B1A2）表示某个具体的变量在第一次测量时的值对于 S3 这一变量在第二次测量时结果影响的标准回归系数。结果表明，有 4 个变量对于 S3 这一学习策略的使用频率的显著增加产生了影响，它们分别是：学习策略观念、融入型动机、视觉型学习风格和动觉型学习风格。也就是说，学习者的学习策略观念会使得学习者采用他们认为有效的学习策略，而具有视觉型和动觉型学习风格的人则更倾向于借助手势、表情等肢体语言来记单词。对于具有融入型动机的人来说，由于他们的学习动机表现得更为强烈，在学习过程中表现得更为积极主动，因此，他们也就更有可能采用这一策略来学习英语。

表 8-4 S4 项与其他变量关系的交叉滞后回归分析数据

Variable	β（B1A2）	Variable	β（B1A2）
SEB	–.188	AUD	.124
BLS	.058	VIS	.017
BLA	.057	KIN	–.079
BNL	.126	TAC	.013
BD	.184	EFF	.202*
ITM	–.058	TAN	.122
ISM	.190	CA	–.252*
ATT	–.053	FNE	.171

*p<.05

与 S3 一样，S4（“记单词时，我经常联想单词对应的图像”）也是属于认知策略的范畴，也是在前面两次测量时表现出了显著性的差异。表 8-4 所显示的结果表明，努力程度和交际恐惧两个变量对于这一变化的产生具有重要的作用，具体而言，努力程度的增加以及交际恐惧的减少可以导致学习者更多地在词汇学习中采用视觉化的学习策略。

表 8-5 S10 项与其他变量关系的交叉滞后回归分析数据

Variable	β（B2A3）	β（B3A4）	Variable	β（B2A3）	β（B3A4）
SEB	.126	.162	AUD	–.128	.157
BLS	.053	.105	VIS	.060	.102
BLA	–.033	–.148	KIN	.024	.047

（续表）

Variable	β（B2A3）	β（B3A4）	Variable	β（B2A3）	β（B3A4）
BNL	.020	–.148	TAC	.220*	–.136
BD	.140	–.021	EFF	.034	.247*
ITM	–.056	.160	TAN	–.017	–.215*
ISM	–.110	.017	CA	–.089	–.150
ATT	.215	.241*	FNE	.016	–.172

*p<.05

S10（“我有明确的英语学习计划和学习目标”）属于元认知策略的范畴，这一具体学习策略的使用一直处于起伏不定的状态，在第二次和第三次测量之间、第三次和第四次测量之间，都表现出了显著性的差异。对这三个时间点，即第二次、第三次、第四次，进行交叉滞后回归分析（见表8-5）。结果表明，在第二次和第三次之间，触觉型的学习风格对导致这一策略使用频率的增加产生了显著的影响，具有触觉型学习风格的学习者更倾向于设立明确的外语学习目标与计划。在第三次和第四次之间，这一策略的使用频率又出现了显著的降低，而导致这一变化的主要因素包括态度、努力程度和考试焦虑。具体来说，对于学习环境的负面态度、努力程度的降低和考试焦虑程度的提高都导致了学习者学习目标的模糊以及计划性程度的降低。这一结果又得到了本项目研究中定性研究部分的进一步证实。第四次测量的时间是第二学期的后半部分，在这一学期受试换了一个新老师，在相应的访谈中，许多学生表现出对于新老师的负面态度，包括“令人厌烦”、“让人不舒服”、“不喜欢”等在内的具有负面意义的表达经常出现在他们对于这位新教师的描述之中。对于这一学习环境的负面态度，直接导致动机的下降，从而使得他们的努力程度降低，这也在很大程度上影响他们外语学习的目标性和计划性。另外，由于临近期末，许多学生也表现出对于考试的担忧，而这一焦虑感使得学生的外语学习过程“乱了方寸”，从而打破了原有的学习目标和计划。

表 8-6　S11 项与其他变量关系的交叉滞后回归分析数据

Variable	β（B1A2）	β（B3A4）	Variable	β（B1A2）	β（B3A4）
SEB	.016	–.076	AUD	.162	–.044
BLS	–.111	.072	VIS	–.099	.033
BLA	.002	–.020	KIN	.048	–.098

（续表）

Variable	β（B1A2）	β（B3A4）	Variable	β（B1A2）	β（B3A4）
BNL	–.062	–.077	TAC	.144	.032
BD	.017	.011	EFF	.025	–.027
ITM	.028	.069	TAN	–.114	–.044
ISM	–.101	.104	CA	–.062	–.061
ATT	.018	–.005	FNE	–.091	–.063

S11（“我课外经常看英语原声电影或电视节目”）属于认知策略的范畴，这一具体学习策略的使用也处于起伏不定的状态，但是交叉滞后回归分析的数据（见表 8-6）表明，没有一项个体差异变量对于这一变化态势产生显著的影响。有关的定性研究的结果表明，这与学习环境具有很大的关系，尤其是教学环境的变化会直接影响这一学习策略的使用频率。例如，如果学生能够很容易地接触到英语原声的电影和电视节目，他们就会很好地利用这一资源，经常观看节目。正如一个受试在访谈时所言：“在学校的服务器上有很多有趣的英语电影，我想看的都可以在上面找到，并且可以高速地下载下来，的确非常方便，从这个学期开始，我每三天至少要看一部原版电影，这已经成了我的一个爱好。”

表 8-7　S13 项与其他变量关系的交叉滞后回归分析数据

Variable	β（B3A4）	Variable	β（B3A4）
SEB	–.026	AUD	–.061
BLS	–.064	VIS	.080
BLA	.077	KIN	–.058
BNL	–.020	TAC	.094
BD	.102	EFF	–.020
ITM	.030	TAN	–.015
ISM	.026	CA	–.061
ATT	–.037	FNE	–.118

S13（“为了更好地理解英语课文，我经常把课文译成中文”）也属于认知策略的范畴，它在最后一次测量时出现了显著的变化，但是与其他变量关系的交叉滞后回归分析数据（表 8-7 所示）表明，所涉及的所有变量都没有对这一变化产生显著的影响。我们还需要从其他方面，如语言水平

或者环境因素，来寻找原因。下文对这一情况还会做进一步分析和说明。

8.3 学习策略与学习成绩

关于学习策略和学习成绩之间的关系，从两个方面来讨论：一是学习策略对学习成绩的影响，其中包括学习策略和学习成绩都作为一个整体时前者对后者的影响，以及学习策略的各个具体项目对学习成绩的构成要素（包括听力、口语、阅读和写作四个方面）的具体影响；二是学习成绩对于学习策略的反向作用。

8.3.1 学习策略对学习成绩的影响

在本项研究中，除了考察学习策略的变化情况以及影响这一变化的因素之外，还研究了学习策略与学习成绩之间的关系。首先，把学习策略作为自变量，学习成绩作为因变量，考察了学习策略作为一个整体对于学习成绩的影响。交叉滞后回归分析的结果表明，总体来看，学习策略对于学习成绩的影响并不显著[4]，这与我们最早的预期不同。造成这一现象的原因可能有两个：一是学习策略本身真的对学习成绩没有多大的影响，而更大的可能性在于真正对学习成绩产生影响的并不在于策略使用的数量或者频率，而是在于它们使用的质量或者充分性。Oxford（1996）指出，学习策略对于学习成绩的影响并不表现在它们的使用频率上，而在于这些策略使用的充分性。Ludwig 等（2013）的研究也进一步证明了这一点。与此类似，Finkbeiner（2005）的研究发现学习策略使用的质量与语篇深层处理的水平之间具有很强的相关性，真正重要的不是学习策略使用的数量，而在于其质量，在于它们的使用是否恰当。不成功的学习者也可能会使用许多学习的策略，但是使用的方式是"不协调或者是随意的"（Ehrman & Oxford, 1995 :69）。这一结论也得到了本项目研究中定性研究结果的证实。例如，在学生的学习日志中，不论是学习成绩好还是学习成绩差的学生都描述到，他们把观看英语原声视频视为一种有趣而且轻松的学习英语的方法，并以此来提高自己的听力水平。但是，两种学生之间的差异在于，学习成绩差的学生在观看视频时的重点在于故事情节，而不是语言上面，而且他们也大都将精力集中在翻译过来的汉语字幕上，以理解有关的内容。

---

4 研究分析共得到三个标准回归系数值，第一个（即第一次测量的学习策略值对第二次测量的语言水平值的影响）和第三个（第三次测量的学习策略值对第四次测量的语言水平值的影响）都低于 .05 的显著性标准（系数值分别为 .025 和 –.030），第二个值（即第二次测量的学习策略值对第三次测量的语言水平值的影响）略高于显著性标准，为 –.056。

由此不难看出，英语成绩较差的学习者观看英语原声视频的目的更多地在于娱乐，而不是提高自己的英语水平。一位学习成绩较差的学生在日记中写道：

“听力实在让我头疼。在我观看美剧时，我总是盯着屏幕上的汉语字母[5],并不注意听他们在说什么。尤其是在碰到剧中的人物在说长的句子时，我根本就不理会它，这样，我慢慢就养成了这样的习惯。我一直在努力地提高自己的听力水平，但是没有什么效果。”

而一位学习成绩好的学生在日记中这样写道：

“我想知道外国人在日常谈话中是怎么说的，这样我就能理解他们说话的内容。我选择了一个由美国加州大学洛杉矶分校的教授讲授的心理学课程，这个教授非常专业，但是使用的词汇却很简单。每段录像我都要看三遍，在第一遍时，我会看汉语字幕，第二遍就把汉语字幕给盖上，只是听教授所讲的英语，如果有的地方听不懂，我会停下来，再把这一部分回放，再听一遍。在第三遍的时候，我会记录下一些新的词汇和有用的句子。按照这种方式，我学到了很多东西。”

由上述两段日记可以看出，虽然两个学习者都选择看英语原声视频的方式来学习英语，但是他们具体的做法却大相径庭。事实上，这两类学习者在使用词汇记忆策略上也表现出同样的差异。许多学习成绩差的学生认为记忆单词就是单纯的重复。例如，一位学生在日记中写道：

“为了记忆单词，我买了一本词汇书。我每天背诵两个词汇表，反复地朗读和抄写。我需要不断地复习原来已经记住的词汇，否则它们很容易就忘记了。我想，这就是不断地重复，反复地重复。太没有意思了，但我也没有办法，只能这样做。”

这位同学学习非常刻苦，每天要花费一个半小时的时间来记忆单词，但是他的英语水平并没有提高，他也不能在口语和写作中正确地使用那些通过死记硬背而学到的词汇。与此不同，一位学习成绩好的学生在其日记中这样描述自己记忆与学习单词的过程：

“我总是努力去理解单词在具体使用中的用法，这样可以帮助我掌握单词的使用方法，例如搭配、短语以及这个词可以在什么样的环境下使用。我不赞成只是单纯地学习单词，我认为只要尽可能多地去阅读和听，我就可以记住单词。一般情况下，在我读完一篇文章，或者听完一段材料之后，

5 此处学生语言表达不够准确，但是为了尊重原始数据，保持客观，我们在此未做修改。

我做笔记记下一些自己不熟悉的单词或者有用的表达方法。”

成绩好的学习者更加善于组织不同的学习策略。例如，在访谈中，一位学生在回答自己如何在课后阅读文章时说：

“在第一遍阅读英语文章时，我主要注意文章的主要思想，在遇到生词时我不会马上去查词典，有时我会猜测一下它的大致意思。在第二遍阅读时，我会努力去理解文章的每一个细节，会查词典弄清生词的意思。对于一些有用的或者有趣的表达方法，我会在笔记本上把它们记录下来。有时，我还会在笔记本上抄写一些写得好的段落，这样我就可以在自己的写作中用上它们。”

这位学习者依不同的目的，在阅读过程中系统使用许多认知策略。他对于学习策略的使用非常灵活且比较系统，第一遍阅读的目的在于获取主旨思想或者训练阅读的速度，因此不查词典以免降低自己的阅读速度，打乱自己的阅读过程。第二遍阅读，目的在于精读，因此，他把注意力放在了文章的细节上，包括词汇和有用的表达方法，这样，他就有必要在需要的时候查阅词典。由此可以看出，成绩好的学习者能够在不同的环境下为了不同的目的而采用不同的学习策略。

而一位学习成绩差的学习者在访谈时回答同样的问题时这样说：

“我总是发现文章里的生词太多了。在阅读的过程中，我要不停地使用安装在手机上的电子词典，查出一些生词的意思，然后在我的书上标记出来。这要花费很长的时间……有时候我都忘了自己是在阅读文章。”

这位学习者只是把注意力放在了文章的词汇方面，不能像学习成绩好的学生那样根据不同的情况灵活地选择适当的学习策略。这个结果与许多同类的研究发现（例如，Stern，1975；Block，1986；Vann & Abraham，1990；Galloway & Labarca，1991）是一致的。

Oxford（2003：8）指出，“一个学习策略本身并无好坏之分，在不考虑使用环境的情况下，它们都是中性的。”我们不能说成绩好的学习者所使用的学习策略就要优于差的学习者，也不能把成绩好的学习者所使用的策略强加到成绩差的学习者身上。不同的学习者应该选择适合自身具体情况的学习策略，并根据具体情况的变化不断调整学习策略。正如 Vandergrift（2005）所指出的那样，学习策略使用的关键不在于数量与频率，也不在于是哪一种策略，而在于使用的适当性，好的学习者要综合使用各种认知和元认知策略来控制自己的学习过程，一种学习策略只有在它被恰当使用并与其他策略有效组合的情况下才是有用的。

下面分析具体的学习策略与学习成绩不同构成要素（即听力、口语、阅读和写作）之间的关系。表 8-8 列出了听力与具体学习策略相关性的交叉滞后回归分析数据。

表 8-8　具体学习策略与听力水平的交叉滞后回归分析数据

Item	β（A2B1）	β（A3B2）	β（A4B3）	Item	β（A2B1）	β（A3B2）	β（A4B3）
S1[6]	.051	.040	.137**	S13	–.027	–.132	–.105
S2	–.013	.108	.039	S14	–.024	–.040	–.073
S3	.046	.099	.071	S15	.009	.020	.008
S4	.049	.017	.139**	S16	–.043	.052	–.067
S5	–.072*	–.029	.003	S17	.043	.045	–.021
S6	.081**	.062	.108*	S18	–.045	.051	–.041
S7	–.064	.044	–.061	S19	–.006	.091	–.023
S8	.020	.007	–.003	S20	–.049	.059	–.024
S9	–.068	–.004	.031	S21	.019	.012	.060
S10	.060	.047	–.008	S22	–.048	–.005	.091
S11	.063*	.021	.098	S23	–.007	.067	–.027
S12	.085**	–.071	.046				

**p<.01，*p<.05

上表中的数据表明，在第一次和第二次测量之间，对听力水平产生显著性影响的具体学习策略共有 4 项。第一项是 S5，其具体内容为“记单词时，我反复读，或反复写”，这一死记硬背的学习策略与听力水平之间具有负面的相关性；也就是说，频繁地使用这一策略很可能会导致听力水平的下降。究其原因，很可能是因为这样记忆单词的效果不好，更为重要的是，学习者无法在具体的语境中理解和使用这些词汇。第二项是 S6，其具体内容为“我经常练习英语发音”，它与听力水平之间具有正面的相关性，这说明经常进行发音训练有助于识别不同的语音，从而提高整体听力的水平。第三项是 S11，其具体内容为“我课外经常看英语原声电影或

6　采用英语单词的首字母来标识各个个体差异变量的具体题项：S（strategy）代表学习策略；E（effort）代表努力程度；B（belief）代表学习观念；M（motivation）代表学习动机；A（anxiety）代表外语焦虑；由于学习风格 style 的首字母与学习策略相同，我们使用 SL 来表示。

电视节目”，它与听力水平之间呈现出显著的正相关；也就是说，这一策略的合理使用的确可以提高听力水平。另外一项对听力造成显著影响的具体学习策略是 S12（“我课外经常阅读英文小说、杂志等，这对我来说是乐趣”），这进一步证实了阅读和听力之间的密切关系：通过阅读，学习者获得关于英语词汇和语法的知识，建立英语的语感，从而从整体上影响到学习成绩，进而影响具体的听力水平。

在第二次和第三次测量之间，没有发现具体学习策略对听力水平产生影响。在第三次和第四次测量之间，有 3 项具体的学习策略对听力水平产生了显著的影响，其中与上述数据相同的是 S4 和 S6，这说明，经常进行发音的训练会对听力水平的提高产生持久的正面影响；但是与原来不同的是，S4（“记单词时，我经常联想单词对应的图像”）对听力水平的影响由原来的负面变成了正面。这进一步说明，策略的使用关键在于其恰当性，即使是同一个策略，使用是否得当，所产生的效果是截然不同的。另外，S1（“我经常用新学的单词造句，来加深记忆”）也对听力水平的提高产生了积极的作用，与 S4 的策略综合起来考虑，这进一步说明词汇对于听力的基础作用，这与（Stæhr，2008，2009）的研究结果是一致的。此外，我们还发现，对听力产生显著影响的具体学习策略都属于认知策略的类型。

表 8-9　具体学习策略与口语水平的交叉滞后回归分析数据

Item	β（A2B1）	β（A3B2）	β（A4B3）	Item	β（A2B1）	β（A3B2）	β（A4B3）
S1	.052	.082	.137	13	–.016	.131	–.082
S2	.011	.176	.177	14	–.021	.130	–.197
S3	.069	.097	.187	15	.014	.053	.076
S4	.004	.075	.207*	16	–.006	.016	–.098
S5	–.067	.127	–.065	17	.066	.073	.186
S6	.125**	.200*	.317**	18	–.056	.058	.181
S7	–.086	.108	–.020	19	.055	.182*	.058
S8	.113*	.182*	.182	20	–.061	.095	–.036
S9	–.100*	–.063	.052	21	.044	.167	.244*
S10	.073	.124	.134	22	–.078	.043	–.047
S11	.043	–.113	.190	23	.013	.046	.033
S12	.163**	–.005	.138				

$^{**}p<.01$，$^{*}p<.05$

表 8-9 列出了口语水平与具体学习策略之间相关性的交叉滞后回归分析的数据。由此可以看出，表现最为稳定的具体学习策略项目是 S6（“我经常练习英语发音”），它在三个结果中都对口语能力产生了显著的正面影响，这说明语音训练在外语学习中具有重要的作用，它一方面直接影响口语表达的能力；另一方面也能提高学生的语音识辨能力，进而提高听力的水平。S8（“我课外经常主动与别人说英语”）学习策略也对口语表达产生稳定持续的正面影响，该项目属于社会策略的一种，在课堂之外主动与别人讲英语，这可以大大增加口语表达机会，有效弥补课堂训练的不足，因此可以提高口语的表达能力。

另外几个项目也对口语水平产生了显著的影响。S4（“记单词时，我经常联想单词对应的图像”）作为一种单词记忆过程中的视觉化策略，可以有效提高词汇记忆的效果，而足够的词汇量是语言表达的基础，因此，这一具体的学习策略项目在第三次和第四次测量之间对口语表达能力产生了显著的影响。S9（“听不懂别人说的英语时，我会要求对方重说一遍”）在第一次和第二次的测量之间对口语水平产生了显著的影响，因为采用这一策略可以使学习者准确地理解输入的信息，从而有利于他们的口语表达。S12（“我课外经常阅读英文小说、杂志等，这对我来说是乐趣”）也在第一次和第二次的测量之间对口语水平产生了显著的影响，这说明阅读不仅对听力能力的提高具有重要的意义，也会对口语能力产生积极的影响，因为在阅读的过程中，学习者可以获得大量的词汇和表达方法，从而丰富其口语表达手段，进而提高口语表达能力。S19（“即使害怕犯错，我仍会鼓励自己说英语”）这一策略对于口语表达也有积极的影响：学习者使用外语表达常常会因为害怕犯错而引起紧张甚至恐惧感，要想交际顺利，需要学习者能够很好地管理与控制自己的紧张情绪，这一结果进一步证实了这一点。S21（“我经常和其他同学一起练习英语”）在第三次和第四次测量之间对口语水平产生了正面的影响，其原因是很明显的——经常进行语言的训练，自然可以增加口语交流的机会，从而提高口语表达的能力。总体来看，对口语能力产生显著影响的 7 项具体的学习策略项目中，有 5 项属于认知策略，另外两种分别属于情感策略和社会策略。

表 8-10　具体学习策略与阅读水平的交叉滞后回归分析数据

Item	β（A2B1）	β（A3B2）	β（A4B3）	Item	β（A2B1）	β（A3B2）	β（A4B3）
S1	.196*	–.021	.001	S13	.093	–.475***	.006
S2	.095	.018	.011	S14	–.039	–.478***	.002

（续表）

Item	β（A2B1）	β（A3B2）	β（A4B3）	Item	β（A2B1）	β（A3B2）	β（A4B3）
S3	–.107	–.112	.005	S15	.072	.027	.008
S4	.046	–.094	–.004	S16	.006	–.090	.013
S5	.123	–.224*	.007	S17	.018	–.071	.003
S6	–.026	.009	.175*	S18	.127	–.149	.016
S7	.002	–.252*	–.167*	S19	.023	–.001	.013
S8	.054	–.126	.019	S20	.031	–.191	.010
S9	.020	–.144	.014	S21	.001	–.191	.006
S10	.148	–.195	.002	S22	.051	.006	.006
S11	.026	.140	.176*	S23	.055	–.101	.007
S12	.081	.192	.203**				

***p<.001，**p<.01，*p<.05

关于具体的学习策略与阅读水平之间的关系，表 8-10 显示了阅读水平与各项具体学习策略之间的交叉滞后回归分析的数据。数据表明，S1(“我经常用新学的单词造句，来加深记忆”）在第一次和第二次测量之间对阅读能力产生了显著的影响，这进一步确认了词汇量对于阅读的重要性，因为这一策略可以有效地扩大学习者的词汇量，从而提高阅读的水平。在第二次和第三次测量之间，有 4 项具体的学习策略项目对阅读水平产生了明显的影响。S5（“记单词时，我反复读，或反复写”）对阅读能力的影响是负面的，经常采用死记硬背方法的学习者往往阅读水平偏低，因为他们一般更加关注语言形式本身，而不太关注语言的功能。S7（“读课文时，我总是争取弄懂课文里的每一处”）对于阅读能力的影响也是负面的，这一项目反映了学生对于歧义的容忍程度，采用这一策略的人对于歧义的容忍度偏低，这一结果进一步证实了歧义容忍度低对于阅读能力具有的负面作用。在外语学习过程中，学习者会经常碰到不太熟悉的语法规则、词汇或者文化背景等带来的模糊或者不确定性的因素，对于歧义的较高容忍度可以使他们很好地适应这些模糊性或者不确定性，否则，如果容忍度过低，他们就会感到不舒服，甚至会产生焦虑和不安。因此，大量的相关研究（例如，Wen，1993；Wen & Johnson，1997；Naiman et al.，1978；Chapelle & Robert，1986）表明，对于歧义的较高的容忍度对学习成绩具有正面的影响作用，本项目研究的成果又进一步证实了这一点。S13（“为了更好地理解英语课文，我经常把课文译成中文”）和 S14（“我说英语时，先用汉语组织意思，再翻译成英语”）两项都是依赖母语的策略，结果表明它们对于阅读水平都有很强的负面影响作用；也就是说，过多地使用这两个策略不利于学生阅读水平的提高。这与许多同类研究（例如，Wen，1993，1995；Alsheikh，2011）的结果是一致的。Wen（1993）的研究表明，过多地依赖母语策略会对外语学习产生负面的影响，因为这样导致学习者的惰性，使他们不能积极地使用外语。

在第三次和第四次测量之间，除了又进一步确认 S7 对阅读能力的负面影响之外，还发现有另外 3 项具体的学习策略对阅读能力产生了显著的影响。在这 3 项策略之中，令人印象最为深刻的是 S6（“我经常练习英语发音”）。这是一项非常有效的策略，它不仅对听力和口语产生了积极的影响，而且也能促进阅读能力的提高，这很可能与语言处理的内在机制有关。心理语言学的相关研究表明，书面词汇也是以语音的形式存储的（Walter，2009），因此，阅读与语音具有密切的关系，音位、声调以及节奏的识别都在阅读的过程中起着重要的作用，直接影响阅读处理的速度（Gilbert，2009；Stephens，2011）。S11（“我课外经常看英语原声电影或电视节目”）对于阅读能力也有显著的促进作用，这一方面进一步证实了阅读和语音之间的关系，另一方面也说明通过观看英语原声视频可以帮助学习者熟悉相关的词汇和表达，熟悉英语文化，这些都对阅读能力的提高具有重要的作用。第三项与阅读能力显著相关的阅读策略是 S12（“我课外经常阅读英文小说、杂志等，这对我来说是乐趣”），该项策略对于阅读能力的促进作用是最容易理解的，因为阅读能力的提高必须依靠大量的阅读训练。总体来看，能够对阅读能力产生显著影响的学习策略共 8 项，它们全部属于认知策略的类型。

表 8-11　具体学习策略与写作水平的交叉滞后回归分析数据

Item	β（A2B1）	β（A3B2）	β（A4B3）	Item	β（A2B1）	β（A3B2）	β（A4B3）
S1	–.078	.041	–.021	S13	–.068	–.023	–.063
S2	–.125	.028	.045	S14	–.097	–.061	–.064
S3	.000	.059	.062	S15	.036	.067	.237***
S4	.005	–.038	.061	S16	–.047	.049	.127*
S5	–.114	.031	.025	S17	–.107	–.022	.096
S6	–.034	.010	.046	S18	–.031	–.011	–.072

（续表）

Item	β（A2B1）	β（A3B2）	β（A4B3）	Item	β（A2B1）	β（A3B2）	β（A4B3）
S7	–.137*	–.076	–.106	S19	–.060	.047	.121
S8	–.132	.258**	.035	S20	–.102	.050	.098
S9	–.077	–.085	.030	S21	–.096	.114	.116
S10	–.118	.000	.032	S22	–.087	–.008	–.012
S11	–.059	.046	.080	S23	–.016	.109	.037
S12	–.010	.186*	.163**				

***p<.001，**p<.01，*p<.05

表 8-11 显示了写作水平与各项具体学习策略之间的交叉滞后回归分析的数据。结果表明，在第一次和第二次测量之间，S7（“读课文时，我总是争取弄懂课文里的每一处”）对于写作水平具有显著的负面影响。如上文所述，该项策略标志着学习者对于歧义容忍度的高低，经常采用这一策略的人往往具有较低的歧义容忍度，这进一步说明容忍度对于外语学习的影响，较低的歧义容忍度对于写作水平的提高也是不利的。在第二次和第三次测量之间，有两项策略项对写作水平产生了显著的影响，它们是 S8（“我课外经常主动与别人说英语”）和 S12（“我课外经常阅读英文小说、杂志等，这对我来说是乐趣”），而且它们对于写作水平的作用都是正向的。这说明两点：一是口语和写作之间具有密切的关系，两者都属于语言的产出性技能，在课外经常主动和别人说英语在提高口语表达能力的同时，也带动了写作水平的提高；二是阅读和写作之间的密切关系，外语教学向来强调读写结合，阅读属于语言的输入性技能，写作属于输出性技能，语言输入的量越大，语言输出能力也就越强。通过大量的阅读，学习者可以习得词汇、搭配、句型等各种表达方式，从而促进写作水平的提高。这在第三次和第四次测量之间的交叉滞后回归分析的结果中又得到了进一步的证实。在第三次和第四次测量之间，S15（“我很重视自己犯的英语错误，并认真改正”）和 S16（“我总是寻找更好的英语学习方法”）对于写作水平也产生了显著的正面影响。作为元认知策略，自我纠正意识可以使学习者意识到自己的语言错误，并利用各种方法对它们加以纠正。不断对自己学习情况进行反思，寻找适合自己的学习方法，可以大大提高书面写作中语言表达的准确性和流利性，进而提高写作的水平。综上所述，共有 5 项具体的学习策略对写作水平产生了显著的影响，其中有 3 项属于认知策略，2 项属于元认知策略。

8.3.2 学习成绩对于学习策略的反向作用

在动态系统理论的视角下，系统构成要素之间的作用应该是双向的，因此，在本项目研究中，在考察学习策略对学习成绩影响的同时，也分析了学习成绩对于学习策略的反向作用。首先把学习策略和学习成绩作为一个整体，以后者为自变量，前者为因变量，对两者之间的关系进行了交叉滞后回归分析。结果表明，从总体上来看，学习成绩对学习策略的变化并没有显著的反向作用，因为学习成绩对学习策略的交叉回归标准系数值分别为：第一次测量和第二次测量之间是 –.113（p>.05），第二次和第三次之间是 –.029（p>.05），第三次和第四次之间是 –.061（p>.05），它们都没有达到显著性的程度；也就是说，学习成绩或者学习成绩的变化并不会对学习策略产生显著的影响。

在本章的 8.1 节分析中，共有 5 项学习策略发生了显著的变化，其中包括 S3（“我经常借助手势、表情等肢体语言来记单词”）、S4（“记单词时，我经常联想单词对应的图像”）、S10（“我有明确的英语学习计划和学习目标”）、S11（“我课外经常看英语原声电影或电视节目”）和 S13（“为了更好地理解英语课文，我经常把课文译成中文”）。因此，又专门针对这 5 项具体的学习策略项目进行了交叉滞后回归分析，以便发现学习成绩对于它们的反向作用。表 8-12 显示了学习成绩与 5 项具体学习策略的交叉滞后回归分析数据。

表 8-12 学习成绩与 5 项具体学习策略的交叉滞后回归分析数据

Strategy	Time	Listening	Reading	Speaking	Writing
S3	T1-T2	.047	.106	.003	–.047
S4	T1-T2	–.098	–.131	–.054	–.091
S10	T2-T3	–.181	–.047	–.043	–.139
	T3-T4	.062	.007	.099	.107
S11	T1-T2	.134	.155	.120	.061
	T3-T4	–.014	.009	–.066	.003
S13	T3-T4	–.157*	.093	–.040	.035

*p<.05

从表 8-12 所提供的数据看出，S3、S4、S10、S11 4 个项目与学习成绩之间的标准回归系数都没有达到显著的水平，这说明学习成绩并没有引起这些策略项目的变化。唯一一个达到显著水平的是 S13 和听力水平之间的标准回归系数，而且在两者之间呈现出负向的相关性；也就是说，听力水平的提高会引起 S13 这一具体策略使用频率的减少，而且这一影响发生在第三次和第四次测量之间，换句话说，这一变化发生在第二学期的后半部分。由此可以看出，在外语水平尚低的时候，或者学习的初期，学习者会更多地借助母语作为自己的“拐杖”，但是，随着学习成绩的提高，他们会逐渐摆脱这一拐杖。

上述讨论的结果表明，从总体上来看学习成绩对于学习策略的反向作用基本上没有达到统计学意义上的显著水平，但是也不能就此完全否认学习成绩对于学习策略的反向作用。为此，我们又进一步把受试分为高分组（学习成绩好）和低分组（学习成绩差），比较他们在学习策略使用方面的差异，结果发现他们在 S8（“我课外经常主动与别人说英语”）、S11（“我课外经常看英语原声电影或电视节目”）、S12（“我课外经常阅读英文小说、杂志等”）和 S23（“遇到外国人时，我会主动向他了解外国文化”）等测量项目使用上存在明显的差异。高分组学生对于这些策略的使用频率要远远高于低分组的学生，而低分组的学生很可能会因为英语水平低的限制而不能经常使用上述策略。在本项目研究的定性部分，我们对低分组学生的日记分析也进一步证明了这一点。例如，一位低分组的学生在日记中这样写道：

“我的英语水平一直就是我的一个弱项，从小学到中学，一直到大学都是如此。老师说英语学习的关键在于多用，要多读、多听、多写、多说，我也尝试着这样去做。我要求自己每周都要看一个英语原版电影，可看的时候听不懂几句，也就只好放弃。我也曾经尝试和外国人用英语交流，结果不知道说什么，有时说了，人家也听不懂，也就不敢再去和外国人说话了……”

由此可以看出，对于学习成绩差的学生来说，英语水平的限制的确影响了他们学习策略的使用，这也就进一步证实了学习成绩对于学习策略的反向作用。

8.4 小结

本章围绕学习策略进行了讨论，主要内容包括这一变量的动态变化规律、影响这些变化的因素、它们对学习成绩的影响以及学习成绩对于它们的反向作用等四个方面。在讨论个体差异的分类时曾经提到，把学习策略归为直接变量的主要原因在于它们的行为特征最为明显，在整个学习者个体差异的系统中，属于易于变化的因素。本项目研究的结果进一步证实了这一点：不论是它们作为一个整体，还是它们的具体分项，都是处于不断的变化之中，没有一个是恒定不变的。从动态系统理论的视角来看，学习策略和努力程度又可以分别被单独视为一个子系统，都由许多不同的要素构成，这些构成要素的变化态势又是不同的，其影响因素也各不相同，它们和学习成绩的关系也各具差异。上述结论具体体现在以下几个方面：

（1）学习策略作为一个整体在测量期间发生了显著的变化，其中，认知策略的变化达到了显著的水平；另外，元认知策略的个别题项的变化也达到了显著性水平。

（2）本项目研究涵盖了大学一年级的两个学期，第一学期上半段属于学习策略变化最快的阶段，它在这一阶段发生了迅速的增长，然后逐渐平稳下来，呈现出缓慢变化的态势。在认知策略、社会策略、情感策略和元认知策略等四种学习策略之中，变化最为频繁的是认知策略，而认知策略的变化则主要是由单词记忆策略、资源策略和母语依赖策略所造成的，另外元认知策略也在学习策略的变化中占据了一定的分量。

（3）学习观念、学习动机、学习风格、努力程度、外语焦虑和环境都对认知策略的动态变化产生了影响，除了外语焦虑之外，其他各项变量对于学习策略的影响都是正向的。具体而言，学习观念中的学习策略观念、学习动机中的融入型动机、学习风格中的视觉型和动觉型学习风格以及外语焦虑中的交际恐惧对于认知策略动态变化的影响最为明显。而学习风格、努力程度、学习动机、外语焦虑和环境都对元认知策略的动态变化产生了影响，其中，外语焦虑所产生的影响是负向的，其他各项都是正向的。具体来说，学习风格中的触觉型学习风格、学习动机中的态度和外语焦虑中的考试焦虑对元认知策略的影响最为明显。总体而言，所有的中介变量和直接变量都对学习策略的动态变化产生了影响。

（4）关于学习策略和学习成绩之间的关系，本项目研究进一步证实了先前的研究结论：从学习策略的整体来看，它对学习成绩能否产生影响并不在于各种策略使用的数量或者频率，而是在于它们使用的质量或者得体性。

（5）总体而言，学习成绩的变化并不会对学习策略的变化产生显著的影响，但是语言水平的局限性往往会对一些学习策略的使用产生影响，因此，学习成绩的好坏对于学习策略还是具有一定的反向作用的。

第9章

努力程度与其他相关变量的动态互动

努力程度是指学习者为外语学习所付出的努力的多少，它包括三个方面：一是学习者在外语学习上所花费时间的长短，这直接反映了学习者的努力程度；二是学习者克服学习中遇到困难的决心；三是持续进行外语学习的毅力。与学习策略一样，努力程度也是一种直接变量，具有很强的可变性和行为性。本章将依据本项目研究所得到的数据讨论努力程度与其他相关变量的动态互动，内容包括努力程度的动态变化模式、影响这一变化的因素以及努力程度与学习成绩之间关系。

9.1 努力程度的动态变化

表 9-1 显示了在两个学期的过程中该个体差异要素的变化情况：

表 9-1 学习者努力程度变化的 T– 检验数据[1]

Time	Mean	T value	p
T1/T2	3.25/3.36	–3.603	.001
T2/T3	3.36/3.39	–.703	.484
T3/T4	3.39/3.39	.037	.970

由上表可以看出，在第一学期受试的努力程度变化较大，呈现出增长的态势，尤其是在第一次和第二次测量之间，努力程度的平均值由 3.25 迅速增长到了 3.36，此后又有所增加，到第三次测量时达到 3.39，最后稳定在这一数值上，没有变化。但是这些变化都没有达到统计学意义上的显

1 在此表中，mean 代表努力程度的平均值，T value 代表 T 检验的值。

著水平，这说明努力程度的变化是比较平稳的。图 9-1 显示了努力程度的整体变化态势，由此看出，受试在刚刚进入大学英语学习阶段，努力程度是不断增强的，其后大约在第二学期中间的时期，它们的努力程度就逐渐平稳下来。

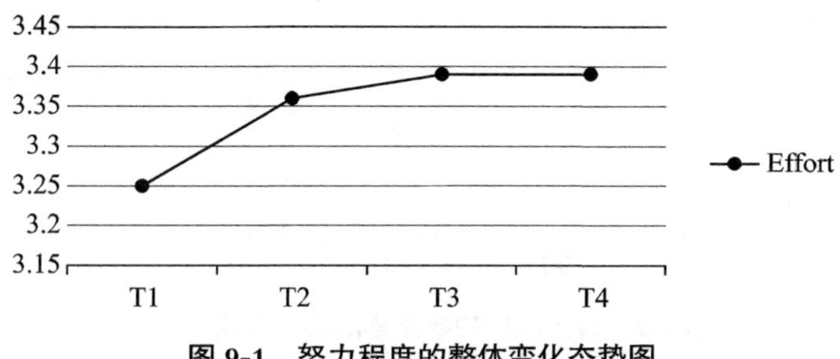

图 9-1　努力程度的整体变化态势图

如前所述，努力程度可以从以下三个方面来衡量：（1）学习者在外语学习上所花费时间的长短；（2）克服学习中遇到困难的决心；（3）持续进行外语学习的毅力。表 9-2 显示上述三个构成要素的具体变化情况：

表 9-2　努力程度构成要素的动态变化数据

Variable	T1/T2	T2/T3	T3/T4
DET	3.27/3.28	3.28/3.36	3.36/3.29
PER	3.26/3.38*	3.38/3.39	3.39/3.43
LEN	3.43/3.81***	3.81/3.68	3.68/3.91***

***p<.001，*p<.05

（DET：克服困难的决心；PER：毅力；LEN：所付出的时间）

如表 9-2 所示，在努力程度的三个构成要素之中，克服困难的决心在测量期间是比较稳定的，它在三个时间段的变化都没有达到显著的水平。学习毅力在第一时间点到第二时间点之间从 3.26 增加到 3.38，达到了显著的水平（p<.05），说明学习者的学习毅力在第一学期有了显著的提高，随后就保持在一个相对稳定的状态。所付出的学习时间在第一时间点到第二时间点和第三时间点到第四时间点之间都发生了显著的变化，其均值分别从 3.43 和 3.68 增加到 3.81 和 3.91（p<.001），都达到了显著的水平。图 9-2 表示三个构成要素的动态变化情况。

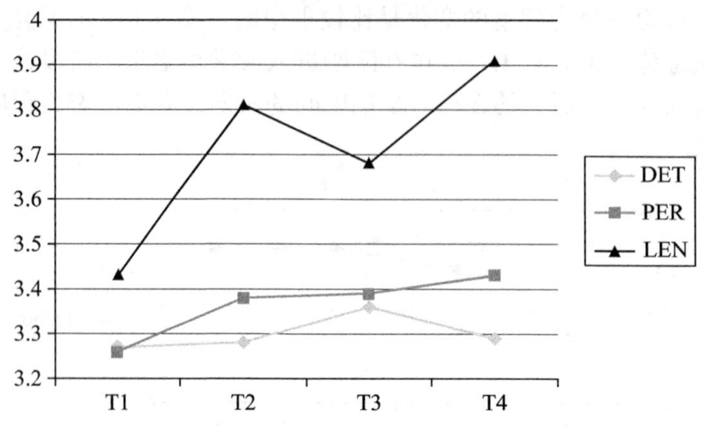

图 9-2　努力程度构成要素的动态变化示意图

在本项目的研究中，共采用 8 个问题获取受试在这三个方面变化的数据。为了考察努力程度的细微变化，我们又对这 8 个问题题项的平均值进行了单独的统计，并采用 T- 检验的方式测定了它们变化的显著性，具体的结果见表 9-3。

表 9-3　努力程度具体题项的动态变化数据

Item	T1/T2	T2/T3	T3/T4	Item	T1/T2	T2/T3	T3/T4
E1	2.96/3.06	3.06/3.13	3.13/3.01	E5	3.26/3.21*	3.21/3.32	3.32/3.36
E2	3.11/3.00	3.00/3.34*	3.34/3.24	E6	3.49/3.45	3.45/3.40	3.40/3.39
E3	3.06/3.14	3.14/3.07	3.07/2.93	E7	3.66/3.70	3.70/3.67	3.67/3.69
E4	3.04/3.45***	3.45/3.47	3.47/3.55	E8	3.43/3.81***	3.81/3.68	3.68/3.91**

***p<.001，**p<.01，*p<.05

上表中的数据表明，E1（“我学习英语真的很努力”）、E3（“我不会费劲去学那些比较复杂的英语知识”）、E6（“当老师反馈测验结果时，我不会看”）和 E7（“我只想学习英语基础知识，不想学习更多内容”）4 个项目是比较稳定的，尽管都处于不断的变化之中，但是在各个测量的时间点上，它们的变化程度都没有达到显著的水平。E1 是学习者对自身学习英语努力程度的总体自我评价，属于对学习者努力程度的整体测量，该项目的稳定性进一步确认了前文对学习者努力程度整体变化态势的分析与判断。E3 是一道反向计分题，主要测量学习者在多大程度上回避复杂知识点以及是否具有迎难而上的学习精神，因此，这一题目测量的是学习者克服困难的决心。表 9-3 中的数据说明，学习者在这一方面的表现是比较稳定的，没有出现大幅度变化的情况。E6 也是一道反向的计算题，考察学习者对考试与测验结果的态度，在此题项中得分高的学习者通常对测试结果采取置之不理的态度，无意采取措施改善自身的学习状况，缺乏坚持改善学习现状的毅力，因此，该项目测量学习者持续进行外语学习的毅力。E7 考察学习者是否仅仅满足于学习浅层的基础英语知识，拒绝接受深层英语知识，与 E3 一样，该题目也同样测量学习者对复杂英语知识的处理方式与态度，反映了学习者克服困难的决心。

呈现出显著变化的项目包括 E2、E4、E5 和 E8，图 9-3 显示了它们各自的变化态势：

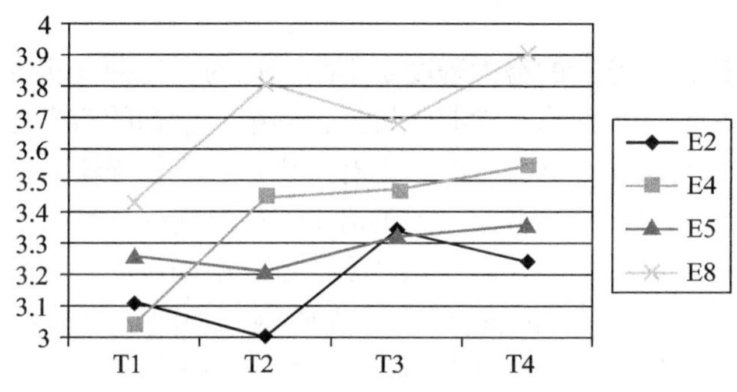

图 9-3　4 个努力程度题项的变化态势图

E2 的具体内容是“我总能排除一切干扰，集中精力完成英语作业”，考察学习者在面对外界环境中的干扰时能否坚持完成学习任务。受试在此项上的得分越高，他们在完成学习任务时排除干扰的决心就越大，这反映了学习者克服困难的决心。在所有各项之中，E2 在这 4 个变化幅度显著的项目中的平均值最低，而且它上下起伏的幅度也是最大的。在第二次测量时，它的平均值有所下降，等到第三次测量时，它又迅速升高，而且变化值也达到了显著的水平，但是在第四次测量时，这一项目的均值又有所下降。E4（“我每天都坚持学英语，更新自己的英语知识”）考察学习者是否能够坚持不懈地学习英语，测量他们学习英语的毅力。与 E2 不同，受试在该项目上的得分呈现出不断增长的态势，在第二次测量时就显著性地增长，从 3.04 迅速增长到 3.45，后又逐渐增长到 3.47，最后达到 3.55，这说明学习者持续学习外语的毅力是不断增强的。另外两项表现出了总体的增长态势，其中，E5（“我总是等到最后一刻才做英语作业”）是一道反向记分题，考察学习者能否及时完成学习任务，测量他们持续学习外语的毅力。该项目的得分情况反映了大学生目前普遍存在的一种现状，它的均值在第二次测量时显著降低，由 3.26 降低到了 3.21，但是在后面两次测量时又有所增加，从 3.21 增加到 3.32，最后达到 3.36。这说明，刚入大学时，学习者进入到一个新的学习环境，及时完成学习任务的能力有所提高，但是又很快降了下来。E8（“最近一个月，你课外平均每天花多长时间学英语”）用于测量学习者平均每天学习时间的长度，以便从具体的数量上说明他们的努力程度。该项目虽然表现出总体的增长态势，但是其中的起伏也比较明显：在第一次和第二次测量之间，它的均值由 3.43 增长到 3.81，达到了显著的水平，第三次测量时又有所下降，到第四次测量时又迅速增加，从 3.68 增加到 3.91，而且也达到了显著的水平。

综上所述，学习者的努力程度是不断变化的，这种变化主要发生在学生进入大学之后不久的第一学期，另外，到第二学期的后半部分，也就是临近期末考试的时间，努力程度也会有所增加。具体来说，在衡量努力程度的三个方面之中，学习者投入到英语学习的时间变化最为明显，其次是持续进行外语学习的毅力，而变化最小的是克服困难的决心。这一结果也较容易理解，因为学习外语的毅力和克服困难的决心更多地属于心理层面，而所付出时间则完全是外在的行为层面，心理层面的要素往往比具体的外在行为表现要更加稳定。

9.2 影响努力程度变化的因素

如上所述，努力程度作为一个整体，它的变化都没有达到统计学意义上的显著水平，但是在反映努力程度的 8 个题项中，有 4 个项目的变化比较明显（E2、E4、E5 和 E8），达到了显著的水平。在第 5 章中，我们以大量的前期研究为基础，对有关努力程度与其他学习者个体差异变量之间的关系进行了全面梳理，结果发现动机和外语焦虑两个变量最有可能会对努力程度的变化产生影响，因此，研究的关注点首先集中在这两个变量对于 4 个努力程度项目的影响上面。首先来看动机和外语焦虑对于 E2 这一项目的影响。表 9-4 显示了该项目与动机和外语焦虑各个具体项目之间关系的交叉滞后回归分析的结果，由于 E2 这一项目只是在第二次和第三次测量之间发生了显著的变化，因此，我们针对这次变化进行了数据的分析。

表 9-4　E2 与动机和外语焦虑关系的交叉滞后回归分析数据

Variable	β（B2A3）	Variable	β（B2A3）
ITM	–.171	TAN	–.068
ISM	–.242	CA	–.137
ATT	.111	FNE	–.046

（ITM：融入型动机；ISM：工具性动机；ATT：态度；TAN：考试焦虑；CA：交际恐惧；FNE：负面评价恐惧）

表 9-4 中的数据表明，所有的动机和外语焦虑的项目都没有对 E2（"我总能排除一切干扰，集中精力完成英语作业"）这一考察学习者克服困难决心的项目产生显著的影响，由此可知，导致这一变化的原因并不在于动机和外语焦虑这两个个体差异变量。事实上，我们可以从环境因素中找到这一变化的原因。这一显著变化发生在第二次测量和第三次测量之间，而两者之间隔着寒假，经过假期的休息与调整，学习者可以更加专注地投入到外语学习之中。在第二学期之初学生的日记也进一步确认了这一点，绝大多数学生的日记中都包含了有关学习者克服困难决心方面的内容。例如，"一个新的学期开始了，我一定要在英语学习上更加努力，争取取得更大的成绩"，等等。

E4（"我每天都坚持学英语，更新自己的英语知识"）项目属于学习毅力的范畴。表 9-5 是它与动机和外语焦虑两个个体差异变量关系的交叉滞后回归分析数据。由于 E4 项只是在第一次和第二次测量之间产生了显著的变化，因此我们只是针对这次变化进行了数据分析。

表 9-5　E4 与动机和外语焦虑关系的交叉滞后回归分析数据

Variable	β（B1A2）	Variable	β（B1A2）
ITM	.261*	TAN	.048
ISM	.195*	CA	.024
ATT	.065	FNE	–.015

*$p<.05$

结果表明，学习动机对于该项目的影响是比较显著的，不论是融入型的学习动机，还是工具型的学习动机都对 E4 产生了积极的影响。定性研究的结果也进一步证明了这一点：E4 的显著变化发生在第一学期之初，也就是学生刚刚进入大学学习，面对着一种新的生活以及更高层次的外语学习要求，很多学生在日记中都表达了自己想要尽早通过四级或者六级考试的愿望，还有的学生表示自己将来要到国外留学，为了更好地实现自己的目标，他们都表示要更加努力，持之以恒地学好英语。这说明，动机对于学习者持续进行外语学习的毅力具有积极的正面影响。

与 E4 一样，E5（“我总是等到最后一刻才做英语作业”）也属于学习毅力的范畴，它在第一次和第二次测量之间发生了显著的变化。我们也针对这一变化对它与动机和外语焦虑之间的关系进行了交叉滞后回归分析，表 9-6 显示了具体的分析结果。

表 9-6　E5 与动机和外语焦虑关系的交叉滞后回归分析数据

Variable	β（B1A2）	Variable	β（B1A2）
ITM	.308***	TAN	.050
ISM	.182***	CA	–.014
ATT	.045	FNE	.032

***p<.001

表 9-6 中的结果进一步证明了动机对努力程度的影响。与 E4 类似，对于 E5 的变化产生显著影响的仍然是融入型动机和工具型动机，它们都导致这一项目均值的显著性降低。由于 E5 项也测量受试外语学习的毅力，这一结果进一步说明，动机对于学习者持续进行外语学习的毅力具有积极的正面影响。

表 9-7　E8 与动机和外语焦虑关系的交叉滞后回归分析数据

Variable	β（B1A2）	β（B3A4）	Variable	β（B1A2）	β（B3A4）
ITM	.185***	–.074	TAN	–.096	–.058
ISM	.090*	–.033	CA	–.143**	–.163**
ATT	.074	.046	FNE	–.133**	–.074

***p<.001，**p<.01，*p<.05

E8（“最近一个月，你课外平均每天花多长时间学英语”）通过学习时间最为直接地反映了学习者的努力程度，与上面的 3 项相比，它的情况最为复杂。一是它的变化最多，在第一次和第二次以及第三次和第四次之间都发生了显著的变化；二是影响它变化的因素最多，除了融入型动机和工具型动机对第一次和第二次之间的变化产生了显著性影响之外，外语焦虑也对之产生了显著的影响。由表 9-7 的数据可以看出，负面评价恐惧这一项对第一次和第二次的变化产生了显著的负面影响。正如Nakahashi（2007）所指出的那样，对于水平较低的学习者，因为语言交际能力的限制很容易会在其他同学或者老师面前出丑或者感到难堪，对于这些风险的担心很可能会导致他们努力程度的下降。而与此相比，交际恐惧的负面作用则更为强烈，它在两次变化之中都对E8产生了显著的负面影响。这说明具有较强交际恐惧感的学习者也往往会在努力程度方面存在问题，会使他们不愿意在外语学习上花费更多的时间。

上述发现也得到了定性研究部分的进一步证实。在访谈中，一位同学的努力程度很高，在回答他是如何激励自己努力学习英语时，他说：

“我个人非常喜欢学习英语。他们有时候叫我英语狂人……在暑假期间，我有几次与外国人交流的机会。他们都非常好，甚至还给我们做西餐。那时我就想，要是我能使用英语和他们流利地交流就好了，那样我就会有更多的机会和外国人交朋友，甚至将来有一天会出国。”

在他的回答中，这位学习者表现了很强的英语学习兴趣，更为重要的是，他表现出很强的融入型动机，这在很大程度上激励他在外语学习上付出更多的努力。另一位不太努力的同学在回答为什么在课堂上不积极发言时说：

“我的英语发音太差了，我讲英语带有很重的口音，记得在一次角色扮演时，我讲英语，结果全班都笑了。和其他人一样，我不想被别人嘲笑。在我讲英语时，我总是担心会被其他同学嘲笑，因此我不喜欢在大家面前讲英语，所以我在课堂上就很少讲英语，我干嘛要自己惹麻烦让自己难堪呢。”

由上述陈述可以看出，这位学习者在自己的学习经历中形成了负面评价恐惧的外语焦虑感，这种焦虑进一步发展成为交际恐惧，他因此尽量避免在大众面前讲英语，以降低自己受到别人嘲笑或者使自己难堪的风险，这也就抑制了他外语学习的努力程度。另外一位同学是这样描述焦虑感如何影响自己英语阅读的：

“阅读让我非常地头疼，生词太多，太长的句子有时都把我搞晕了。我根本理解不了，我越是训练，就越是绝望。于是我就不再去读英语的文章了，一个学期下来，我连一篇文章都没有读过。”

这位同学对于阅读具有很强的焦虑感，这在很大程度上干扰了他的外语学习，使他不能集中精力。他把自己的努力视为徒劳，结果在最后就放弃了，这种现象在一些学习成绩差的学习者之中非常普遍。

综上所述，动机（包括工具型动机和融入型动机）是促进努力程度发生变化的主要因素，许多相关的同类研究结果也都进一步说明了这一点。Gardner（1985）指出，动机的大小决定了学生外语学习努力程度的高低，具有较高学习动机的学习者更有可能在外语学习上投入更多的精力。与此类似，Ellis（1994）也指出，动机影响着学习者语言学习的毅力以及他们所采取的具体学习行为。另外，我们还进一步发现，工具型和融入型两类动机对于努力程度的影响主要表现在学习者持续进行外语学习的毅力和所付出的学习时间上。这一结论似乎与前面的相关性分析的结果不太一致。如上文所述，融入型动机对于努力程度的影响最强、最全面，而工具型动机只是与学习者的克服困难的决心和外语学习的毅力之间呈现出显著的相关性，而与所付出的学习时间之间的相关性并不显著。但是，我们仍然能够发现前后研究结果之间的一致性。首先，从交叉滞后回归分析的数据来看，在对学习时间的影响上，融入型动机对它的变化的影响要远远大于工具型动机；另外，相关性只是表示一种稳定的可能性的趋势，这并不能否认在个别情况下，某个变量仍然可能会对另外一个变量产生影响，并且导致另一个变量的变化。除了动机之外，外语焦虑对努力程度也会产生一定的影响，而这一影响则主要表现在交际恐惧和负面评价恐惧对学习者付出时间的影响上。

在分析了学习动机和外语焦虑对努力程度的动态变化所产生的影响之后，下面再来看学习风格、学习观念和学习策略对努力程度所产生的影响。首先看学习风格。还是采用交叉滞后回归分析的方法，以四种学习风格为自变量，产生显著变化的 E2、E4、E5 和 E8 为因变量，围绕它们产生显著变化的时间点，考察四种学习风格对它们动态变化的影响。表 9-8 显示了学习风格对努力程度影响的交叉滞后回归分析的数据。

表 9-8　学习风格对努力程度影响的交叉滞后回归分析数据 [2]

	E2	E4	E5	E8	E8
	β（B2A3）	β（B1A2）	β（B1A2）	β（B1A2）	β（B3A4）
AUD	–.129	–.006	.007	.046	.039
VIS	.080	.111	.083	.104*	–.045

2　因 E8 一项在两个时间点上都发生了显著的变化，因此，在该表中有两列与这两个时间点分别相对应。

（续表）

	E2	E4	E5	E8	E8
	β（B2A3）	β（B1A2）	β（B1A2）	β（B1A2）	β（B3A4）
TAC	–.042	.018	.091	.046	.030
KIN	.001	.060	.086	.092	–.032

（AUD：听觉型；VIS：视觉型；TAC：触觉型；KIN：动觉型）

上表中的数据表明，E2、E4 和 E5 3 个努力程度题项没有受到学习风格的显著影响。但是，E8 受到视觉型学习风格的显著影响。视觉风格对 E8 题项（“最近一个月，你课外平均每天花多长时间学英语”）的回归系数为 .104（$p<.05$），达到显著水平，说明视觉型学习者在第一学期中用于外语学习的平均时间更多。视觉型学习者更喜欢采用阅读或浏览书面材料的方式来学习英语，他们通常课后花费大量时间复习课文或笔记，阅读文字材料通常耗时较多，因此，此类学习者在外语学习方面投入的时间也就较多。

再来看学习观念。我们同样以学习观念的 5 个项目为自变量，产生显著变化的 E2、E4、E5 和 E8 为因变量，围绕它们产生显著变化的时间点，考察了学习观念对于努力程度动态变化的影响。交叉滞后回归分析的结果（见表 9-9）表明，学习观念对于努力程度的变化没有产生显著的影响。

表 9-9　学习观念对努力程度影响的交叉滞后回归分析数据

	E2	E4	E5	E8	E8
	β（B2A3）	β（B1A2）	β（B1A2）	β（B1A2）	β（B3A4）
SEB	.147	.081	.088	–.032	–.069
BLS	–.053	–.024	.013	–.002	–.051
BLA	–.052	.054	–.025	–.001	–.033
BNL	.087	.030	–.060	.007	.005
BD	.086	.061	.062	.005	–.029

（SEB：自我效能观念；BLS：学习策略观念；BLA：语言学能观念；BNL：学习本质观念；BD：学习难度观念）

最后来看学习策略对努力程度动态变化的影响。表 9-10 显示了相关的交叉滞后回归分析的数据。结果表明，学习策略对 E4 和 E8 题项没有显著影响。元认知策略对 E2 题项（“我总能排除一切干扰，集中精力完成英语作业”）具有显著影响（ β = .158，p<.05 ），表明元认知策略的使用对于学习者克服困难的决心具有积极的促进作用。情感策略对 E5 题项（“我总是等到最后一刻才做英语作业”）具有显著影响（ β =.131，p<.05 ），表明学习者情感策略的使用有助于提高他们外语学习的毅力。但是，学习策略对于学习者所付出的具体的学习时间的变化没有产生影响。

表 9-10　学习策略对努力程度影响的交叉滞后回归分析数据

	E2	E4	E5	E8	E8
	β（B2A3）	β（B1A2）	β（B1A2）	β（B1A2）	β（B3A4）
CST	–.004	.081	.063	.063	.056
MST	.158*	.022	.113	–.020	–.019
AST	.046	.078	.131*	.012	–.032
SST	–.015	.077	.098	–.027	–.042

*p<.05

（CST：认知策略；MST：元认知策略；AST：情感策略；SST：社会策略）

综上，通过交叉滞后回归分析，我们对影响努力程度动态变化的因素进行了全面的研究。结果表明，在学习动机、外语焦虑、学习观念、学习策略、学习风格等各种学习者个体差异变量之中，除了学习观念之外，其他各个变量都对努力程度的动态变化产生了一定的影响。学习动机中融入型动机和工具型动机对于努力程度影响主要表现在学习者持续进行外语学习的毅力和所付出的学习时间上，他们的动机越强，外语学习的毅力也就越强，所付出的学习时间也就越多。态度对努力程度没有产生影响。外语焦虑对努力程度的影响主要表现在交际恐惧和负面评价恐惧对学习者付出时间的负面影响上。在各种学习风格之中，视觉型的学习风格对学习者所付出的学习时间具有正面的影响。而在各种学习策略之中，元认知策略对学习者克服困难的决心以及情感策略对于他们外语学习的毅力都有正面的影响。

9.3　努力程度与学习成绩

与学习策略和学习成绩之间的关系一样，本部分也从两个方面来讨论努力程度和学习成绩之间的关系：一是努力程度对于学习成绩的影响，看努力程度的变化是否对学习成绩产生直接的影响；二是学习成绩对努力程度的反向作用。

9.3.1　努力程度对学习成绩的影响

把努力程度作为自变量，学习成绩作为因变量，采用交叉滞后回归分析的方式考察努力程度对于学习成绩的影响。结果发现，第一次和第二次测量之间、第二次和第三次测量之间和第三次和第四次测量之间的标准交叉回归系数分别为 .016（p>.05）、.037（p>.05）、–.003（p>.05），都没有达到显著性的水平，这说明努力程度作为一个整体，它对学习成绩的影响并不显著。为了更加深入细致地了解两者之间的关系，我们又分别以努力程度的 8 个分项为自变量，以学习成绩的 4 个方面分别作为因变量，进一步进行了交叉滞后回归分析。表 9-11 显示了分析的结果。

表 9-11　努力程度与学习成绩分项的交叉滞后回归分析数据

	Listening			Reading			Speaking			Writing		
	T1/T2	T2/T3	T3/T4	T1/T2	T2/T3	T3/T4	T1/T2	T2/T3	T3/T4	T1/T2	T2/T3	T3/T4
E1	.037	.076	.000	.096	–.185	–.004	.069	.089	.223	.028	–.023	.046
E2	.009	.072	–.026	.166	–.018	–.016	–.023	.101	.104	.023	–.064	.085
E3	.079	–.076	–.025	.079	.036	–.018	.012	.150	–.038	–.145	–.021	–.105
E4	–.003	.052	.038	.161	.066	.018	–.001	.218*	.314**	–.068	.227**	.013
E5	–.006	.072	.025	.218*	.024	.005	–.004	.170	.220*	–.060	.193*	–.035
E6	.059	.103	.005	.160	.075	.019	–.010	.106	.336**	–.073	.223**	.057
E7	.033	.107	.023	.242*	.056	.015	–.024	.132	.324**	–.071	.192*	.040
E8	.014	.063	.100	.277**	.054	.022	–.091	.145	.327**	–.077	.213**	.094

**p<.01，*p<.05

由上表中的数据可以看出，包括从 E4 到 E8 的 5 个努力程度项目都在不同程度上对学习成绩产生了显著的影响。E4（“我每天都坚持学英语，更新自己的英语知识”）和 E6（“当老师反馈测验结果时，我不会看”）只是对包括口语和写作的语言产出能力产生了显著性的影响，而 E5（“我总是等到最后一刻才做英语作业”）、E7（“我只想学习英语基础知识，不想学习更多内容”）和 E8（“最近一个月，你课外平均每天花多长时间学英语”）不仅影响了语言产出能力，也对阅读水平具有显著的作用。但是从总体来看，努力程度对学习成绩的影响并不如我们预想的那么大；换言之，外语学习成绩好的学习者并不见得要比他人付出更多的努力。在 Ehrman 和 Oxford（1995）的研究中也有同样的发现，造成这一现象的原因很可能在于还有其他比努力程度影响力更大的变量，而这一变量最有可能是语言学能，因为有许多先前的研究（例如，Gardner et al.，1997）的结果证明该变量是语言学习成绩最为稳定的预测因素。

鉴于上述情况，我们又专门选取了两组受试，每组受试 15 人，其中一组在语言学能测试中得分最高，另一组则是得分最低的，然后在组内对他们努力程度和学习成绩之间的关系进行分析，以求发现在语言学能相同的学习者中努力程度对于学习成绩的影响。交叉滞后回归分析的结果表明，在两组受试中，努力程度对学习成绩的影响的标准回归系数均达到了显著的水平，其中语言学能高的一组为 .583（$p<.05$），语言学能低的一组为 .670（$p<.05$）。这说明，语言学能对于学习成绩的影响要强于努力程度，因此，在语言学能得不到很好控制的情况下，努力程度对于学习成绩的影响很容易被语言学能差异造成的影响所掩盖。而在语言学能相同的情况下，努力程度的影响就被显著地表现出来。本项目研究中定性研究的结果也进一步证明了这一点。一位英语学习成绩很低的受试在访谈时说：

“我不仅及时完成老师布置的作业，而且还要额外地多做一些，在周末，我经常去北京图书馆读英语书，把那些有用的词和表达方法记录下来。在寒假期间，我还在新东方报名参加了一个学习班，这个班有十九天。我上所有的英语课都很仔细，都很认真地记笔记。一旦遇到问题，我就问老师……我还参加了新东方的一个四级考前辅导班，结果四级考试的分数很低……”

这位受试的努力程度非常高，但是学习成绩却很不理想，期末考试的成绩也不及格，究其原因还在于其语言学能。他在语言学能测试中的得分很低，其中最差的是机械记忆能力，语音编码的能力也明显低于平均的水平，这也就导致了尽管他很努力，但学习成绩的提高仍然非常缓慢的现象。另一位受试在她的日记中这样写道：

“我的英语太糟糕了，每次考试我的成绩都很低，但是这并不说明我不用功。如果要用一个词来概括我这一个学期的英语学习，那就是坚持。自从上大学以来，我都按照计划每天做一篇阅读理解测验题，我这样已经坚持了一年的时间。《六级阅读专项训练》这本书中的练习我都做过两遍了，我每周还要做四篇综合填充题，我还把 1997 年到 2008 年间的所有高考试题中的综合填空都做了一篇。我也没有缺过一堂英语课。”

由上述描述可以看出，这位受试在英语学习方面是非常刻苦的，每周都要花费大量的时间在英语学习上面。但是她的学习成绩却非常不理想，两次期末考试都不及格。我们可以从她的日记中发现一些原因：她所使用的练习材料并不适合自己的水平，六级的阅读训练对于一个大一的英语水平不高的学生来说太难了，而高考旨在考察高中毕业生的英语水平，对于准备四级考试来说又太简单了。另外，她的学习动机也有一定的问题，那就是过于工具化——学习英语的目的就是为了参加考试，而对英语学习本身并无多大的兴趣。另外一位受试也在英语学习上付出了很大的努力，但是他的英语水平却进步极其缓慢，我们也可以从他的日记中找到一些原因：

“我相信没有付出就没有收获，为了取得好的英语成绩，我必须要努力学习。在这个学期初，我购买了一本四级考试的词汇书，我按照计划每周背诵两页，每个词我都要反复地抄写，因为重复是与遗忘做斗争的最好的武器。记忆单词是很痛苦的，而且需要花费很多的时间。我努力这样坚持了大约6个月的时间，我感觉到自己的词汇量扩大了不少。”

这位受试的问题在于学习策略的单一，对于他来说，英语学习就是记忆单词的过程，而单词的记忆则完全靠机械的重复。在他的作文中，我们会发现其中充斥着各种错误，这说明他虽然记住了许多单词，但是并不知道该如何使用这些词。文秋芳（1995）的研究也发现，有的学习者花费的时间是他人的两倍以上，但是学习成绩却远远低于他人。这也进一步说明，学习者个体差异因素对于学习成绩的影响是非常复杂的，具体到努力程度，单独这一项变量并不能准确地预测学习成绩的好坏，需要把它和语言学能、学习动机、学习策略等其他变量综合在一起考虑。正如Biedroń（2011）所指出的那样，在解释学习成绩的差异方面，努力程度是无法与语言学能和学习策略相比的。基于本项目研究和他人同类研究的成果，关于努力程度和学习成绩之间的关系我们可以做出这样的假设：首先努力程度肯定对学习成绩具有重要的影响，因为没有一个人会不经过努力的学习而具备较高的英语水平，这应该是一个基本的常识；但是应该需要付出多大的努力，这里存在一个基本的要求值（即阈值），在这一阈值之内，努力程度对于学习成绩的影响是显著的，但是在超出这一阈值之后，努力程度本身的作用就不那么明显了，而起作用的则主要是学习策略和环境因素等其他变量。而这一阈值的大小，不同的人应该是不一样的，其中最为重要的决定因素应该是语言学能，语言学能越高，阈值就越小。另外，学习策略、环境因素也会影响到这一数值的大小。这也充分体现了动态系统理论在学习者个体差异系统研究中的作用和意义，应该成为今后相关研究的一个重要方向。

9.3.2 学习成绩对努力程度的反向作用

努力程度和学习成绩之间的关系不仅体现在前者对后者的影响上，从动态系统理论的视角来看，它们之间的关系还应该体现在学习成绩对于努力程度的反向作用上。因此，我们又以学习成绩为自变量，努力程度为因变量，同样采用交叉滞后回归分析的方法考察前者对于后者的反向作用。

结果表明，在第一次和第二次测量之间，标准回归系数为 .076（$p>.05$），学习成绩对努力程度没有产生显著的影响。这是非常正常的，因为在第一次测量受试的学习成绩时，他们刚刚进入大学，学习成绩还没有发生什么变化，也就不可能对努力程度产生什么影响。在第二次和第三次测量之间，标准回归系数为 .033（$p>.05$），学习成绩对努力程度的影响也没有达到显著水平。我们认为，出现这一现象也很正常，这并不能说明学习成绩或者学习成绩的高低对努力程度就没有反向的作用，因为这一作用的发生需要学习者能够感受到自己学习成绩的变化，第一次测量学习成绩和第二次测量之间的时间间隔只有两个月，这期间学习成绩的变化并不足以让受试明显地感受到，因此也就不会对努力程度产生显著的影响。这一判断得到了第三次和第四次测量之间交叉滞后回归分析结果的证实，此时的标准回归系数为 .105（$p<.05$），达到了显著的水平。这说明，当学习者的学习成绩发生了显著的变化时，学习成绩的提高会带来他们努力程度的提高。下面我们再来看学习成绩的各个方面对努力程度各个具体项目的反向作用。

表 9-12　学习成绩分项与努力程度分项的交叉滞后回归分析数据

	Time	Listening	Reading	Speaking	Writing
E2	T2–T3	–.145	–.019	.123	–.111
E4	T1–T2	–.007	.017	.027	.075
E5	T1–T2	–.047	.009	–.026	–.015
E8	T1–T2	.036	.076	.051	.073
	T3–T4	–.007	.040	.044	.073

如上所述，在四次测量过程中发生显著变化的努力程度项目是 E2、E4、E5 和 E8，我们对上述四项在发生显著变化时学习成绩的影响进行了分析。表 9-12 显示了交叉滞后分析的结果。由此可以看出，并没有一个标准回归系数达到了显著性的水平，造成这一现象的原因很可能在于学习成绩对于努力程度的影响是整体性的，我们难以具体地分清到底是哪一个学习成绩项目（即口语、听力、阅读和写作）对哪一个努力程度项目产生了影响，因此还不能得出准确的结论，需要今后做进一步的研究。

9.4　小结

努力程度是最能够直观反映学习者英语学习情况的个体差异变量。我们以动态系统理论的基本原则为指导，首先采用 T- 检验的方式研究了努力程度的动态变化规律，接着采用交叉滞后回归分析的方法研究了动机、外语焦虑、学习观念、学习风格、学习策略在努力程度的动态变化过程中所起的作用，另外还对努力程度对学习成绩的影响以及学习成绩对努力程度的反作用也进行了研究。主要的研究发现可以总结为以下几点：

（1）从总体上来看，学习者努力程度是比较平稳的，但是在努力程度的各个分项之中，它们的稳定程度是不一样的，其中变化程度最大的是学习者所付出的时间投入，其次是持续进行英语学习的毅力，而变化最小的是克服困难的决心。这些变化主要发生在学生进入大学之后不久的第一学期，另外到第二学期的后半部分，也就是临近期末考试的时间，努力程度也会有所增加。

（2）具体来说，学习动机会对所付出学习时间的动态变化产生影响，不论是融入型动机还是工具型动机，都对学习者学习时间的付出具有积极的促进作用。外语焦虑对学习时间的付出产生了负面的影响，交际恐惧和负面评价恐惧都会使得学习者减少他们的外语学习时间。另外，视觉型的学习风格越强的学习者就越有可能投入更多的学习时间。学习动机也对持续进行外语学习的毅力产生了影响，融入型和工具型的学习动机都可以增强学习者的毅力。另外，学习策略中的情感策略对持续进行外语学习的毅力也产生了影响，情感策略的应用有助于提高学习者的毅力。除此之外，学习策略中的元认知策略对于学习者克服困难的决心产生了积极的影响。总体而言，学习动机、学习风格和学习策略都对努力程度的动态变化产生了正向的影响，而外语焦虑则对此产生了负向的影响。

（3）努力程度对学习成绩具有重要的影响，然而这一影响很容易被语言学能的差异所掩盖。学习者个体差异因素对于学习成绩的影响是非常复杂的，具体到努力程度而言，单独这一项变量并不能准确地预测学习成绩的好坏，需要把它和语言学能、学习动机、学习策略等其他变量综合在一起考虑。

（4）学习成绩对于努力程度具有一定的反向作用，学习成绩的提高会反过来促进努力程度的提高。

第 10 章

学习观念与其他相关变量的动态互动

学习观念是指学习者具有的关于语言各个方面、语言学习和语言教学的看法，其核心要素包括：自我效能观念、学习本质观念、语言学能观念、学习难度观念以及学习策略观念等五个部分。作为一种中介变量，它介于内隐变量和行为变量之间，既有一定的心理属性，又有一定的行为属性，因此，从理论上讲，它的稳定程度也应该介于两者之间。在本章中，我们全面地报告本项目研究关于学习观念与其他因素之间的互动关系，主要内容包括该变量的变化规律、影响它变化的相关因素以及它与学习成绩之间的关系。

10.1 学习观念的动态变化

表 10-1 显示该变量的动态变化情况：

表 10-1 学习观念的动态变化数据

Variable	T1/T2	T2/T3	T3/T4
BEL	3.68/3.89	3.89/3.88	3.88/3.90
BLS	4.06/4.08	4.08/4.07	4.07/4.08
SEB	3.40/3.50*	3.50/3.75**	3.75/3.76
BNL	4.09/4.09	4.09/4.09	4.09/4.07
BLA	3.22/3.23	3.23/3.16	3.16/3.23
BD	2.68/2.60*	2.60/2.65	2.65/2.67

**p<.01，*p<.05

（BEL：总体学习观念；BLS：学习策略观念；SEB：自我效能观念；BNL：学习本质观念；BLA：语言学能观念；BD：学习难度观念）

由上表中的数据可以看出，学习观念作为一个整体，其均值虽然略有起伏，但是变化幅度不大，并没有达到显著性的水平。这进一步说明学习观念是一个相对稳定的变量，不容易受到其他因素的影响，这一结果与先前的许多研究（例如，Furnham et al.，1985；Langston & Sykes，1997；文秋芳，2001）是一致的。学习观念是一种“具有先验性结构的稳定的心理表征”（Kalaja & Barcelos，2003：2），它是在长期的与学习环境的互动过程中形成的。以往的学习经历在这一过程中起着关键性的作用，正如 Little 和 Singleton（1990）所指出的那样，学习观念反映了学习者所经历的教育的性质。对于本项目的受试来说，他们学习观念的形成主要基于在小学和中学学习经历，并把这些观念带入到大学英语学习之中。学习观念一旦形成，就会变得非常稳定，不会轻易地改变。但是，这并不意味着它一成不变。表 10-1 中的数据表明，虽然学习观念的变化速度比较缓慢，但是其中的某些因素还是发生了显著的变化，这主要体现在自我效能观念和学习难度观念上。图 10-1 显示了两种观念的变化态势。

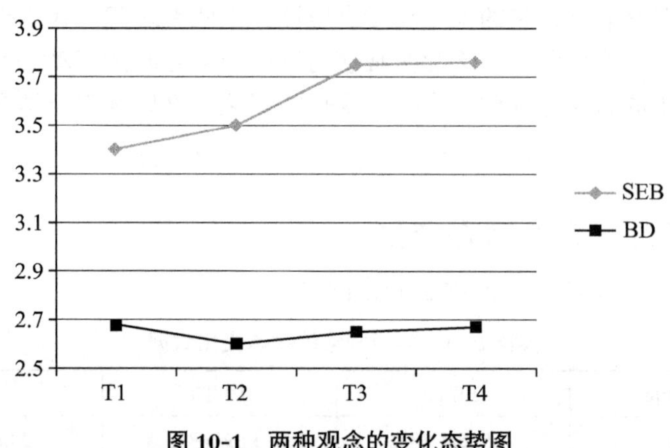

图 10-1　两种观念的变化态势图

在两个学期的时间内，自我效能观念发生了两次显著的变化：第一次变化发生在第一次测量和第二次测量之间，从 3.40 的均值增长到 3.50；第二次变化发生在第二次测量和第三次测量之间，从 3.50 的均值增长到 3.75。这说明学习者对于自身外语学习效能的认识是不断提高的，说明他们对英语学习的自信心在不断地提高，当达到一定的水平之后就保持在一种相对稳定的状态。学习者对于外语学习难度的看法也发生了一定的起伏，在第一次和第二次测量之间，该观念出现了显著的降低；也就是说，在第一学期上半段左右的时间，学习者对于外语学习难度的看法具有明显的降低，但是很快回升，又逐渐回归到原来的水平。关于学习观念的调查问卷共包括 33 个问题题项，为了更细微地了解学习观念的变化情况，我们又把受试对它们的回答进行了数据处理，并用 T- 检验的方式来考察它们变化的显著性。表 10-2 显示了具体的分析结果。

表 10-2　学习观念具体题项的动态变化数据

Item	T1/T2	T2/T3	T3/T4
B1	4.40/4.39	4.39/4.21	4.21/4.20
B2	3.17/3.41**	3.41/3.27	3.27/3.31
B3	3.80/3.90	3.90/3.97	3.97/3.86
B4	4.34/4.24	4.24/4.20	4.20/4.24
B5	3.90/3.76	3.76/3.71	3.71/3.67
B6	3.66/3.94	3.94/3.86	3.86/3.83
B7	3.71/3.61	3.61/3.69	3.69/3.57
B8	2.97/2.91	2.91/2.77	2.77/2.84
B9	4.43/4.37	4.37/4.29	4.29/4.20
B10	4.00/4.03	4.03/3.91	3.91/3.91
B11	4.23/4.24	4.24/4.19	4.19/4.37**
B12	4.20/4.26	4.26/4.20	4.20/4.17
B13	2.87/2.81	2.81/2.86	2.86/2.73
B14	4.27/4.36	4.36/4.30	4.30/4.54**
B15	3.77/3.89	3.89/3.60*	3.60/3.56
B16	4.29/4.26	4.26/4.29	4.29/4.33
B17	4.17/4.27	4.27/4.07	4.07/4/10
B18	3.93/3.99	3.99/3.94	3.94/3.89
B19	4.24/4.14	4.14/4.26	4.26/4.16
B20	4.34/4.21	4.21/4.26	4.26/4.23
B21	3.87/3.89	3.89/3.96	3.96/3.93
B22	4.19/4.14	4.14/4.24	4.24/4.30
B23	4.33/4.30	4.30/4.30	4.30/4.27
B24	3.74/3.70	3.70/3.77	3.77/3.69
B25	4.11/4.09	4.09/4.10	4.10/4.04

（续表）

Item	T1/T2	T2/T3	T3/T4
B26	3.21/3.24	3.24/3.20	3.20/3.10
B27	2.86/2.84	2.84/2.87	2.87/2.89
B28	3.24/3.19	3.19/3.17	3.17/3.23
B29	4.00/3.96	3.96/3.97	3.97/3.94
B30	3.20/3.17	3.17/3.16	3.16/3.20
B31	4.05/3.56*	3.56/3.41	3.41/3.40
B32	4.23/4.14	4.14/4.20	4.20/4.24
B33	4.04/4.00	4.00/3.97	3.97/4.01

**p<.01，*p<.05

表 10-2 中的数据表明，有 5 个题项发生了显著的变化，它们分别是 B2、B11、B14、B15 和 B31。首先来看 B2（“我在外语学习上具有不一般的能力”）项，它属于自我效能观念的范畴，它在第一次和第二次测量之间发生了显著的增长，这说明受试在进入大学之后，英语学习的自信心有了很大的提高，其后就处于一个相对稳定的状态。B11（“使用英语进行日常交流有助于英语学习”）、B14（“多看英文读物有助于英语学习”）和 B15（“精读课文对学习外语很重要”）都属于学习策略观念的范畴，它们都发生了显著的变化。B11 和 B14 两项的显著变化都发生在第三次和第四次测量之间，前者从 4.19 的均值增长到了 4.37，而后者则从 4.30 的均值增加到 4.54，这说明学习者在第二学期的后半段对于使用英语进行日常交流和英语阅读重要性的认识有所加强。B15 的显著变化发生在第二次和第三次测量之间，从 3.89 的均值降到了 3.60，此后又进一步降低，这说明从第二学期开始，学生对于学习策略的一些原有观念开始发生改变，开始对精读在外语学习中作用的认识有所下降。B31(“如果每天学习英语一小时，你认为需要多久能说一口流利的英语？”）属于学习难度观念的范畴，它在第一次和第二次测量之间就发生了显著的变化，从 4.05 的均值降低到 3.56，此后又有所下降，并逐渐稳定在一定的水平，这说明学习者从刚进入大学阶段对英语学习难度的认识就开始降低。

除了上述 5 个项目之外，B7（“联想单词对应的图像是一个记单词的好办法”）和 B9（“理解课文的最好方法是翻译”）两个项目的变化也很明显。它们都属于学习策略观念的范畴，其都呈现出稳定降低的态势，虽然在两个测量点之间的变化并不显著，但是随着时间的累计，在第一次测量和第四次测量之间，两个项目均值的变化都达到了显著性的水平（$p<.05$）。图 10-2 显示了上述 7 个项目的变化态势。

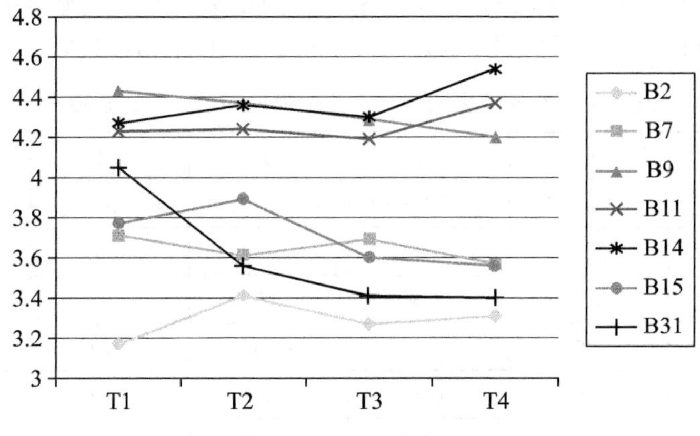

图 10-2　7 个学习观念题项的变化态势图

综上所述，学习观念的动态变化充分体现了动态系统理论中所包含的辩证统一的思想，即稳定中包含着变化。从总体来说，学习观念处于一种相对稳定的状态，但是其中的一些构成要素发生了显著性的变化，表现最为明显的是自我效能观念和对英语学习难度的认识，而在这两者之间存在着内在的统一性：自我效能观念越强，对于英语学习难度的认识也就越低。如果再做更为细致的考察就会发现，尽管学习策略观念作为一个整体没有发生显著的变化，但是其中所包含的多个项目的变化却比较显著。在上述动态变化之中，学习观念的不同内容也具有某些变化规律，那就是，语言学能观念和自我效能观念的变化主要发生在学习者刚入大学的学期之初，而学习策略观念的改变则主要发生在第二学期的后半段。这说明，在刚刚进入大学时，面对新的学习环境，学生们对新阶段的外语学习产生了新的期待，进而具有了更大的自信；而具体到学习策略观念，它的变化要更多地依赖于自己的学习经历，因此往往具有一定的滞后性，因此呈现出缓慢变化的态势。

10.2　影响学习观念变化的因素

影响学习观念变化的可能因素很多，首先来看学习策略和努力程度两种直接变量对于学习观念的动态变化所产生的影响。如前所述，对学习观念变化趋势的分析显示，自我效能观念和学习难度观念的变化最为显著。

而在学习观念的 33 个题项中，有 7 个发生了显著的变化。为了分析学习策略和努力程度两个直接变量对于学习观念的动态变化所产生的影响，我们以直接变量作为自变量，以发生显著变化的两类学习观念（自我效能观念和学习难度观念）和 7 个具体的题项为因变量，对发生显著变化的各个测量点之间进行交叉滞后回归分析，分析结果如表 10-3 所示。

表 10-3　直接变量与学习观念的交叉滞后回归分析数据

	SEB	SEB	BD	B2	B7
	β（B1A2）	β（B2A3）	β（B1A2）	β（B1A2）	β（B1A4）
CST	.087	.156	.130	.055	–.011
MST	.117	.129	–.079	.024	.062
AST	.082	.251**	–.055	–.016	.029
SST	.093	.069	.002	–.046	.170
EFF	.139	.250**	–.032	.149	–.045
DET	.139	.207**	–.007	.144	–.008
PER	.107	.234**	–.049	.089	–.050
LEN	.107	.177*	–.040	.134	–.062
	B9	B11	B14	B15	B31
	β（B1A4）	β（B3A4）	β（B3A4）	β（B2A3）	β（B1A2）
CST	.031	.060	.066	–.008	–.009
MST	.104	.261*	.068	.075	.017
AST	.119	.162	.090	.014	–.023
SST	.096	–.040	.181	.058	–.021
EFF	.052	–.056	.195	–.073	–.012
DET	.001	–.090	.177	–.093	–.017
PER	.048	–.058	.175	–.063	.114
LEN	.074	–.104	.092	–.040	.136

**p<.01，*p<.05

（SEB：自我效能观念；BD：学习难度观念；CST：认知策略；MST：元认知策略；AST：情感策略；SST：社会策略；EFF：努力程度；DET：克服困难的决心；PER：持续进行外语学习的毅力；LEN：所付出的学习时间）

由表 10-3 可以看出，学习难度观念在任何时间段内都没有受到学习策略和努力程度的显著影响。在第二次测量到第三次测量之间，自我效能观念受到情感策略的显著影响（β =.251，p<.01），也就是说，学习者应用的情感策略越多，他们的自我效能就越强，他们就越相信自己能够学好英语。这一发现说明，随着学习者运用更多的方式来控制和管理自己的情绪，他们对外语学习的信心有所增强，更相信自己的外语学习能力。自我效能观念在第二次测量和第三次测量之间受到努力程度的显著影响（β =.250，p<.01），说明随着学习者努力程度的提高，他们的自我效能感增强，这意味着努力程度的提高可以有效地强化学习者自我效能感。换而言之，努力程度的提高可以带来学习成绩的提高，而学习成绩的提高又可以给学习者带来学习的成就感，从而带来自我效能感的增强。对努力程度各项具体数据统计的分析结果也进一步证明了这一点。表 10-3 中的数据显示，克服困难的决心、毅力和付出的学习时间都对自我效能观念在第二时间点和第三时间点之间的变化产生了显著的影响，回归系数分别为 .207、.234（p<.01）和 .177（p<.05）。在这 7 个学习观念的题项中，只有 B11（“使用英语进行日常交流有助于英语学习”）受到学习策略的显著影响，其他 6 个题项受直接变量的影响未达到显著水平。元认知策略对 B11 的回归系数为 .261（p<.05），表明元认知策略的使用也对这一观念的变化产生了正向的影响。综上所述，学习策略和努力程度对于学习观念动态变化的影响是整体性的，而且这种影响主要体现在学习者的自我效能感上面，尤其是情感策略和努力程度的变化会带来学习者自我效能感的变化。

除了学习观念之外，中介变量还包括学习风格、外语焦虑和学习动机，它们也有可能对学习观念的动态变化产生影响。为检验这三种中介变量对于学习观念的动态变化所产生的影响，同样分别以这三种变量为自变量，以发生显著变化的两类学习观念和 7 个具体的题项为因变量，对发生显著变化的各个测量点之间进行交叉滞后回归分析。学习风格对于学习观念动态变化影响的分析结果如表 10-4 所示。

表 10-4 学习风格与学习观念的交叉滞后回归分析数据

	SEB	SEB	BD	B2	B7
	β（B1A2）	β（B2A3）	β（B1A2）	β（B1A2）	β（B1A4）
AUD	.071	.104	–.012	–.079	–.089
VIS	.100	.124	.046	.020	.010
TAC	.060	.048	.016	.007	.175
KIN	.017	.188**	.015	.015	.071

（续表）

	B9	B11	B14	B15	B31
	β（B1A4）	β（B3A4）	β（B3A4）	β（B2A3）	β（B1A2）
AUD	–.031	.102	.001	.135	–.060
VIS	.127	–.013	.127	.132	–.002
TAC	.143	–.271*	.045	.006	.001
KIN	.121	.142	.096	–.017	.001

**p<.01，*p<.05

（AUD：听觉型；VIS：视觉型；TAC：触觉型；KIN：动觉型）

由表 10-4 中的数据可以看出，从总体来看，在第二次测量和第三次测量之间，自我效能感的增加受到了动觉型学习风格的显著影响（β=.188，p<.01），这说明动觉型的学习者具有更高的自我效能感，他们的动觉型学习风格越强，对自己的外语学习越具有自信心。除此之外，其他类型的学习风格并未对学习观念的变化产生显著的影响。另外，对具体学习观念题项的分析显示，在所有 7 个发生显著变化的学习观念题项中，只有 B11 在第三次和第四次测量之间受到了学习风格的显著作用。触觉型风格对 B11（“使用英语进行日常交流有助于英语学习”）具有显著的负向影响（β=–.271，p<.05），说明触觉型的学习者更倾向于不赞同使用英语进行日常交流这种学习方法。这可能与触觉型学习者的认知特点有关，这类学习者通常喜欢通过开展动手活动来学习语言知识，而运用英语进行日常交流并不属于这类动手活动，因此不是触觉型学习者认同的学习方式。由此可以看出，学习风格对于学习观念动态变化的影响相对较弱，动觉型的学习风格有可能会影响到学习者的自我效能观念，而触觉型的学习风格则有可能会影响学习者的学习策略观念。

与学习风格相比，外语焦虑对于学习观念动态变化的影响则要强一些。从表 10-5 中的数据可以看出，在第二次和第三次测量之间，考试焦虑（β= –.173，p<.05）和负面评价恐惧（β= –.175，p<.05）都对自我效能观念的动态变化产生了显著的负面影响，学习者会因为考试焦虑或者负面评价恐惧而降低自我效能感。这说明学习者对外语考试的焦虑程度越高，越担心自己在外语学习中受到负面评价，就越不相信自己能够学好外语，而随着这两类焦虑水平的降低，学习者的自我效能感会逐渐增强。

表 10-5　外语焦虑与学习观念的交叉滞后回归分析数据

	SEB	SEB	BD	B2	B7
	β（B1A2）	β（B2A3）	β（B1A2）	β（B1A2）	β（B1A4）
TAN	.018	–.173*	.010	–.077	.225*
CA	–.048	–.102	.001	–.098	.188
FNE	.023	–.175*	–.010	–.055	.174
	B9	B11	B14	B15	B31
	β（B1A4）	β（B3A4）	β（B3A4）	β（B2A3）	β（B1A2）
TAN	–.166	.091	–.146	.043	–.042
CA	–.074	.262*	–.072	–.016	.010
FNE	–.158	–.267*	–.147	–.035	.001

*p<.05

（TAN：考试焦虑；CA：交际恐惧；FNE：负面评价恐惧）

对具体学习观念项目的分析显示，在所有的学习观念项目中，B7 和 B11 受到了外语焦虑的显著影响。考试焦虑对 B7（“要记牢单词就一定要反复读写”）具有显著的正向影响（β = .225，p<.05），说明考试焦虑水平高的学习者更赞成通过反复读写的方式来记忆单词，随着学习者对考试的焦虑感降低，他们逐渐摒弃以重复性读写为主的机械记忆方法。此外，研究还发现，交际恐惧对 B11（“使用英语进行日常交流有助于英语学习”）具有显著的正向影响（β = .262，p<.05），说明在英语交际中感到畏惧的学习者更赞同运用英语进行日常交流这种学习方法。这项发现说明，即使学习者在语言交际中产生胆怯、害怕等心理，他们仍然认为语言交际有助于英语学习。换言之，交际畏惧有可能影响到学习者的交际行为，但是并不会妨碍学习者形成正确的语言交际学习观念。反之，交际畏惧越强的学习者越认为语言交际对英语学习有帮助。另外，负面评价恐惧也对 B11 具有显著的负向影响（β = –.267，p<.05），说明担心受到负面评价的学习者不赞同使用英语进行日常交流，负面评价恐惧对学习者的语言交际学习观念产生了不利影响。这可能是由于这类学习者担心在英语交流中犯错而采用了回避的消极学习观念，刻意规避以语言交流为主的学习方式，转而寻求其他让自己更具有安全感的学习方式。

综上所述，外语焦虑对于学习观念动态变化的总体影响主要表现在考试焦虑和负面评价恐惧两个方面，它们的增强有可能导致学习者自我效能感的降低。这一结果与先前的很多研究结果是一致的。例如，张日昇和袁莉敏（2004）对中国大学生的研究发现，外语焦虑水平高的学生，其自我效能感就会降低。Truitt（1995）的研究也发现,在学习英语的韩国学生中，与外语焦虑水平低的学生相比，焦虑水平高的学生认为英语难学得多，而且在说英语时具有更低的自我效能感。而具体到学习观念的项目上，外语焦虑对于学习观念的影响是比较复杂的，一方面考试焦虑有可能增加学习者认同“使用英语进行日常交流有助于英语学习”这一观念；另一方面交际恐惧又有可能降低学习者对这一观念赞成的程度。另外，考试焦虑程度越高，也有可能使得学习者更加赞成通过反复读写的方式来记忆单词的观念。

表 10-6 学习动机与学习观念的交叉滞后回归分析数据

	SEB	SEB	BD	B2	B7
	β（B1A2）	β（B2A3）	β（B1A2）	β（B1A2）	β（B1A4）
ITM	.045	.238*	–.042	.073	–.153
ISM	.120	.078	–.036	–.049	.012
ATT	.056	.168*	.022	.082	–.104
	B9	B11	B14	B15	B31
	β（B1A4）	β（B3A4）	β（B3A4）	β（B2A3）	β（B1A2）
ITM	.155	–.168	.102	–.111	.031
ISM	.005	–.055	–.001	–.084	–.054
ATT	.075	.029	–.135	.068	–.008

*p<.05

（ITM：融入型动机；ISM：工具型动机；ATT：态度）

表 10-6 显示了学习动机对于学习观念动态变化的影响。可以看出，学习动机对于学习观念动态变化的影响主要是整体性的，在第二次测量和第三次测量之间，融入型学习动机和对语言学习环境的态度都对自我效能观念产生了显著的影响。其中，融入型动机对自我效能观念具有正向的影响（$\beta=.238$，$p<.05$），这说明学习者的融入型动机越强，他们的自我效能观念越强。融入型动机强的学习者通常对英语语言和文化具有浓厚的兴趣，并具有融入目标语群体的强烈愿望，具有这些特点的学习者则对自身的英语学习能力具有更强的信心。此外，学习态度对自我效能观念也具有正向的影响（$\beta=.168$，$p<.05$），这一发现说明学习者对英语教师、英语课

堂和班级所持有的态度会影响到他们对自己英语学习能力的判断，学习者的态度越积极乐观，就越相信自己能够学好英语。造成这一结果的原因可能是学习者通过各种学习环境因素来判断自己是否具备理想的英语学习外部条件，持积极乐观态度的学习者往往认为各种因素对自己的英语学习有利，也会因此对英语学习充满信心。对具体学习观念项目的回归分析发现，学习动机并没有明确地作用于某个具体的项目。

另外，定性研究部分的结果表明，学习者对于以往学习经历的反思导致他们对于学习策略看法（如 B11、B14 和 B15）的变化。B11（“使用英语进行日常交流有助于英语学习”）在第三次和第四次测量之间发生了显著的变化，我们可以从同期学生的日记中找出这一变化的原因。例如，一个受试的日记中有这样一段话：

“在经过一段时间的英语训练之后，我得出这样的一个结论：单靠阅读对英语学习的帮助不大。为了提高英语水平，我们应该利用日常生活中每一个说英语的机会。我原来认为阅读更重要，但是这种看法慢慢地改变了，我发现通过和同学说英语，我可以运用自己读到的东西，还可以更好地记住它们。”

由上述描述我们可以看出，该受试从自己的学习实践中体会到使用英语进行英语交流的好处，因此而改变了以往过分重视阅读的观念，进而形成或者强化了 B11 这一学习观念项目。

B14（“多看英文读物有助于英语学习”）和 B15（“精读课文对学习外语很重要”）是测量受试对精读与泛读的看法。在进行了一个学期的大学英语学习之后，从第二学期开始，他们更加意识到泛读的重要性，因此也就更加重视泛读，英语学习的重点也就从原来的精读逐渐转移到泛读上面。许多学生在日记中都谈到了这一变化，这进一步证实了对学习经历的反思会对学习观念的变化产生重要影响。例如，一位受试在日记中记述自己的转变时这样写道：

“阅读速度一直是我最大的弱项，这可能是我缺乏快速阅读训练所造成的。在我阅读英语文章时，我很少控制花在上面的时间，从不给自己时间的压力。我应该尽可能增加阅读的量，诸如像英语杂志之类的。”

这位学生显然意识到自己在英语阅读方面存在问题，并找出了一定的原因，进而改变了自己的相关学习观念。下面一则受试日记也记录了类似的过程：

“我每天总是要花二十分钟的时间来复习课本上的文章，但是，我从中所获得的知识实在太有限了，而且也特别没意思。于是我从上周开始到学校图书馆的二层去阅读《英语沙龙》，上面的文章都很有趣，而且也很有用。这样我就不用去反复阅读同样的东西了。”

10.3 学习观念与学习成绩

10.3.1 学习观念对学习成绩的影响

首先采用交叉滞后回归分析的方法，研究学习观念对学习成绩的影响。表 10-7 显示了有关的数据：

表 10-7 学习观念与学习成绩的交叉滞后回归分析数据

Variable	β（A1B2）	β（A2B3）	β（A3B4）
SEB	–.044	.037	.072
BLS	.043	–.034	.020
BLA	–.021	.003	–.039
BNL	.009	.006	–.007
BD	–.052	.007	–.026

由上表中的数据可以看出，学习观念的各个分项对于学习成绩的变化并没有产生直接的影响，它对于学习成绩的影响应该是间接的。为了证明这一点，我们又采用因果关系建模的方式分析了学习观念对学习成绩的作用，表 10-8 显示了相关的分析结果：

表 10-8 学习观念与学习成绩之间的因果关系建模分析数据

Predictor	Dependent	Direct effect	Indirect effect	Total effect
BEL1	PRO1	.00	.16	.16
BEL2	PRO2	.00	.15	.15
BEL3	PRO3	.00	.16	.16
BEL4	PRO4	.00	.14	.14

因果关系建模的目的是要对假设的模型进行检验和校正，从而得出变量之间的综合作用关系。表 10-8 是通过因果关系建模得出的学习观念对学习成绩的影响，包括直接影响和间接影响两个部分。其中，predictors

是预测变量，dependent 是因变量，direct effect 是预测变量对因变量的直接效应，indirect effect 是预测变量对因变量的间接效应，total effect 代表预测变量对因变量的总效应，即直接效应和间接效应的总和。由表 10-8 中的数据可以看出，学习观念对学习成绩的直接效应为 0，学习观念对学习成绩的影响全部体现为间接效应。也就是说，学习观念对于学习成绩的影响是间接的，主要通过对其他因素的影响进而影响学习成绩。这一结果与很多相关研究（例如，Wen & Johnson，1997；Mori，1999；Tanaka & Ellis，2003；Tanaka，2004）的结论是一致的。学习观念更多地属于心理层面的内容，包含了学习者对于英语学习各种相关要素的基本看法或者观点，而这些观点本身不会具有任何的实际效果，而只有当它们影响到具体的学习行为时才会对学习成绩产生作用。正如 Ellis（2008b）所指出的那样，学习者持有某种观念并不意味着他一定要按照这一观念采取必要的行动，因此，我们自然会发现学习观念对于学习成绩的影响不是直接的，而是间接的。这些间接的作用在四个测量的时间点上都有明显的表现，且它们都是正面、积极的影响。也就是说，学习观念对学习成绩具有稳定、正面的影响，学习者的学习观念越强，他们就越有可能取得较好的学习成绩。

学习观念是如何间接影响学习成绩的？学习观念对于学习成绩产生影响的可能路径，一是通过影响努力程度进而影响学习成绩；二是通过影响学习策略进而影响学习成绩。从上一章的讨论可以看出，学习观念对于努力程度并没有显著性的影响，因此，它对学习成绩的间接影响路径也就只剩下了第二条。Ellis（2008b）也指出，学习观念对于学习成绩的影响主要是通过学习策略而产生作用。鉴于这一情况，我们以学习观念为自变量，学习策略为因变量，把受试分为高分组（即学习成绩高的学生）和低分组（即学习成绩低的学生），采用回归分析的统计方法研究学习观念对于学习策略、进而对英语水平产生的影响。结果表明，在高分组内，学习者的学习策略观念对于学习策略的使用产生了显著的影响（β =.635，$p<.01$）；但是在低分组内，这一学习观念项目并没有产生实际的作用（β =.018，$p>.01$），而且在这一组内，也没有发现其他学习观念项目对学习策略的使用产生显著的影响。由此得出，高分组与低分组学生在学习观念方面并不存在较大的差异，他们都持有基本相同的学习观念；两者之间的差别在于，学习成绩好的学生更容易把观点或者想法付诸实施，而学习成绩差的学习者只是把这些看法停留在口头或者只是留在心里。定性研究的有关结果表明，导致这一现象的主要原因在于低水平学习者的惰性，很多学习成绩差的受试在日记中都反思自己“太懒了”或者“缺乏自律”，即使他们知道该如何学习英语，持有正确的学习观念，但是却不愿意把它们付诸实践。

综上所述，学习观念本身并不会对学习成绩产生直接的影响，它需要与学习策略一起，通过两者之间的相互作用来影响学习成绩。学习观念可以保证学习策略使用的稳定性和合理性，没有正确的学习观念的引导，学习策略的使用就会失去方向；而没有学习策略的使用，学习观念也就失去了意义。两者之间的这种互动关系又从一个侧面证明了动态系统理论在学习者个体差异研究中应用的合理性。

10.3.2 学习成绩对于学习观念的反向作用

为了研究学习成绩对学习观念的反向作用，以整体学习成绩为自变量，学习观念为因变量，采用交叉滞后回归分析的方法对它们之间的关系进行了研究，表 10-9 显示了数据分析的结果：

表 10-9 学习成绩与学习观念的交叉滞后回归分析数据

Variable	β（A2B1）	β（A3B2）	β（A4B3）
SEB	.106*	–.088	–.028
BLS	–.015	–.072	–.006
BLA	.051	–.060	–.024
BNL	.046	–.061	.006
BD	.016	–.004	.016

*$p<.05$

上表中的数据表明，总体学习成绩的提高对学习者的自我效能观念具有显著的正面促进作用（$\beta=.106$，$p<.05$）。为了更加细致地观察学习成绩对学习观念的影响，又分别以听、说、读、写四项的成绩为自变量，以发生显著变化的自我效能观念（分别在第一次和第二次测量之间以及第二次和第三次测量之间）、学习难度观念（在第一次和第二次测量之间）和发现显著变化的 7 个具体问题题项为因变量，采用交叉滞后回归分析的方式对它们之间的关系进行了研究。表 10-10 显示了有关的数据分析结果。

表 10-10　学习成绩分项与学习观念的交叉滞后回归分析数据

	SEB	SEB	BD	B2	B7
	β（B1A2）	β（B2A3）	β（B1A2）	β（B1A2）	β（B1A4）
LP	–.027	.032	–.043	–.100	–.062
RP	–.038	.077	–.083	.015	–.076
SP	.204*	.122	–.043	–.034	.010
WP	–.034	.050	.014	–.061	–.033
	B9	B11	B14	B15	B31
	β（B1A4）	β（B3A4）	β（B3A4）	β（B2A3）	β（B1A2）
LP	.025	–.224*	.091	–.212	.041
RP	.011	–.141	–.073	–.038	.028
SP	.049	–.147	.083	–.124	.032
WP	–.023	–.190*	.032	–.188	.020

*p<.05

（LP：听力成绩；RP：阅读成绩；SP：口语成绩；WP：写作成绩）

表 10-10 中的数据显示，学习难度观念在任何时间段内都没有受到学习成绩的显著影响，这说明学习成绩并不是导致这类学习观念发生动态变化的关键因素。自我效能观念在第一时间点和第二时间点之间受到口语学习成绩的显著影响（β = .204，p<.05），说明学习者口语水平的提高能够显著增强他们外语学习的自我效能感。

对具体题项的交叉回归分析显示，听力成绩对 B11（“使用英语进行日常交流有助于英语学习”）的回归系数达到显著水平（β = –.224，p<.05），说明随着学习者听力能力的提高，他们越来越不赞同用英语进行日常交流会有助于英语学习。写作成绩同样对 B11 题项产生了类似的影响（β = –.190，p<.05），学习者的写作水平越高，越认为采用英语进行日常交流无益于英语学习。阅读和口语成绩对其他观念题项没有产生显著影响，而听力成绩和写作成绩的提高影响到了学习者的学习策略观念。

上述分析表明，学习成绩对于学习观念产生了影响，为探究这一影响的作用路径，我们又采用因果关系建模的方式对此进行了研究。表 10-11 显示了有关的结果，学习成绩对学习观念只具有显著的直接影响，其间接影响并没有达到显著性的程度。这说明，学习成绩对于学习观念的间接影响微乎其微。

表 10-11 学习成绩与学习观念之间的因果关系建模分析数据

Predictor	Dependent	Direct effect	Indirect effect	Total effect
PRO1	BEL1	.212	.005	.217
PRO2	BEL2	.234	.006	.240
PRO3	BEL 3	.210	.006	.216
PRO4	BEL4	.233	.007	.240

综上所述，从总体上来看，学习成绩作为一个整体，它主要影响学习者的自我效能观念，而这一影响则主要体现在口语成绩上。另外，听力成绩和写作成绩也影响了学习者的学习策略观念。学习成绩影响自我效能观念，这一结果具有逻辑上的合理性，因为学习者在感受到学习成绩提高之后自然就会增强自己英语学习的自信心，尤其是口语成绩，它的提高给学习者带来的主观感受更为明显。Maddux 和 Gosselin（2012）指出，自我效能的认识来自于五个方面：（1）表现经历，也就是学习成绩的好坏。一般而言，成功的经验能提高个人的自我效能感，多次的失败会降低自我效能感。（2）替代经验，指个体通过观察其他能力水平相当者的活动获得的对自己能力的一种间接评估。它是一种间接经验，它使观察者相信，当自己处于类似的活动情境时，也能获得同样的成就水平。（3）情境条件，指不同的环境提供给人们的信息是大不一样的，某些情境比其他情境更难以适应和控制。当一个人进入陌生而又易引起焦虑的情境中时，其自我效能感水平与强度就会降低。（4）语言说服，指通过他人的指导、建议、解释及鼓励等来改变人们的自我效能感。（5）情感与心理状态，指个体在面临某项活动任务时的心身反应，强烈的激动情绪通常会妨碍行为的表现而降低自我效能感。在上述五个自我效能感的来源之中，Bandura（1977，1997）指出，个人的表现经历是最为重要的，这是学习者的亲身经验，对效能影响是最大的。成功的经验会提高人的自我效能，多次失败的经验会降低人的自我效能感。不断成功会使人建立起稳定的自我效能感，这种效能感不会因一时的挫折而降低。同样，在外语学习的过程中，取得好的学习成绩以及英语水平的提高可以不断地强化学习者的自信，从而提高他们外语学习的自我效能感。相反，对于学习成绩差的学生来说，不断的努力和反复的尝试并没有给他们带来预期的效果，这会大大降低他们外语学习的自我效能感。因此，学习成绩好的学生一般也对自身英语学习的能力比较乐观，而学习成绩差的学生则会对自己的能力持怀疑的态度。这一点也得到了本项目定性研究部分的证实，一位学习成绩差的受试在日记中这样写道：

"我在高中时英语学得不错，但是自从我上大学以来，一切都变了……我有两次期中和期末考试都不及格，我开始怀疑自己英语学习的能力，我对自己今后的英语学习感到完全无望了。"

另外，通过对本项目受试的日记分析，我们还发现，学习者对于英语学习难度的看法也直接受到学习成绩的影响。我们选取了 30 位考试成绩低的同学作为低分组，结果发现其中有 11 位受试在日记中叙述英语学习是"非常困难的"，还有 10 位受试提到在第二学期英语更难学了；而在高分组学生的日记中就很少发现类似的描述。这说明，学习成绩对于学习观念具有反向的作用，而这种反向作用体现在自我效能观念、学习策略观念和学习难度观念上。

10.4 小结

在本章中，我们以本项目研究所得出的数据为基础，讨论了学习观念的动态变化、影响其变化的因素、学习观念对于学习成绩的影响以及学习成绩对于学习观念的反向作用，由此我们可以得出如下结论：

（1）学习观念是一种相对稳定的变量，它作为一个整体没有发生显著的变化。但是，其中的自我效能观念和学习难度观念的变化达到了显著性的程度，而且它们的变化主要发生在学生进入大学之初的第一学期。面对新的学习环境，学生的自我效能观念会不断提高，在达到一定程度之后，就逐渐趋于平稳；与此相对应的是对学习难度的看法，在自我效能观念不断提高的同时，学习者对于学习难度的看法也就不断降低。另外，尽管学习策略观念作为一个整体变化不大，但是其中对于精读课文在英语学习中的作用以及记忆单词的方法两个方面的观点也有变化：对于精读课文作用的观念的显著变化发生在第一学期和第二学期之间，而记忆单词的方法的变化是渐进性的。

（2）学习策略对于学习观念的动态变化产生了显著的影响，这主要表现在情感策略对自我效能观念和元认知策略对学习策略观念的正向影响上。

（3）努力程度对于学习观念的动态变化也产生了显著的影响，克服困难的决心、毅力和付出的学习时间都对自我效能观念具有积极的促进作用。

（4）学习风格对于学习观念的动态变化也具有显著的影响作用，其中动觉型学习风格有助于自我效能观念的增强，触觉型学习风格也对学习策略观念产生了一定的影响。

（5）学习动机对于学习观念动态变化的影响比较显著，其中，融入型学习动机和态度都对自我效能观念产生了正向的影响。

（6）外语焦虑对于学习观念动态变化的总体影响主要表现在考试焦虑和负面评价恐惧两个方面，它们的增强有可能导致学习者自我效能感的降低，另外考试焦虑也对学习策略观念的变化具有一定的作用。

（7）环境因素以及学习者对于学习经历的反思也是导致学习观念发生改变的重要因素。

（8）学习观念对学习成绩具有稳定的影响，但是这种影响是间接的，主要是通过学习策略而产生作用。对于英语成绩好的学习者与不好的学习者，尽管两者之间在学习观念上没有明显的差异，但是学习成绩好的学生更容易把观点或者想法付诸实施，而学习成绩差的学习者往往只是把这些看法停留在口头或者只是留在心里。

（9）学习成绩也对学习观念具有反向的作用。学习成绩，尤其是口语成绩的提高，对学习者的自我效能观念具有显著的正面促进作用，而学习者的学习策略观念和学习难度观念也直接受到学习成绩的影响。

第 11 章

学习风格与其他相关变量的动态互动

学习风格又称认知方式，指学习者学习的具体方式。Kinsella（2002：171）指出，学习风格就是“一个人的自然的、习惯性的以及喜欢的吸收信息、处理信息和保持信息的方式和技能”。这一定义比较好地说明了学习风格作为学习者个体差异的一种中介变量所具有的两种属性：一方面它具有较好的稳定性，因为它的形成在一定程度上是由先天性的因素所决定的；另一方面它又具有一定的行为性，因而也是可以变化的。Oxford（1993）指出，学习风格的类型在一定条件下是可以改变的，学习者可以掌握不同类型的学习风格，并以此提高外语学习的效果。早期的关于学习风格的研究更多地按照场独立 / 场依存的划分研究它们与总体学习成绩的关系（例如，Chapelle & Robert，1986），以及它们对外语学习的影响（例如，吴一安等，1993；Saracho & Spodek，1981）。后期的研究则按照学习者的感知特点把学习风格分为视觉型（visual，VIS）、听觉型（auditory，AUD）、触觉型（tactile，TAC）和动觉型（kinesthetic，KIN）四种类型，并研究它们与文化背景（例如，Reid，1987）、性别（例如，Oxford，1993）、学习成绩（例如，王初明，1991）等的关系，但是在探究学习风格与其他个体差异变量之间的关系方面还存在着诸多的空白点。因此，本章将以动态系统为出发点，全面探究学习风格与其他变量之间的动态互动。

11.1 学习风格的动态变化

表 11-1 显示了学习风格的均值以及它们在测量期间的变化情况：

表 11-1 学习风格的动态变化数据

Variable	T1/T2	T2/T3	T3/T4
AUD	3.38/3.40	3.40/3.38	3.38/3.47
VIS	3.53/3.59	3.59/3.63	3.63/3.70
TAC	3.52/3.51	3.51/3.47	3.47/3.45
KIN	3.33/3.47	3.47/3.53	3.53/3.60

（AUD：听觉型；VIS：视觉型；TAC：触觉型；KIN：动觉型）

由上表可以看出，在四种类型的学习风格之中，视觉型和触觉型的均值较高，说明这两种学习风格是受试更加喜欢的学习类型，这一结果与以往对中国英语学习者的研究发现是一致的（例如，余心乐，1997）。另外还发现，学习风格是一个相对稳定的变量，从第一次测量到第二次测量、从第二次测量到第三次测量以及从第三次测量到第四次测量，学习风格都未发生显著的变化。这也与以往的研究结果相对应。Keefe（1979）指出，学习风格是一种稳定的功能方式，它反映了学习者行为的内在原因。Ellis（1994：499）也认为学习风格是“相对稳定不容易变化的”学习者个体差异变量。但是，这也并不意味着学习风格就是静止不变的。一方面，表11-1 的数据表明，各种学习风格的均值都处在不断的变化之中，尽管这些变化并未达到统计学意义上的显著水平；另一方面，学习风格的某些具体项目，即它们的某些内部构成要素，事实上已经发生了显著的变化。

在本项目研究中，学习风格的测量共包括 12 个题项。为了研究学习风格内部各个构成要素的动态变化情况，采用 T- 检验的方法对它们的变化情况逐一进行统计分析，表 11-2 显示了相关的结果。

表 11-2　学习风格具体题项的动态变化数据

Item	T1/T2	T2/T3	T3/T4
SL1	3.40/3.59	3.59/3.50	3.50/3.36
SL2	3.20/3.39	3.39/3.34	3.34/3.44
SL3	3.83/3.97	3.97/3.71	3.71/3.77
SL4	3.40/3.47	3.47/3.27	3.27/3.31
SL5	3.89/3.86	3.86/3.71	3.71/3.89
SL6	2.76/2.81	2.81/2.73	2.73/2.76
SL7	3.24/3.43	3.43/3.20	3.20/3.44

（续表）

Item	T1/T2	T2/T3	T3/T4
SL8	3.03/3.21	3.21/3.33	3.33/3.36
SL9	4.04/4.13	4.13/4.07	4.07/4.10
SL10	4.04/4.00	4.00/4.03	4.03/3.96
SL11	3.13/3.06	3.06/3.11	3.11/3.13
SL12	3.34/3.31	3.31/3.44	3.44/3.74**

**p<.01

由上表可以看出，唯一发生显著变化的项目是 SL12 项（“当我表演英语对话时，我能更好地理解所学的知识”）。该项目表示学习者动觉型学习风格的水平。如表 11-2 所示，这一项目总体呈增长态势，而在第二次测量时，它的均值略有下降，从 3.34 降到 3.31，其后便开始逐渐升高，到第三次测量时增加到 3.44，到第四次测量时又增加到 3.74，且第三次和第四次之间的差异也已经达到了显著性的水平。

除了 SL12 这一题项之外，还有两个项目也同样值得我们关注，那就是 SL2（“我喜欢用动手操作的方式来完成一个学习任务”）和 SL8（“我喜欢用做实验的方式来学习知识”）两项。尽管它们在相邻的两个时间测量点上并没有发生显著的变化，但是在第一次测量和第四次测量之间均有明显的增长：SL2 的均值从 3.20 增加到 3.44（p<.05），SL8 从 3.03 增加到 3.36（p<.05），都达到了显著性的水平。也就是说，这两项的变化速度虽然缓慢，但是经过一段时间的积累也达到了显著性的程度，而且它们都与触觉型的学习风格有关。这说明，在进入大学之后，学习者对于触觉型学习风格的偏好有逐渐增强的趋势。

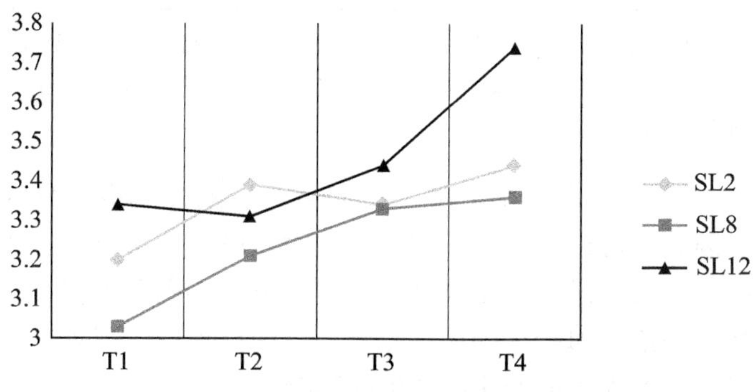

图 11-1 3 个学习风格题项的变化态势图

综上所述，学习风格是一个具有相对稳定性的个体差异变量，它作为一个整体在实施测量的一个学年的时间内并没有发生显著性的变化。但学习风格也不是静态不变的，其中的一些构成要素也处于不断的变化之中。在视觉型和听觉型学习风格处在较高均值的水平上且保持相对稳定性的同时，动觉型学习风格和触觉型学习风格在一年之内一直呈现出一种稳定增长的态势，其中的某些项目的变化也达到了显著性的水平。

11.2 影响学习风格变化的因素

为检测影响学习风格动态变化的因素，我们分别以其他个体差异变量为自变量，以 3 项发生显著变化的学习风格项目为因变量，在发生显著变化的测量时间点上进行了交叉滞后回归分析。首先分析学习策略和努力程度两个直接变量对学习风格变化所产生的影响，表 11-3 显示了相关的数据分析结果。

表 11-3 直接变量与学习风格的交叉滞后回归分析数据

	SL2	SL8	SL12
	β（B1A4）	β（B1A4）	β（B3A4）
CST	.062	.041	−.011
MST	.058	.030	.028
AST	.062	−.078	.096
SST	.043	−.098	−.049
EFF	.121	.036	−.009
DET	.107	.019	−.003
PER	.130	.030	.026
LEN	.050	.010	−.037

（CST：认知策略；MST：元认知策略；AST：情感策略；SST：社会策略；EFF：努力程度；DET：克服困难的决心；PER：持续进行外语学习的毅力；LEN：所付出的学习时间）

如表 11-3 所示，所有前测的直接变量对后测的风格变量的回归系数都不显著，因此，可以排除直接变量影响学习风格的可能性。学习策略和努力程度两个直接变量对学习风格的影响都没有达到显著水平，说明学习风格不会受到外语学习行为因素的影响。下面再来看学习观念、外语焦虑和学习动机对学习观念的变化所产生的影响。

表 11-4　中介变量与学习风格影响交叉滞后回归分析数据

	SL2	SL8	SL12
	β（B1A4）	β（B1A4）	β（B3A4）
SEB	.125	.154	.044
BLS	.067	.087	.041
BLA	–.176	–.059	–.126
BNL	–.149	–.068	–.230*
BD	–.067	–.261*	–.188
TAN	.016	.060	–.050
CA	–.118	.044	.025
FNE	–.120	–.033	–.028
ITM	–.111	.053	.076
ISM	–.016	–.025	.119
ATT	.019	.156	.017

*p<.05

（SEB：自我效能观念；BLS：学习策略观念；BLA：语言学能观念；BNL：学习本质观念；BD：学习难度观念；TAN：考试焦虑；CA：交际恐惧；FNE：负面评价恐惧；ITM：融入型动机；ISM：工具型动机；ATT：态度）

以 3 项发生显著变化的学习风格变量作为因变量，其他可能的影响因素作为自变量开展交叉滞后回归分析，结果如表 11-4 所示。在中介变量中，学习动机和外语焦虑对学习风格的回归系数未达到显著水平，因此可以排除这些变量影响学习风格的可能性。

学习观念对学习风格的影响较为复杂，在五种类型的学习观念中，自我效能观念、学习策略观念和语言学能观念对学习风格都没有显著影响，只有语言学习本质观念和学习难度观念对个别学习风格题项的影响达到了显著水平。其中，学习难度观念对题项 SL8（“我喜欢用做实验的方式来学习知识”）的影响达到显著水平（β = –.261，p<.05），学习难度观念对 SL8 具有显著的负向影响。学习者对英语学习难度的判断会影响他们的触觉型学习风格。当学习者认为英语学习不再高不可攀时，他们就会更加青睐通过动手操作的方式来学习英语；也就是说，除了传统的以听说读写为主的语言学习方式外，学习者开始探索具有灵活性和多样化的学习方式。此外，语言学习本质观念对题项 SL12（“当我表演英语对话时，我能

更好地理解所学的知识”）具有显著的负向影响（ $\beta = -.230$，$p<.05$）。题项 SL12 测量的是学习者的动觉型风格，这项得分较高的学习者倾向于采用表演等运动的方式来学习知识，不喜欢静止或固定在某个位置上。在这项研究中，用于测量语言学习本质观念的题项主要考察学习者对语言学习中读写、语法和词汇学习的看法，得分越高的学习者越赞同以读写、语法和词汇为核心来学习外语。表 11-4 的数据表明，语言学习本质观念对运动型学习风格具有显著的负向影响，赞同以读写、语法和词汇为核心的学习者通常不喜欢通过表演英语对话来学习外语。原因可能是这类学习者通常更倾向于通过阅读文字材料来提高自身的阅读、写作水平和扩大词汇量，而表演对话对于学习者提高读写能力、掌握语法点和扩充词汇量的帮助有限；表演对话更有助于学习者提高口语和听力水平。

另外，本项目定性研究的结果也表明，环境因素对于学习风格的变化，尤其是动觉型学习风格的增强，产生了重要的作用。一位受试在其日记中这样写道：

“在这一学期，我们的英语课上组织了很多有趣的活动，例如角色扮演、自我陈述等。那是我最喜欢的部分，但我和同学一起表演时，我就会使用课本上所读来的语言。当那些词和句子从我自己的嘴里说出来时，我们就能更好地记住并使用它们。”

与此类似，另一位受试这样写道：

“这一学期，我们老师给我们更多的平台来训练自己的口语。例如，我们被分为小组，让我们在向全班就不同的话题进行演讲，还表演各种节目。我原来不知道英语学习原来这么有趣。”

由此可以看出，环境因素，尤其是教学环境，在学习风格形成中的作用。通过教师所组织的教学活动，学生体会到这些活动给他们带来的好处，他们就会在自己的学习中逐渐形成类似的学习风格。

11.3 学习风格与学习成绩

11.3.1 学习风格对学习成绩的影响

以视觉风格、听觉风格、触觉风格和运动风格这四类学习风格变量作为自变量，学习成绩作为因变量进行交叉滞后回归分析，据此来分析学习风格对学习成绩的影响。结果如表 11-5 所示，所有四种类型的风格变量对外语学习成绩的回归系数都没有达到显著水平，说明学习风格对学习成绩没有显著影响，学习风格不是导致学习成绩发生变化的主要因素。

表 11-5　学习风格与学习成绩的交叉滞后回归分析数据

	β（A1B2）	β（A2B3）	β（A3B4）
AUD	–.011	–.019	–.009
VIS	–.020	.067	–.066
TAC	–.014	–.009	–.004
KIN	–.021	.000	–.039

为了进一步确认学习风格对于学习成绩的影响，我们又采用因果关系建模的方法，以学习风格为预测变量，以学习成绩为因变量，对它们进行了因果关系分析。如表 11-6 所示，在四个时间点上，学习风格对学习成绩都不存在直接影响，也不存在间接影响，两者之间不存在任何共时的准因果关系。总体而言，学习风格不是影响学习成绩的主要因素，这说明无论哪种风格的学习者都可以在外语学习中获得成功，学习成绩与学习风格之间没有必然的联系。

表 11-6　学习风格与学习成绩的因果关系建模分析数据

Predictor	Dependent	Direct effect	Indirect effect	Total effect
STL1	PRO1	0	0	0
STL 2	PRO2	0	0	0
STL 3	PRO3	0	0	0
STL 4	PRO4	0	0	0

11.3.2　学习成绩对于学习风格的反向作用

上文对学习风格变化趋势的分析显示，四类学习风格总体上都保持相对的稳定，没有发生显著变化。对具体题项的分析表明，在所有学习风格的题项中，仅有 3 项发生了显著变化，分别是题项 SL2、SL8 和 SL12。为了考察学习成绩对学习风格的影响，我们以听、说、读、写四项学习成绩作为自变量，以 3 项发生显著变化的学习风格变量作为因变量进行交叉滞后回归分析，结果如表 11-7 所示。从中可以看出，所有四项外语成绩对学习风格的回归系数都没有达到显著水平，说明学习成绩对学习风格的变化没有显著的影响，学习者的外语成绩不是影响他们学习风格发生变化的主要因素。

表 11-7　学习成绩与学习风格的交叉滞后回归分析数据

	SL2	SL8	SL12	SL12
	β（B1A4）	β（B1A4）	β（B3A4）	β（B1A4）
LP	–.092	–.039	.121	–.080
RP	–.067	–.034	.072	–.022
SP	.123	.028	.056	–.035
WP	.008	.082	.063	–.037

（LP：听力成绩；RP：阅读成绩；SP：口语成绩；WP：写作成绩）

为了进一步确认上述结果，我们又采用因果关系建模的方法，以学习成绩为预测变量，学习风格为因变量，分析了学习成绩对学习风格的直接与间接影响（见表 11-8）。结果表明，学习成绩对学习风格的直接和间接影响均不显著。也就是说，学习成绩不通过任何途径影响学习风格。

表 11-8　学习成绩与学习风格的因果关系建模分析数据

Predictor	Dependent	Direct effect	Indirect effect	Total effect
PRO1	STL1	0	0	0
PRO2	STL 2	0	0	0
PRO3	STL 3	0	0	0
PRO4	STL 4	0	0	0

由以上的分析可以看出，在学习风格和学习成绩之间并不存在显著的相互影响的关系；也就是说，学习者所具有的学习风格不会对他们的学习成绩产生影响，同样，学习成绩的变化也不会影响他们的学习风格。但是，我们也不能因此否定学习风格在整个个体差异系统中的作用。前面几章中的研究发现，学习风格对学习策略、努力程度和学习观念的动态变化都产生了一定的影响；也就是说，在整个个体差异系统之中，学习风格的作用主要体现在它与其他个体差异变量的互动关系上，它通过影响其他变量进而影响学习成绩，但是由于它对其他变量的影响比较复杂，它对学习成绩的影响难以在统计数据上呈现出显著的效果。

11.4　小结

本章围绕学习风格这一中介变量进行了集中的研究，涉及了该变量的动态变化、影响它变化的因素以及它与学习成绩之间的相关关系。学习风格具有较强的稳定性，而且不易受到其他变量的影响。主要的研究结论包括以下几个方面：

（1）学习风格是一个比较稳定的个体差异变量，它作为一个整体在实施测量期内一直保持较好的稳定性，并未发生显著的变化。对于中国的英语学习者来说，他们更加偏好视觉型和听觉型的学习风格，因此，这两种学习风格一直保持较高的均值水平，没有发生显著的变化。但是，动觉型学习风格和触觉型学习风格在一年之内一直呈现出一种稳定增长的态势，其中的某些项目的变化也达到了显著性的水平。

（2）在各项个体差异变量之中，只有学习观念对学习风格的动态变化产生了影响，其中学习难度观念对触觉型的学习风格以及学习本质观念对动觉型的学习风格都产生了正面的显著影响。

（3）学习风格在整个个体差异系统中的作用主要体现在它对其他变量的影响上，它没有对学习成绩产生直接的影响，学习成绩也没有对学习风格产生反作用。

第 12 章

学习动机与其他相关变量的动态互动

动机是指学习者进行英语学习的驱动力。动机一直是个体差异研究的一个核心问题，正如 Dörnyei 和 Ryan（2015：72）所指出的那样，“动机研究传统上就是二语习得领域最为活跃的方面，在过去十几年中，它的活跃程度又有了迅速的增长”。动态系统理论应用于学习者个体差异研究中也是最早从动机研究开始的，因为动机往往被认为是影响学习者英语学习成败的关键因素之一。动机可以被分为融入型和工具型两类，另外态度也被认为是动机的一个重要构成要素。与学习观念、学习风格等一样，动机也是一种中介变量，兼具有行为性和心理性的特点，因此，从动态系统理论的角度来看，它在保持一定稳定性的同时也会呈现出一定的动态变化。本章将集中讨论动机与其他变量的动态互动情况。

12.1 学习动机的动态变化

表 12-1 显示了本项目研究各项动机的均值变化以及 T- 检验的结果：

表 12-1 学习动机的动态变化数据

Variable	T1/T2	T2/T3	T3/T4
MOT	3.69/3.70	3.70/3.76***	3.76/3.90***
ISM	4.01/4.01	4.01/3.99	3.99/4.00
ITM	3.46/3.50	3.50/3.81***	3.81/3.98***
ATT	3.60/3.65	3.65/3.33***	3.33/3.58***

***p<.001

（MOT：动机；ISM：工具型动机；ITM：融入型动机；ATT：态度）

由上表中的数据可以看出，工具型动机仍然占据一个主导的地位，它的均值要远远高于融入型动机，这与其他以往研究的结果是一致的（例如，Liao，2006；Zheng，2010）。这说明，对于中国的英语学习者来说，他们更多是出于一些实用的目的（例如，拿到奖学金、通过考试、找到好的工作，等等）而学习英语的。就动机的动态变化而言，它作为一个整体呈现出不断增强的态势，从第一次测量时的 3.69 逐渐增加到第四次测量时的 3.90，而且第二次和第三次测量之间以及第三次和第四次之间的变化都达到了显著性的水平。这说明学生在进入大学后的第一个学期，他们的学习动机基本上是保持稳定的，但是从第一学期后期开始，动机就逐渐地加强。在动机的三个构成要素中，工具型动机是非常稳定的，一直保持在一个很高的水平，而融入型动机和态度两项则发生了显著的变化。也就是说，动机的增强主要是由融入型动机和态度两项所导致的。

首先来看融入型动机的动态变化情况。在第一次和第二次测量之间，该项目的均值略有增加，从 3.46 变化为 3.50，但是在其后就发生了显著的增加，在第三次测量时就增加到 3.81，达到了显著的水平，在第四次测量时又增加到 3.98，也达到了显著性的水平。从第一学期的后半段开始，融入型动机就呈现出不断增强的态势。而态度的情况则有所不同，它呈现出高低起伏的现象。除了在第一次和第二次测量之间它的均值保持相对稳定之外，第二次和第三次测量之间以及第三次和第四次测量之间，态度都发生了显著性的变化，首先从 3.65 降低到 3.33，然后又回升到 3.58。由此可以看出，在工具型动机在高位上保持稳定、态度上下起伏的情况下，融入型动机的不断增强导致了学习动机整体不断增强的动态变化态势。

Dörnyei（2005：83）指出，动机是一个“不断波动的动态因素”，它会在不同的条件之下产生变化（Gardner，2007：11），本项目研究的成果进一步证明了这一点。在整个英语学习过程中，工具型动机一直占据主导性的地位，学习者学习英语更多是出于实用性的目的。这和中国应试教育的背景具有很大的关系，尤其是在高中阶段表现更为明显，对于大多数高中生来说，学习的目的就是为了在高考取得高分数，英语学习也不例外。因此，他们学习英语的动机具有很强的工具性，而这种工具性也会持续到大学阶段。但是在进入大学之后，英语学习的动机构成开始发生变化，在保持强工具性动机的同时，融入型动机也在不断地增加。这说明，学习者进入大学之后，英语学习进入一个新的阶段，在新的学习环境和教学条件的影响之下，他们对英语学习不再以单纯的应试为目的，而开始对英语语言本身及其文化产生兴趣，从而更倾向于融入英语文化学习之中。

在关于学习动机的调查问卷之中，共包含 18 个具体的项目。为了更加深入地了解学习者动机的动态变化情况，又对这 18 个项目进行了具体的分析。并通过 T- 检验的方式对它们变化的显著性进行了研究。表 12-2 显示了具体的分析数据。可以看出，共有 6 个项目在测量期间发生了显著性的变化，它们分别是：M2、M4、M6、M8、M12 和 M15。下面逐一看它们具体的变化情况。

M2（“英语国家的人应该感到自豪，因为他们赋予世界更多价值”）反映了学习者对于英语和英语国家的人的态度，它在第一次和第三次测量之间的均值虽然略有波动，但是都处于相对稳定的状态，但是到第四次测量时迅速从第三次测量时的 3.33 增长到 3.56，达到了显著的水平。这说明在第二学期的后半段，学习者对于英语和英语国家的人的态度产生了很大的改观。我们认为，这一变化很可能与融入型动机的提高有很大关系。如上所述，从第二学期的后半段开始，学习者的融入型动机开始不断增强，而这一动机的增强势必会使得学习者投入更多的精力去学习了解英语的文化及其内在的价值，相关知识的增加会加强他们对于英语文化的认识与理解，从而改善他们对于英语国家的人的态度。

表 12-2　学习动机具体题项的动态变化数据

Item	T1/T2	T2/T3	T3/T4	Item	T1/T2	T2/T3	T3/T4
M1	3.81/3.90	3.90/3.81	3.81/3.89	10	4.33/4.39	4.39/4.30	4.30/4.13
M2	3.39/3.43	3.43/3.33	3.33/3.56*	11	4.33/4.34	4.34/4.29	4.29/4.24
M3	3.69/3.81	3.81/3.73	3.73/3.70	12	3.93/4.07	4.07/4.17	4.17/4.01*
M4	4.04/3.90	3.90/2.54***	2.54/2.54	13	3.84/3.94	3.94/3.93	3.93/3.83
M5	3.19/3.24	3.24/3.07	3.07/3.13	14	3.87/3.94	3.94/3.83	3.83/3.96
M6	4.00/4.10	4.10/2.33***	2.33/2.20	15	3.54/3.61	3.61/3.44	3.44/3.81**
M7	3.66/3.59	3.59/3.60	3.60/3.56	16	3.20/3.26	3.26/3.20	3.20/3.24
M8	4.07/4.20	4.20/2.21***	2.21/2.09	17	3.83/3.76	3.76/3.67	3.67/3.74
M9	3.80/3.96	3.96/3.87	3.87/3.84	18	3.30/3.43	3.43/3.29	3.29/3.50

***p<.001，**p<.01，*p<.05

M4（“我的英语老师讲课不太有趣”）反映了学习者对于英语教学的态度，这是一道反向题，得分越高说明学习者对英语教学的态度越差。在整个测量期间，该项的均值呈现出逐渐降低的态势，尤其是在第二次和第三次测量之间，它从 3.90 急剧降低为 2.54，达到了非常显著的水平，其后就稳定在这一水平上没有改变。这说明在第二学期开始时，学习者对于英语教学的态度有了很大的改善。

M6（“说真的，我对英语课确实不感兴趣”）也是一道反向题，它反映了学习者对于英语课程的态度。它的变化态势与 M4 略有不同的是，它在第一次和第二次测量之间略有提高，从 4.00 增加到 4.10，但在此之后又迅速降低，在第三次测量时，其均值降到了 2.33，达到了非常显著的水平，而且在第四次测量时，又进一步降到了 2.20。这说明从第一学期后半段开始，学习者对英语课程的态度有了极大的转变和认同。

M8（“我觉得学英语没意思”）反映了学习者对于英语学习的态度，也是一道反向题。它的变化趋势与 M6 一样，在第一次和第二次测量之间略有提高，从 4.07 增加到 4.20，但是在此之后就迅速降低，在第三次测量时，其均值降低到了 2.21，达到了非常显著的水平，而且在第四次测量时，又进一步降低到了 2.09。这说明从第一学期的后半段，学习者对英语学习的态度也有了很大的转变。

M8 和 M6 变化态势的一致性是合乎逻辑的，因为对于外语学习者而言，英语课程和英语学习基本上是等同的。在外语学习的环境下，英语学习都是以课堂为核心，因此，学习者对英语课程的态度实际上也就是对英语学习的态度。另外，上述 4 项都是关于态度的题目，这说明，态度的动态变化是非常全面的。在监测期间，学习者对英语国家的人、英语教学、英语课堂和英语学习的态度都发生了显著的变化。

M12（“我学英语是为了更好地学习其他专业”）反映了学习者英语学习的工具型动机水平，它在第四次测量时发生了显著的降低，由原来的 4.17 降低到了 4.01。与此相照应的是 M15（“我学英语是因为我对英语国家的人和文化感兴趣”）的变化，该项目反映了学习者的融入型动机水平，与 M12 一样，它也是在第四次测量时发生了显著的变化，但是与 M12 不同的是，它由原来的 3.44 升高到了 3.81。两者之间的一升一降，很好地对应了上文分析的学习动机的整体变化态势。图 12-1 显示了上述 6 个项目的变化态势。

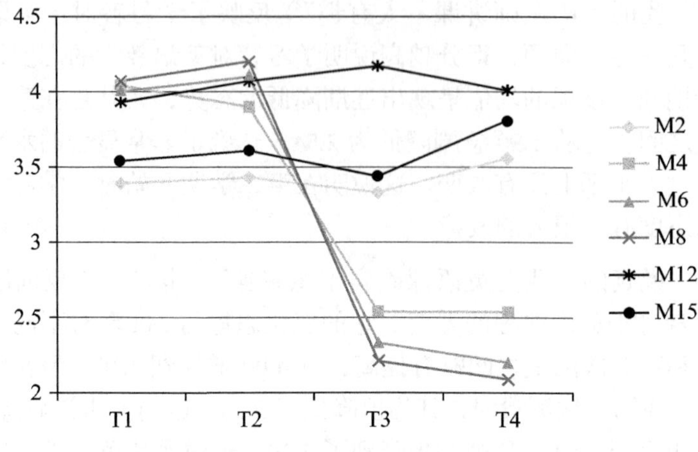

图 12-1　6 项学习动机题项的变化态势图

12.2　影响学习动机变化的因素

首先学习策略和努力程度两个直接变量对动机的影响。我们以直接变量为自变量，分别以学习动机的融入型动机、工具型动机和态度以及发生显著变化的 6 个学习动机问题题项作为因变量，同样采用交叉滞后回归分析的方法进行统计分析。表 12-3 显示了有关的分析结果。

表 12-3　直接变量与学习动机的交叉滞后回归分析数据

	ITM	ITM	ATT	ATT	M2
	β（B2A3）	β（B3A4）	β（B2A3）	β（B3A4）	β（B3A4）
CST	.017	.088	.085	–.101	.049
MST	–.015	.095	–.009	–.074	.080
AST	–.018	.100	.020	–.087	–.017
SST	–.011	.052	–.025	–.072	–.095
EFF	.076	.045	.126	–.073	–.008
DET	.007	.028	.069	–.078	–.028
PER	.103	.048	.136	–.063	–.003
LEN	.099	.017	.056	.011	–.018

（续表）

	M4	M4	M6	M6	M8
	β（B2A3）	β（B1A4）	β（B2A3）	β（B1A4）	β（B2A3）
CST	–.100	–.201	.104	–.015	.039
MST	.061	–.093	–.065	.065	–.093
AST	–.023	–.083	–.044	–.019	.161
SST	.047	–.017	–.018	–.080	.047
EFF	–.029	–.266*	.040	.073	.063
DET	.003	–.182	–.224	.011	–.036
PER	.050	–.281*	–.204	.101	.164
LEN	–.024	–.212	–.241*	.035	.083
	M8	M12	M15	M15	
	β（B1A4）	β（B3A4）	β（B3A4）	β（B1A4）	
CST	–.242*	.054	.026	.064	
MST	–.036	.159	.190*	.258*	
AST	.001	.074	.194*	.323**	
SST	.027	.008	.111	.326*	
EFF	–.016	–.068	–.004	.094	
DET	–.130	.040	–.033	.077	
PER	–.077	–.080	–.005	.063	
LEN	–.017	–.139	.011	.101	

**p<.01，*p<.05

（CST：认知策略；MST：元认知策略；AST：情感策略；SST：社会策略；EFF：努力程度；DET：克服困难的决心；PER：持续进行外语学习的毅力；LEN：所付出的学习时间）

结果如表 12-3 所示，学习策略和努力程度两个直接变量对融入型动机、工具型动机和态度的总体水平都没有产生显著的影响。在发生显著变化的 6 个题项中，有 4 个题项受到了直接变量的显著影响，分别是 M4、M6、M8 和 M15。努力程度对题项 M4（“我的英语老师讲课不太有趣”）具有显著的负向影响（ $\beta = -.266$，$p<.05$ ），即学习者的努力程度越高，他们越认为教师的授课具有趣味性，说明学习者的努力程度能够影响到他们对英语老师所持的态度。这是一个很有意思的结果，也是很容易理解的。在现实的教学活动中，有的学习者努力程度不够，学习成绩不够理想，他们往

往不会归因于自己，而是把责任推到老师的身上，认为是老师授课不好而导致了自己的学习进步不明显。而从对努力程度具体项目的分析来看，努力程度对于学习者态度的影响主要表现在学习毅力方面，因为毅力对题项 M4 在第一时间点到第四时间点上的变化产生了显著的负向影响（β = –.281，p<.05）。除此之外，学习者所付出的学习时间对题项 M6（“说真的，我对英语课确实不感兴趣”）在第二时间点到第三时间点的变化具有显著的负向影响（β = –.241，p<.05），这说明所付出的学习的时间对于积极学习的态度的形成具有正向的促进作用。

认知策略对题项 M8（“我觉得学英语没意思”）具有显著的负向影响（β = –.242，p<.05），表明学习者使用的认知策略越多，越感觉学习英语有趣味，掌握和使用认知策略有助于增强学习者对英语学习的兴趣和态度。M4 和 M8 两个题项都属于态度的范畴，这说明努力程度和认知策略对于学习者的态度都具有正向的影响。元认知策略和情感策略在第二学期对题项 M15（“我学英语是因为我对英语国家的人和文化感兴趣”）具有显著的正向影响，说明这两类学习策略的应用能够显著提升学习者对英语国家的人群和文化的兴趣。此外，社会策略在第一时间点和第四时间点之间对题项 M15 产生了显著的正向影响（β =.326，p<.05），说明社会策略的使用对学习兴趣具有长期的促进作用，采用向别人求助、合作学习等社会策略能够促进学习者提升外语学习兴趣，增加他们融入英语群体和文化的积极性和热情。题项 M15 属于融入型的动机，这说明元认知策略、情感策略和社会策略都对融入型动机产生了正面的影响。

下面来看学习观念、学习风格和外语焦虑等三个中介变量对于学习动机的动态变化所产生的影响。首先是学习观念，表 12-4 列出了学习观念对学习动机影响的交叉滞后回归分析的结果。

表 12-4　学习观念与学习动机的交叉滞后回归分析数据

	ITM	ITM	ATT	ATT	M2
	β（B2A3）	β（B3A4）	β（B2A3）	β（B3A4）	β（B3A4）
SEB	–.016	.103**	–.001	–.038	.013
BLS	–.042	.049	.016	.081	.091
BLA	–.033	–.060	.214**	.102	–.024
BNL	.002	–.030	.154*	.134*	–.006
BD	.012	–.026	.097	.003	–.090

（续表）

	M4	M4	M6	M6	M8
	β（B2A3）	β（B1A4）	β（B2A3）	β（B1A4）	β（B2A3）
SEB	.056	–.020	–.027	–.105	.110
BLS	.060	–.039	–.131	–.075	.178
BLA	–.021	.026	.104	.142	–.080
BNL	.026	.070	.049	–.136	–.218
BD	–.153	.059	–.005	–.028	–.093
	M8	M12	M15	M15	
	β（B1A4）	β（B3A4）	β（B3A4）	β（B1A4）	
SEB	.104	.112	.211*	.333**	
BLS	–.003	.212*	.068	.108	
BLA	.067	–.122	–.046	–.187	
BNL	–.103	–.152	–.165	–.165	
BD	–.191	–.162	–.179*	–.158	

**p<.01，*p<.05

（SEB：自我效能观念；BLS：学习策略观念；BLA：语言学能观念；BNL：学习本质观念；BD：学习难度观念）

如表 12-4 所示，在第三时间点和第四时间点之间，自我效能观念对融入型动机产生了显著的影响（β=.103，p<.01），说明随着学习者自我效能观念的增强，其融入型动机也会增强。学习者越相信自己有能力学好英语，就越有融入英语群体和文化的愿望。因此，自我效能观念能够促进学习者产生更强的融入型动机。在第二时间点和第三时间点之间，语言学能观念对学习态度产生了显著的正向影响（β=.214，p<.01），说明学习者对自身语言天赋在外语学习中作用的评价较高，他们对学习环境因素所持的态度就更积极，对英语教师、英语课堂和班级也持有更乐观积极的看法和观点。在第二时间点和第三时间点之间以及在第三时间点和第四时间点之间，语言学习本质观念对学习态度都产生了具有正向的影响，说明学习者对语言学习本质所持有的观点和看法能够促进学习者形成积极的学习态度。

对具体题项的分析发现，自我效能观念对题项 M15（“我学英语是因为我对英语国家的人和文化感兴趣”）具有显著的正向影响，说明随着学习者自我效能观念的增强，他们对英语语言和文化的兴趣变得更加强烈。这进一步证实了自我效能观念对于融入型动机的积极影响。此外，学习难度观念对题项 M15 具有显著的负向影响（ β =–.179，p<.05)，这说明学习难度观念也对融入型动机产生了影响，学习者越是认为语言学习的难度高，他们的融入型动机也就越弱，而随着学习者认为语言学习难度降低，他们对英语国家的人和文化的兴趣逐渐增强，融入型动机也就随之增强。学习策略观念对题项 M12（“我学英语是为了更好地学习其他专业”）具有显著的正向影响（ β = .212，p<.05)，这说明学习策略观念对工具型动机的变化也产生了积极的影响，学习者越是相信学习策略能够有效改善学习状况，越倾向于借助英语来学好其他专业。

综上所述，学习观念对于学习动机的影响还是比较显著的：自我效能观念和学习难度观念都对融入型动机有影响，前者的影响是正向，而后者的影响则是负向的；语言学能观念和学习本质观念对态度具有积极的影响；学习策略观念也对工具型动机具有积极的影响。

再来看学习风格对学习动机的动态变化所产生的影响。表 12-5 是学习风格对学习动机影响的交叉滞后回归分析的结果。

表 12-5　学习风格与学习动机的交叉滞后回归分析数据

	ITM	ITM	ATT	ATT	M2
	β（B2A3）	β（B3A4）	β（B2A3）	β（B3A4）	β（B3A4）
AUD	–.008	.029	–.106	–.027	.133
VIS	.075	.017	–.001	–.059	.129
TAC	–.026	–.063	.014	.062	–.097
KIN	–.088	.086	–.053	–.071	–.071
	M4	M4	M6	M6	M8
	β（B2A3）	β（B1A4）	β（B2A3）	β（B1A4）	β（B2A3）
AUD	.104	–.100	–.111	–.018	–.090
VIS	–.063	–.116	.026	–.050	.159
TAC	.215	.083	–.091	–.186	.040
KIN	–.216	–.033	.230	–.100	–.122

（续表）

	M8	M12	M15	M15	
	β（B1A4）	β（B3A4）	β（B3A4）	β（B1A4）	
AUD	–.221	.054	.054	.096	
VIS	–.117	.020	–.003	.061	
TAC	–.029	–.018	–.137	–.076	
KIN	–.080	–.082	–.037	.191	

（AUD：听觉型；VIS：视觉型；TAC：触觉型；KIN：动觉型）

如表 12-5 所示，所有前测的学习风格变量对后测的学习动机变量均没有产生显著的影响，因此可以排除学习风格对学习动机具有显著影响的可能性，也就是说，学习者的学习风格不会影响到他们学习动机的动态变化。

最后来看外语焦虑对学习动机的动态变化所产生的影响。表 12-6 列出了有关的交叉滞后回归分析的结果。

表 12-6 外语焦虑与学习动机的交叉滞后回归分析数据

	ITM	ITM	ATT	ATT	M2
	β（B2A3）	β（B3A4）	β（B2A3）	β（B3A4）	β（B3A4）
TAN	–.013	–.061	–.048	.063	.015
CA	–.018	.001	–.037	.058	–.025
FNE	–.053	–.028	–.034	.084	.021
	M4	M4	M6	M6	M8
	β（B2A3）	β（B1A4）	β（B2A3）	β（B1A4）	β（B2A3）
TAN	–.170	–.101	.146	–.047	–.045
CA	–.079	.232*	.286*	–.180	–.187
FNE	.006	.200	.279*	–.208	–.217
	M8	M12	M15	M15	
	β（B1A4）	β（B3A4）	β（B3A4）	β（B1A4）	
TAN	–.062	.069	–.115	–.187	
CA	.034	.214*	–.043	–.165	
FNE	–.035	.166	–.115	–.234*	

*p<.05

（TAN：考试焦虑；CA：交际恐惧；FNE：负面评价恐惧）

如表 12-6 中的数据所示，外语焦虑对融入型动机、工具型动机和态度的回归系数均未达到显著水平，这说明外语焦虑在整体上没有对学习动机的动态变化产生显著的影响。但是，对具体题项的分析发现，交际恐惧对题项 M4、M6、M12 和 M15 都具有显著的影响。交际畏惧对题项 M4（“我的英语老师讲课不太有趣”）具有显著的正向影响（$\beta = .232$，$p<.05$），这说明交际恐惧对于积极学习态度的形成具有负向的影响作用，而随着学习者的交际畏惧感变弱，他们认为教师的授课更加具有趣味性。交际畏惧也对题项 M6（“说真的，我对英语课确实不感兴趣”）具有显著的正向影响（$\beta = .286$，$p<.05$），这进一步证实了交际恐惧对积极学习态度形成的负面作用。另外，交际畏惧也对题项 M12（“我学英语是为了更好地学习其他专业”）具有显著的正向影响（$\beta = .214$，$p<.05$），交际恐惧感强的学习者更有可能具有较强的工具型动机。负面评价恐惧对题项 M6（“说真的，我对英语课确实不感兴趣”）具有显著的正向影响（$\beta = .279$，$p<.05$），这说明负面评价恐惧也对积极学习态度的形成具有负向的影响作用，而随着学习者的负面评价恐惧变弱，他们对英语课更加感兴趣。原因可能是学习者由于担心自己受到负面评价而无法将注意力集中到英语课的内容上，从而影响了学习者对英语课的兴趣。负面评价恐惧对题项 M15（“我学英语是因为我对英语国家的人和文化感兴趣”）具有显著的负向影响（$\beta = -.234$，$p<.05$），这说明负面评价恐惧对融入型动机的形成具有负向的影响作用。原因可能是学习者对负面评价的恐惧感分散了他们对英语文化本身的关注，学习者由于过分焦虑而无法投入足够的精力去了解和体会英语文化的内涵，因此负面评价恐惧影响了学习者对英语文化的兴趣。

综上所述，外语焦虑对学习动机的影响是比较复杂的。当把外语焦虑作为一个整体来衡量的时候，它对学习动机的动态变化并没有产生显著的影响，但当我们进一步深入做具体的项目分析时，外语焦虑对学习动机的作用还是显现了出来，这主要表现在交际恐惧对积极学习态度的形成具有负面的影响，而它对工具型动机的形成则有正面的影响。另外，负面评价恐惧也对积极学习态度和融入型动机的形成起到了反向的作用。

本项目中的定性研究结果表明，环境因素对于学习动机中态度的变化产生了重要的影响。例如，一位学生在日记中这样写道：

“我发现我们的英语课堂越来越有趣了。我们的英语老师在这一学期组织了各种各样的活动，例如，小组讨论、角色扮演等。这些活动大大丰富了我们的英语课堂，让每个人都参与到英语学习的过程之中。今天，我们又进行了课堂讨论，非常有趣，我很喜欢。”

由此可以看出，教师的教学方法对于学生对英语课堂的态度具有重要的影响，丰富的课堂活动以及活跃的课堂氛围可以在很大程度上改善学生对于英语课堂的态度，从而加强他们学习英语的动机。另外，教师与学生之间的沟通与相互理解也很重要，因为这不仅影响学生对英语课堂的态度。同时也影响到他们对于教师的态度。例如，一位受试在日记中这样写道：

“一开始我们对老师的教学方式不太习惯，有的同学甚至都提出抗议了。但是，在经过一年的学习之后，我们师生之间似乎都相互理解了，很明显，有一个自己喜欢的老师对英语学习来说太重要了。”

基础教育阶段的英语学习与大学阶段具有很大的不同，尤其是在高中阶段：由于受到中学教师英语水平和英语教学能力的限制以及应试教育的影响，中学阶段的英语教学往往不够活跃，教学方法也比较单一死板，而且学习也主要是以应试为目的。经过长期的训练，学生已经习惯了这样的教学方法。到了大学之后，学生起初也不能适应新的教学模式和教学方法。要让学生适应并接受新的教学方法，形成良好的对英语教师、英语课堂和英语学习的态度，第一学期之初教师与学生之间的沟通就显得非常重要。

12.3　学习动机与学习成绩

12.3.1　学习动机对学习成绩的影响

下面分别以总体动机水平、融入型动机、工具型动机和学习态度作为自变量，学习成绩作为因变量进行交叉滞后回归分析，以此来确定学习动机对学习成绩的影响。结果如表 12-7 所示，所有三种类型的动机变量以及总体动机水平对外语学习成绩的回归系数都没有达到显著水平，说明学习动机对学习成绩的动态变化没有产生显著的影响，学习动机不是导致外语水平发生变化的主要因素。

表 12-7　学习动机与学习成绩的交叉滞后回归分析数据

	β（A1B2）	β（A2B3）	β（A3B4）
MOT	–.028	.031	–.037
ITM	–.071	.003	–.043
ISM	.004	–.025	.027
ATT	.075	–.082	–.029

我们又采用因果关系建模的方法进一步检验学习动机对于学习成绩的影响，表 12-8 显示了有关的分析结果。由此可以看出，在四个时间点上，学习动机对学习成绩都不存在直接影响，也不存在显著的间接影响。学习动机没有直接作用于外语学习成绩，也没有通过其他变量的中介作用间接影响到学习成绩。因此，可以比较肯定地说，在整个个体差异系统中，学习动机的作用主要体现在与其他个体差异变量的互动上，它不会直接影响学习成绩，也不会以单个的个体差异变量为媒介进而影响学习成绩。

表 12-8　学习动机与学习成绩的因果关系建模分析数据

Predictor	Dependent	Direct effect	Indirect effect	Total effect
MOT1	PRO1	0	–.020	–.020
MOT2	PRO2	0	–.018	–.018
MOT3	PRO3	0	–.013	–.013
MOT4	PRO4	0	–.020	–.020

这一结果与我们的预期有所不同。长期以来，动机一直是二语习得研究领域最受关注的学习者个体差异因素，因为动机一般被认为在外语学习过程中起着关键性的作用。Dörnyei 和 Ryan（2015：72）指出，“没有足够的动机，即使是具有非常突出的学习能力的学习者也不可能实现长期的目标。在此情况下，再好的教学安排和教学方法也不能保证学习者取得好的成绩。”但是，从上述的研究结果来看，我们也不能以此夸大动机在整个外语学习中的作用，它和其他个体差异变量一样，都处在一个大的系统之中，也是通过与其他变量的相互作用从而影响学习成绩的。

12.3.2　学习成绩对动机的反向作用

我们以学习成绩为自变量，以动机为因变量，采用交叉滞后回归分析的方法研究学习成绩对动机的反向作用。表 12-9 显示了具体的分析结果：

表 12-9　学习成绩整体与学习动机的交叉滞后回归分析数据

	β（A1B2）	β（A2B3）	β（A3B4）
ITM	–.052	.077*	.040
ISM	–.078	.006	.268***
ATT	.000	.060	.014

***p<.001，*p<.05

由此可以看出，学习成绩对于动机的反向作用还是比较明显的，学习成绩的提高会显著地增强学习者的动机，包括工具型动机和融入型动机。这说明，学习者在英语学习上所取得的成绩越大，他们的工具型动机和融入型动机也越强。

为了更为仔细地观察学习成绩对于动机的反作用，我们又分别以听力成绩、口语成绩、阅读成绩和写作成绩为自变量，以发生了显著变化的工具型动机、融入型动机和态度以及具体的问题题项为因变量，在发生变化的时间段进行了交叉滞后回归分析。表 12-10 列出了具体的分析数据。

表 12-10 学习成绩分项与学习动机的交叉滞后回归分析数据

	ITM	ITM	ATT	ATT	M2
	β（B2A3）	β（B3A4）	β（B2A3）	β（B3A4）	β（B3A4）
LP	.081	.039	.003	.021	.034
RP	.022	.020	.092	.003	–.100
SP	.104	.045	.006	–.009	.009
WP	.080	.033	–.002	–.003	–.005
	M4	M4	M6	M6	M8
	β（B2A3）	β（B1A4）	β（B2A3）	β（B1A4）	β（B2A3）
LP	.148	.056	.099	–.023	.096
RP	–.039	–.056	–.245*	–.129	–.158
SP	.135	.087	.074	.041	.013
WP	.057	.060	–.045	.103	.092
	M8	M12	M15	M15	
	β（B1A4）	β（B3A4）	β（B3A4）	β（B1A4）	
LP	–.091	–.081	.199*	.086	
RP	–.205*	–.182	.111	.035	
SP	–.026	–.054	.050	.031	
WP	.022	–.051	.087	.075	

*p<.05

（LP：听力成绩；RP：阅读成绩；SP：口语成绩；WP：写作成绩）

如表 12-10 所示，所有四项外语成绩对学习动机的变化均没有产生显著的影响。但是，对于具体题项的分析发现，阅读成绩对题项 M6（“说真的，我对英语课确实不感兴趣”）在第二时间点到第三时间点的变化具有显著负向影响，说明随着学习者阅读水平的提升，他们对英语课的兴趣会增强。阅读成绩对题项 M8（“我觉得学英语没意思”）在第一时间点到第四时间点的变化也产生了显著的负影响，说明随着学习者阅读水平的提高，他们对学习英语的兴趣也在增强。上述两点说明，阅读成绩对于学习者建立积极的学习态度具有正面的影响。听力成绩对题项 M15（“我学英语是因为我对英语国家的人和文化感兴趣”）在第三时间点到第四时间点上的变化产生了显著的正影响，这说明听力成绩对于融入型动机具有正向的影响，随着学习者听力水平的提高，他们对英语文化和英语群体的兴趣增强，从而具有更强的融入型动机。

为了进一步探究学习成绩对学习动机影响的性质，我们又以学习成绩为预测变量，动机为因变量，采用因果关系建模的方式，分析了影响的直接性和间接性。表 12-11 列出了相关的分析数据。结果显示，学习成绩对学习动机具有显著的直接影响和间接影响，而且都是正向的，这与 Sato 等（2008）的结论一致。

表 12-11　学习成绩与学习动机的因果关系建模分析数据

Predictors	Dependent	Direct effect	Indirect effect	Total effect
PRO1	MOT1	.13	.11	.24
PRO2	MOT2	.15	.12	.27
PRO3	MOT3	.14	.10	.24
PRO4	MOT4	.14	.11	.25

鉴于学习成绩对学习动机具有间接的影响，学习成绩可能通过学习观念间接作用于学习动机，如图 12-2 所示。

图 12-2　外语成绩对学习动机间接影响的可能路径

下面进一步通过中介效应检验来考察学习观念是否充当学习成绩和学习动机之间关系的中介变量，即中介效应是否存在。检验结果表明，当自我效能观念进入融入型动机的回归模型后，外语成绩的回归系数由 .285（$p<.05$）降至 .026（$p>.05$），不再达到显著水平。这表明外语成绩的影响确实通过自我效能观念的中介作用间接传递至融入型学习动机。外语成绩优异的学习者具有更强的自我效能感，进而产生了更强烈的融入外国文化和群体的愿望。其他类型的学习观念对外语成绩和其他动机类型之间的关系则没有中介效应。

12.4　小结

本章对学习动机的动态变化、其与相关变量的互动进行了全面的分析与研究，主要发现包括以下几个方面：

（1）学习动机是一项具有较强动态性的学习者个体差异变量，其中变化最为明显的是融入型动机和态度的变化。从总体来看，在学习者进入大学英语的学习阶段之后，工具型动机仍然保持在一个很高的水平、融入型动机在第二学期具有显著的增强；与此同时，态度一项也发生了显著的改善，而且态度的变化是非常全面的，在监测期间，学习者对英语国家的人与文化、英语教学、英语课堂和英语学习的态度都发生了显著的变化。这说明，在学习者进入大学之后，他们对学习英语不再单纯以应试为目的，而是开始对英语语言本身及其文化产生浓厚的兴趣，从而更有意愿融入英语国家文化之中。

（2）努力程度对于学习动机的变化产生了影响，学习者努力程度的提高，尤其是学习毅力的增强以及所付出的学习时间的增加，有助于他们形成积极的对于教师教学和英语课程的态度。

（3）学习策略对于学习动机的变化也产生了影响，其中，认知策略有助于学习者形成对英语课程的积极态度，而元认知策略、情感策略和社会策略都对融入型动机产生了正面的影响。

（4）学习观念对于学习动机的影响也是比较显著的，其具体表现为：第一，自我效能观念对融入型动机具有正向的影响，而学习难度观念则对其具有负向的影响；第二，学习策略观念对工具型动机具有积极的影响；第三，语言学能观念和学习本质观念对态度具有积极的影响。

（5）学习风格没有对学习动机的动态变化产生显著的影响。

（6）外语焦虑也对学习动机的动态变化产生了一定的影响，这主要表现在交际恐惧对积极学习态度的形成具有负面的影响，而对工具型动机的形成则有正面的影响。另外，负面评价恐惧也对积极学习态度和融入型动机的形成起到了反向的作用。

（7）学习环境对于学习动机的影响非常明显，教学环境的变化往往导致学习者学习态度迅速且全面的变化。

（8）在整个个体差异系统中，学习动机的作用主要体现在它与其他个体差异变量的互动上，它不会直接影响学习成绩，也不会以某个个体差异变量为媒介来影响学习成绩。

（9）学习成绩对于动机的反向作用比较明显，学习成绩的提高会显著地增强学习者的动机，包括工具型动机和融入型动机。这一作用既有直接的，也有间接的，而间接的作用则是通过影响学习观念（主要是自我效能观念）进而影响到学习动机。

第13章

外语焦虑与其他相关变量的动态互动

外语焦虑作为一种心理异常现象，既具有很强的心理特征，也具有明显的行为表现。从心理的角度来看，“焦虑是指个体由于预期不能达到目标或者不能克服障碍的威胁，使得其自尊心与自信心受挫，或使失败感和内疚感增加而形成的紧张不安、带有恐惧感的情绪状态”（王银泉、万玉书，2001：122）。与此同时，外语焦虑又有许多明显的行为特征，从生理的反应来看，学习者可能会因为焦虑而出现手掌心出汗、心跳脉搏加快等症状；而从学习的行为来看，学习者可能会出现语音变调，不能正确地发出语言的语音和节奏，站起来回答问题时有冻僵的感觉，忘掉刚刚学过的词汇，甚至根本说不出话等（Young，1994）。基于外语焦虑的心理特性和行为特性，可以预测外语焦虑是一种具有较强动态性的学习者个体差异变量，因此，本章将集中讨论外语焦虑的动态变化以及影响这些变化的因素。另外，还将关注焦虑与外语学习成绩之间的关系以及学习成绩对于外语焦虑的反向作用。

13.1 外语焦虑的动态变化

表 13-1 显示了本项目研究中对外语焦虑四次测量的结果，其中包括每次测量时各种焦虑类型的均值，以及对两次测量之间的均值进行 T- 检验的结果。

表 13-1 外语焦虑的动态变化数据

Item	T1/T2	T2/T3	T3/T4
ANX	2.78/2.78	2.78/2.78	2.78/2.73
TAN	2.55/2.44*	2.44/2.55*	2.55/2.52

（续表）

Item	T1/T2	T2/T3	T3/T4
CA	3.23/3.22	3.22/3.21	3.21/3.17
FNE	2.90/2.89	2.89/2.90	2.90/2.83

*p<.05

（ANX：外语焦虑整体；TAN：考试焦虑；CA：交际恐惧；FNE：负面评价恐惧）

由表 13-1 中的数据可以看出，英语学习者表现最为突出的是交际恐惧，他们在这一项目的得分均值明显高于其他两项。这说明，对于大一的学生来说，在外语焦虑方面占据主导地位的是交际恐惧。而从动态变化的角度来看，外语焦虑在总体上处于一个相对稳定的状态，在测量期内并未发生显著的变化，而且交际恐惧和负面评价恐惧也未出现显著的变化。唯一发生显著变化的是考试焦虑，在第一次和第二次测量之间，由 2.55 迅速降低到了 2.44，接着又在第三次测量时恢复到 2.55，两次变化都达到了显著的水平，其后就保持在一个相对稳定的水平。从测量的时间上可以找到发生显著变化的原因。第一次测量发生在学生刚入大学之初，此时他们仍然保留着在高中阶段对英语学习的一些认识，对于考试成绩特别地关心，因此具有较高的考试焦虑。但是进入大学之后，经过一段时间的体验，加之对英语课程考试方式的了解（一是大学阶段期中和期末考试对学生的要求相对较低，虽然他们也需要参加四六级考试，但是时间距离相对较远），他们对考试的担心也就有所降低，这样就使得第二次测量时受试的考试焦虑程度出现了显著的降低。第三次测量发生在第二学期的开始，很多学生要参加 6 月份的四级考试，此时距离考试的时间只剩下三个月，因此学生的考试焦虑水平又迅速提高。这进一步说明，考试焦虑是一种情景型的焦虑形式，它会随着学习环境，尤其是考试要求的变化而出现大的起伏。

关于外语焦虑的调查问卷共包括 15 个项目，表 13-2 显示了这些项目的具体变化情况。

表 13-2　外语焦虑具体题项的动态变化数据

Item	T1/T2	T2/T3	T3/T4	Item	T1/T2	T2/T3	T3/T4
A1	3.34/3.24	3.24/3.01	3.01/2.90	A9	2.69/2.71	2.71/2.57	2.57/2.63
A2	2.23/2.06	2.06/3.70***	3.70/3.67	A10	3.00/3.01	3.01/3.09	3.09/3.11

（续表）

Item	T1/T2	T2/T3	T3/T4	Item	T1/T2	T2/T3	T3/T4
A3	3.14/3.00	3.00/2.93	2.93/2.84	A11	3.07/2.89	2.89/2.87	2.87/2.90
A4	2.97/2.76	2.76/3.07	3.07/3.19	A12	2.16/2.10	2.10/2.23	2.23/2.06
A5	3.94/3.80	3.80/3.66	3.66/3.64	A13	2.31/2.30	2.30/2.33	2.33/2.23
A6	2.56/2.53	2.53/2.23*	2.23/2.37	A14	2.36/2.26	2.26/2.30	2.30/2.17
A7	2.57/2.59	2.59/2.59	2.59/2.70	A15	2.33/2.44	2.44/2.19*	2.19/2.29
A8	2.80/2.89	2.89/2.87	2.87/2.77				

***p<.001，*p<.05

由表 13-2 中的数据可以看出，共有 3 个具体的项目发生了显著的变化，它们分别是 A2（“多上些英语课对于我来说一点问题也没有”）、A6（“我担心自己英语考试不及格”）和 A15（“我担心自己说英语时，别的同学会笑话我”）。A2 测量的是学习者的考试焦虑，它在第二次和第三次之间发生了非常显著的变化，迅速从 2.06 的均值增加到 3.70，这说明学习者从第二学期初开始，对考试的焦虑程度迅速增强。A6 直接测量学习者的考试焦虑水平，它在第二次和第三次测量之间出现了显著的降低，从 2.53 降低到了 2.23，这与考试焦虑的总体变化态势是不一致的。如上所述，考试焦虑作为一个整体，它的均值的显著性降低发生在第一次测量和第二次测量之间，其后就迅速回升到原来的水平，而 A6 一项的显著性降低却发生在第二次和第三次测量之间，这反映了考试焦虑的复杂性，而这一复杂性往往与学习环境、学习成绩等各种因素具有很大的关系。一个变量的整体变化态势并不意味着它所有的构成要素也具有同样的变化态势，而一个看起来相对稳定的变量也并不意味着其构成要素也都是相对稳定的。本项目研究中负面评价恐惧一项的表现就很好地说明了这一点。从总体来看，负面评价恐惧是相对稳定的，没有发生显著的变化，而用于测量负面评价恐惧 A15 这一题项却在第二次和第三次测量之间发生了显著的变化，其均值由 2.44 降低到了 2.19，这说明学生对于因为自己讲英语而受到同学嘲笑的担心在第二学期一开始出现了降低的情况。

除此之外，另外还有 3 个具体项目的变化也值得关注。虽然在两次相邻测量之间，它们的变化都没有达到显著的水平，但是它们都呈现出稳定的变化态势，这种变化不断积累，结果导致第一次和第四次测量结果之间到达了显著性的水平。这 3 个题项是 A1（“英语课上，当我听不懂老师讲的英文时，我会紧张”）、A3（“我总是觉得其他同学的英语水平比我高”）和 A5（“我在没有准备的情况下发言时，会感到紧张”）。A1 测量的是负面评价恐惧，第一次测量时它的均值 3.34，其后便逐渐降低，最终在第四次测量时降低到 2.90（$p<.01$）。与此相照应，A3 同样测量受试负面评价恐惧的水平，它的均值也呈现出依次降低的态势，从第一次测量时的 3.14 降低到第四次测量时的 2.84（$p<.05$）。这说明，虽然负面焦虑恐惧的个别要素出现波动而导致该项目在测量期间呈现出显著的变化，但是，它总体上呈现出一种逐渐降低的态势。换言之，学生在进入大学之后，他们的负面评价恐惧的水平在逐渐地降低。A5 测量受试的交际恐惧水平，它也呈现出逐渐降低的变化态势，从第一次测量时的 3.94 逐渐降低到了第四次测量时的 3.64（$p<.05$），这说明学习者在课堂上发言的焦虑感逐渐减轻。图 13-1 显示了外语焦虑 6 个具体项目的变化态势。

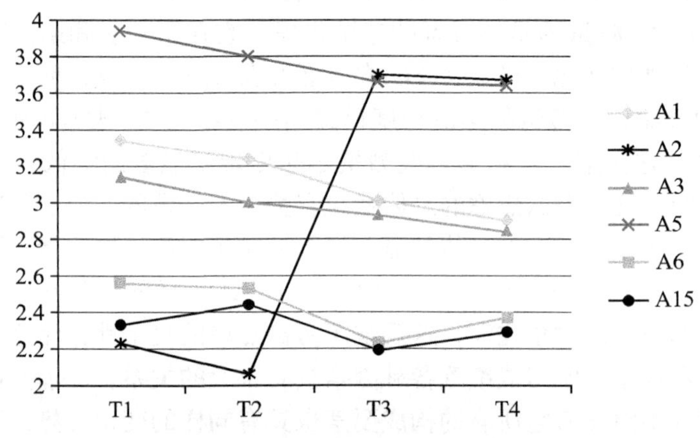

图 13-1　6 个外语焦虑题项的变化态势图

从其产生的原因来看，焦虑可以分为性格焦虑（trait anxiety）、状态焦虑（state anxiety）和情景焦虑（situation-specific anxiety）。外语焦虑可以被视为情景焦虑的一种类型，是外语学习中由独特的语言学习过程引起的自我感知、对外语学习的看法和学习外语的感觉等特殊的心理活动。也就是说，外语焦虑更多地与外语学习的具体情况密切相关，学习环境、学习成绩等的变化都有可能导致外语焦虑水平的变化，因此，外语焦虑应该属于一种动态性很强的学习者个体差异变量。本项目研究的结果在一定程度上证实了这一论证，考试焦虑呈现出很强的对学习环境的敏感性，出现了大幅度上下起伏的现象。但是，外语焦虑作为一个整体却表现出较强的稳定性，在测量期间并未发生显著的变化，造成这一差异的原因很可能与受试的年龄有很大的关系。本项目的受试都是 18 岁左右的大学生，他们的心理成熟度较高，处于一种相对稳定的状态，因此，他们的外语焦虑程度可能不像年龄小的学习者那样更容易受到环境的影响。关于这一点，还需要做进一步的研究。

13.2　影响外语焦虑动态变化的因素

由上一节的讨论可以看出，从总体来看，外语焦虑的总体表现比较稳定，只有考试焦虑在第一次和第二次测量之间发生了显著性的变化；而在测量外语焦虑的 15 个具体题项中，有 6 个题项发生了显著的变化。为了探究影响外语焦虑动态变化的因素，我们以包括直接变量和外语焦虑之外的中介变量为自变量，以发生显著变化的考试焦虑和 6 个具体题项为因变量，对发生显著变化的两个时间点之间进行了交叉滞后回归分析。分析的结果表明，学习策略和努力程度两个直接变量对外语焦虑的动态变化的影响非常有限。如表 13-3 所示，在所有前测的直接变量中，只有所付出的学习时间对 A6 题项（“我担心自己英语考试不及格”）在第二时间点到第三时间点的变化产生了显著的影响（$\beta=-.264$，$p<.05$），这说明学习时间对于考试焦虑具有负向的影响作用，学习者所付出的学习时间越长，考试焦虑水平也就越低。

表 13-3　直接变量与外语焦虑的交叉滞后回归分析数据

	TAN	A1	A2	A2	A3
	β（B1A2）	β（B1A4）	β（B2A3）	β（B1A4）	β（B1A4）
CST	–.002	–.170	–.002	.001	–.121
MST	–.003	–.179	.049	.070	–.175
AST	–.005	–.066	–.065	–.097	–.061
SST	–.005	–.058	.186	.016	–.014
EFF	.001	–.164	–.089	–.119	–.205
DET	.003	–.071	–.092	–.098	–.123
PER	.001	–.161	–.093	–.097	–.220
LEN	.002	.230	–.043	–.016	–.189

（续表）

	A5	A6	A15		
	β（B1A4）	β（B2A3）	β（B2A3）		
CST	–.161	–.083	–.092		
MST	–.083	.017	–.033		
AST	–.079	–.036	–.029		
SST	–.063	–.020	.011		
EFF	–.229	–.207	–.184		
DET	–.187	–.196	–.079		
PER	–.179	–.128	–.180		
LEN	–.220	–.264*	–.213		

*p<.05

（CST：认知策略；MST：元认知策略；AST：情感策略；SST：社会策略；EFF：努力程度；DET：克服困难的决心；PER：持续进行外语学习的毅力；LEN：所付出的学习时间）

下面来看学习观念对于外语焦虑动态变化所产生的影响。表 13-4 显示了有关的交叉滞后回归分析的结果。

表 13-4　学习观念与外语焦虑的交叉滞后回归分析数据

	TAN	A1	A2	A2	A3
	β（B1A2）	β（B1A4）	β（B2A3）	β（B1A4）	β（B1A4）
SEB	–.007	–.257*	.073	–.062	–.154
BLS	–.004	–.027	–.167	–.110	.119
BLA	.001	.092	–.076	–.163	.069
BNL	.007	–.040	.059	.033	–.011
BD	.006	.011	–.049	–.013	.056
	A5	A6	A15		
	β（B1A4）	β（B2A3）	β（B2A3）		
SEB	–.281*	–.163	–.137		
BLS	–.278*	–.092	.131		
BLA	.108	.076	.121		
BNL	.045	–.016	.065		
BD	.053	–.034	.102		

*p<.05

（SEB：自我效能观念；BLS：学习策略观念；BLA：语言学能观念；BNL：学习本质观念；BD：学习难度观念）

为了判断学习观念是否对外语焦虑的动态变化产生影响，我们以学习观念作为自变量，外语焦虑作为因变量进行交叉滞后回归分析。由表 13-4 中的数据可以看出，所有学习观念变量对考试焦虑的影响均未达到显著水平，说明学习者所持的学习观念对他们的考试焦虑水平没有显著的影响。对具体项目的分析发现，自我效能观念对题项 A1（“英语课上，当我听不懂老师讲的英文时，我会紧张”）具有显著的负向影响（β =–.257，p<.05），这说明自我效能观念对负面评价恐惧具有负向的影响作用，学习者的自我效能感越强，他们在英语课上的负面评价恐惧就会越弱。自我效能观念对题项 A5（“我在没有准备的情况下发言时，会感到紧张”）也产生了显著的负向影响（β =–.281，p<.05），这说明自我效能感也对交际恐惧具有负向的影响。以上两项发现均表明，自我效能观念能够有效缓解学习者的负面评价恐惧和交际恐惧，进而降低他们的焦虑水平。此外，学习策略观念对题项 5 也具有显著的负向影响（β =–.278，p<.05），这表明学习策略观念对交际恐惧具有负向的影响作用，也就是说，正确的学习策略观念可以有效地缓解学习者的交际恐惧水平。

再来看学习风格对于外语焦虑的动态变化所产生的影响。表 13-5 列出了有关的数据分析结果。

表 13-5　学习风格与外语焦虑的交叉滞后回归分析数据

	TAN	A1	A2	A2	A3
	β（B1A2）	β（B1A4）	β（B2A3）	β（B1A4）	β（B1A4）
AUD	.001	–.009	–.078	.118	–.004
VIS	.001	–.064	.045	.118	–.063
TAC	.001	.133	–.238*	–.234*	.001
KIN	.001	–.050	.122	.067	–.080
	A5	A6	A15		
	β（B1A4）	β（B2A3）	β（B2A3）		
AUD	–.037	.020	–.063		
VIS	.041	–.010	–.033		
TAC	.088	.152	.017		
KIN	–.077	.200*	–.003		

*p<.05

（AUD：听觉型；VIS：视觉型；TAC：触觉型；KIN：动觉型）

为了判断学习风格是否对外语焦虑的动态变化产生影响，我们以学习风格作为自变量，外语焦虑作为因变量进行交叉滞后回归分析。结果如表 13-5 所示，学习风格对考试焦虑的影响未达到显著水平。但是对具体外语焦虑变量的分析显示，学习风格对外语焦虑的影响主要体现在题项 A2 和 A6 上。首先，触觉型风格对题项 A2（“多上些英语课对于我来说一点问题也没有”）在第二、第三测量时间点之间和第一、第四测量时间点之间的变化都产生了显著的负向影响，这说明触觉型风格对考试焦虑具有正向的影响作用，学习者的触觉型风格越强，他们的考试焦虑程度也就有可能越强。原因可能是学习者对动手操作的偏好与目前主流的英语课堂教学不匹配，导致学习者产生较高的焦虑。此外，研究还发现，动觉型风格对题项 A6（“我担心自己英语考试不及格”）具有显著的正向影响，这说明动觉型学习风格对考试焦虑也具有正向的影响，学习者的动觉型风格越强，他们的考试焦虑水平也就有可能越高。动觉型学习者喜欢以表演、做动作等方式学习，而这类运动型学习方式似乎并不能对学习者的考试成绩和应试能力产生立竿见影的提升效果，因此容易导致学习者对考试产生焦虑感。

最后来看学习动机对外语焦虑的动态变化所产生的影响。表 13-6 显示了有关的数据分析结果。

表 13-6　学习动机与外语焦虑的交叉滞后回归分析数据

	TAN	A1	A2	A2	A3
	β（B1A2）	β（B1A4）	β（B2A3）	β（B1A4）	β（B1A4）
ITM	.003	–.205	–.101	–.167	–.108
ISM	.001	.021	.193	.033	–.038
ATT	.002	–.109	–.011	.011	–.137
	A5	A6	A15		
	β（B1A4）	β（B2A3）	β（B2A3）		
ITM	–.083	–.110	–.129		
ISM	.070	–.002	.037		
ATT	–.089	.012	–.074		

（ITM：融入型动机；ISM：工具型动机；ATT：态度）

如表 13-6 所示，学习动机对考试焦虑的影响未达到显著水平，对具体外语焦虑问题题项的变化也没有产生显著的影响，这说明学习动机对外语焦虑的动态变化没有产生影响。

综上所述，影响外语焦虑动态变化的个体差异变量主要包括学习观念和学习风格。除此之外，本项目的定性研究部分的数据表明，环境因素对于学习者外语焦虑水平的影响很大，尤其是对考试焦虑水平的影响特别明显。不论是在学习日记还是在访谈部分学生的回答中，都显示出了这一点。

考试焦虑是由一定的考试情境激发的负面情绪，因此，随着重要考试的临近，学生对考试的焦虑感会呈现出增加的趋势。一位被试在学习日记中描述了自己在第一学期期末考试备考期间的焦虑表现：

"离期末考试的日子越来越近了，这是我上大学以来的第一次期末考试，是该好好准备复习的时候了……花了很多时间复习单词，但总感觉效率不高，总是记不住单词，背了就忘，背了就忘，越着急越记不住，感觉脑子已经跳闸了，现在一看到英语，注意力就无法集中，让我很恼火。"

另一名学生也表现出类似的担忧：

"明天就要考试了，我还有好多单词没记住，昨晚只睡了不到三个小时，一直拼命复习，头都大了，可是还有好多题不会做。"

下面是一个考试失败的学生描述自己在补考前的心理状态。由于承受了巨大的心理压力，他在考试前出现了严重的焦虑厌学情绪。

"如果这次考试再不过，我就完了，拿不到学分，毕业就拿不到学位证。他们（父母）又不让我出国，万一失业了，该怎么办……这两天上课精神很差，看到英语心里就烦，听不下去，没兴趣学习，一直沉迷于玩游戏，我自己也知道这样不对，就是没办法控制自己。"

课堂上学习任务难度的提升会导致学生交际畏惧水平增高。随着学习任务难度的增加，被试完成学习任务时的紧张焦虑感也随之增强。一位被试在学习日记中记录了自己的学习体会：

"今天一大早就有英语视听说课，这是我最紧张的一门课了，因为英语听说读写里，我的听说能力最差了，上学期还好，这学期明显感觉费劲。比如每个单元的对话模式，上个学期都是印好的，照着念都行了，撑死了就和同桌分角色背几句呗，也没什么负担，但这学期，字小了，字多了，空多了，空长了，朗读者语速很快，还总有连读，这句还没反应过来，下句都念了一半了，我常常手忙脚乱，越着急越听不出来，全神贯注地听都听不清楚，生怕被老师叫起来表演对话。"

另一位学习者也记录了类似的学习经历：

“今天我们学习了一个快速阅读技巧 scanning，一篇看起来很长的文章，回答一个问题只需要几秒钟，但是我总是关注不到给出关键提示的词，而且在时间的压力下，越着急就越找不出答案。今天的课是有史以来最费脑细胞的一节，我感觉到了焦虑和无所适从。”

在外语课堂上，其他同学的课堂表现也会对学生的交际畏惧水平产生影响。对于某些学生而言，与优秀学生的对比会增加他们的心理压力，容易导致交际畏惧感。一个被试描述了自己的一次小组演讲经历：

“今天上课轮到我们小组做 presentation，谈的是 fashion，我同桌第一个讲，他口语说得很棒，大家一直鼓掌，给我很大压力，其实本来我不紧张，却开始磕巴，背熟的稿怎么都想不起来，脑子里一片空白，不知道怎么回事，一着急居然说了个日语单词，他们一笑我就更紧张了……”

环境对负面评价恐惧也具有直接的影响。一位被试在学习日记中描述了英语课堂给自己带来的焦虑感：

“每次的英语课都让我感到好紧张，因为我的英语基础不是很好，再者，没有练过太多听力，所以老师放听力我都不能听出答案，同学们的发言让我知道我在英语口语即语言交流方面也很落后，然后也害怕老师提问，害怕答不上来，多种原因造成上课时不能很好地集中精力听讲……”

与此相对照，一位被试描述了轻松愉悦的课堂气氛如何减少了自己的负面评价恐惧，增强了自己外语学习的自信心：

“直到大一的时候我对英语仍有抵触的心理，但慢慢地，我发现我喜欢英语课的学习气氛，说错了没有老师的责怪，没有同学的嘲笑，取而代之的是大家的掌声和鼓励，我又像初中一样敢说敢写了……我找回了自信，我会像以前一样努力学习英语的。”

基于网络平台的学习环境能够有效改善学习者的负面评价恐惧。一位被试在学习日记中指出，网络学习环境能够减少或打消自己在英语课堂上的很多顾虑：

“虽然网络学习没有老师的指导，但是在网络中可以更加大胆，课堂上或许不敢举手，不敢大声朗读，在网络课堂上你可以随心所欲，不用担心表现不好被人笑话，如何学效率最高就按那条路走。不懂的地方可以多听几遍，不会读的地方可以反复读，不用担心跟不上进度，对于像我这样平时比较内向的同学来说应该是个佳径。”

13.3　外语焦虑与学习成绩

13.3.1　外语焦虑对学习成绩的影响

我们以总体焦虑水平、考试焦虑、交际畏惧和负面评价恐惧作为自变量，学习成绩作为因变量进行交叉滞后回归分析，以此来确定外语焦虑对学习成绩的影响。表 13-7 显示了有关的数据分析结果。

表 13-7　外语焦虑与学习成绩的交叉滞后回归分析结果

	β（A1B2）	β（A2B3）	β（A3B4）
ANX	–.027	.030	–.027
TAN	–.056	.135	.022
CA	.059	–.134	.043
FNC	–.024	–.055	–.049

如表 13-7 所示，所有三种类型的外语焦虑变量以及总体焦虑水平对学习成绩的回归系数都没有达到显著水平，这说明外语焦虑在整个个体差异系统中的作用主要体现在对其他个体差异变量的影响上，而非直接影响学习成绩的变化。我们又采用因果关系建模的方法。对外语焦虑对学习成绩的影响进行了研究。表 13-8 显示了有关的结果。

表 13-8　外语焦虑与学习成绩的因果关系建模分析数据

Predictor	Dependent	Direct effect	Indirect effect	Total effect
ANX1	PRO1	–.22	–.04	–.26
ANX2	PRO2	–.21	–.03	–.24
ANX3	PRO3	–.19	–.03	–.22
ANX4	PRO4	–.20	–.03	–.23

如表 13-8 所示，在四个时间测量点上外语焦虑都对学习成绩产生了直接的负面影响，这与交叉滞后回归分析的结果是不一致的。产生这一现象的原因可能在于，外语焦虑不会直接影响学习者学习成绩本身，但是可能会影响到他们在考试中的发挥，致使考试成绩低于他们的真实水平。外语焦虑是一种紧张不安的心理状态，会在考试过程中严重影响学习者的认知处理过程，从而导致考试成绩不能真实地反映他们的实际学习成绩（MacIntyre & Gardner，1994）。

13.3.2 学习成绩对外语焦虑的反向作用

为了判断学习成绩是否会引起考试焦虑变化，我们以学习成绩作为自变量，以在测量期间发生了显著变化的考试焦虑以及具体的问题题项作为因变量进行交叉滞后回归分析，结果如表 13-9 所示。

表 13-9 学习成绩与外语焦虑的交叉滞后回归分析结果

	TAN	A1	A2	A2	A3
	β（B1A2）	β（B1A4）	β（B2A3）	β（B1A4）	β（B1A4）
LP	.002	–.232	–.138	–.049	–.212
RP	.002	–.286*	–.015	–.015	–.305*
SP	.001	–.157	–.160	–.039	–.279*
WP	.003	.228	–.147	–.127	–.249*
	A5	A6	A15		
	β（B1A4）	β（B2A3）	β（B2A3）		
LP	–.162	–.017	–.080		
RP	–.174	–.147	–.208*		
SP	–.082	–.043	–.096		
WP	–.094	–.037	–.102		

*p<.05

（LP：听力成绩；RP：阅读成绩；SP：口语成绩；WP：写作成绩）

由表 13-9 可以看出，四项外语学习成绩对总体考试焦虑的回归系数都没有达到显著水平，但是通过对具体题项的结果分析，还是可以看出学习成绩对外语焦虑产生了一定的反向作用。有关的分析表明，阅读成绩对题项 A1（“英语课上，当我听不懂老师讲的英文时，我会紧张”）在第一时间点到第二时间点的变化具有显著的影响（β = –.286，p< .05），说明随着学习者阅读水平的提高，他们课堂上的紧张感降低。阅读成绩、口语成绩和写作成绩对题项 A3（“我总是觉得其他同学的英语水平比我高”）在第一时间点到第四时间点的变化具有显著的影响，回归系数分别为 –.305、–.279 和 –.249（p< .05），说明随着学习者阅读、口语和写作水平的提高，他们认为自己与其他同学的差距减小，外语学习的焦虑感就会降低。阅读成绩对题项 A15（“我担心自己说英语时，别的同学会笑话我”）在第二时间点到第三时间点的变化具有显著的影响（β = –.208，p< .05），说明学习者阅读水平的提升能够有效降低他们说英语时的担忧和顾虑。

为了进一步检验学习成绩对外语焦虑的反向作用，我们又采用因果关系建模的方式进行了进一步的分析，表 13-10 显示了有关的分析结果。根据因果建模结果，学习成绩对外语焦虑的直接影响和间接影响如表 13-10 所示。

表 13-10　学习成绩与外语焦虑的因果关系建模分析数据

Predictor	Dependent	Direct effect	Indirect effect	Total effect
PRO1	ANX1	0	–.020	–.020
PRO2	ANX2	0	–.022	–.022
PRO3	ANX3	0	–.022	–.022
PRO4	ANX 4	0	–.021	–.021

数据表明，学习成绩对外语焦虑不具有直接的影响，而且间接影响也比较微弱，未达到显著水平。这说明，虽然学习成绩对于外语焦虑的动态变化具有一定的影响，但是强度不大，而且是间接的。由此可以看出，外语焦虑属于一种比较顽固的负面心理状态，学习成绩的变化并不会带来焦虑状态的明显改善，这很可能与人的性格有很大关系。虽然外语焦虑可以被视为一种情景焦虑，但是它与性格焦虑具有密切的关系，尤其是神经质性格强的人更容易产生焦虑的情感（Ormel et al.，2013）。

13.4　小结

本章对外语焦虑的动态变化及其影响因素以及外语焦虑和学习成绩之间的相互关系进行了系统的研究，主要发现可以概括为以下几点：

（1）对于大一的英语学习者来说，外语焦虑表现最为突出的是交际恐惧，它的均值明显高于考试焦虑和负面评价恐惧，而且在测量期间一直保持较高的水平。

（2）外语焦虑作为一个整体并未发生显著的变化，但是考试焦虑、负面评价恐惧和交际恐惧都发生了显著的变化，其中考试焦虑表现出上下起伏的状况，而交际恐惧和负面评价恐惧则表现出稳定的逐渐降低的态势。

（3）学习策略对外语焦虑的动态变化没有产生影响。

（4）努力程度对考试焦虑的动态变化产生了影响，这主要表现在所付出的学习时间对考试焦虑的负面影响上，学习者在外语学习上所花费的时间越多，他们的考试焦虑程度也就越低。

（5）学习观念对外语焦虑的动态变化产生了影响，具体表现为：a. 自我效能观念对负面评价恐惧具有负向的影响作用，学习者的自我效能感越强，他们在英语课上的负面评价恐惧就会越弱。b. 学习策略观念对交际恐惧具有负向的影响作用，正确的学习策略观念可以有效地缓解学习者的交际恐惧水平。

（6）学习风格对外语焦虑的动态变化产生了一定的影响，具体表现为：a. 触觉型风格对考试焦虑具有正向的影响作用，学习者的触觉型风格越强，他们的考试焦虑程度也就有可能越强。b. 动觉型学习风格对考试焦虑也具有正向的影响，学习者的运动型风格越强，他们的考试焦虑水平也就有可能越高。

（7）学习动机对外语焦虑的动态变化没有产生影响。

（8）环境对于外语焦虑具有很强的直接的影响。

（9）外语焦虑不会直接影响学习成绩，但是它可能会影响到学习者在考试中的发挥，从而导致他们的考试成绩偏低。

（10）虽然学习成绩对于外语焦虑的动态变化具有一定的影响，但是强度不大，而且是间接的。

第 14 章

中国英语学习者个体差异动态系统

在前面的 8 个章节中，我们以第 5 章建立的学习者个体差异动态系统的基本框架为基础，对语言学能和性格与其他个体差异变量的相关性，学习策略、努力程度、学习观念、学习风格、学习动机和外语焦虑相互之间的动态互动以及它们与学习成绩之间的关系进行了全面系统的研究。本章将按照整个项目研究的思路，对前几章研究的主要发现进行全面的梳理，对学习者个体差异系统的基本框架做进一步的反思，并在此基础上构建一个更为合理完整的中国英语学习者个体差异动态系统。

14.1 个体差异变量的分类

在第 5 章中，我们以各个个体差异变量对学习成绩影响的直接性为基础，把语言学能、性格、学习观念、学习风格、学习动机、外语焦虑、学习策略和努力程度分为内隐变量、中介变量和直接变量，又根据它们的动态性把它们分为稳定变量、相对稳定变量和易动变量（具体分类情况见表 5-1）。下面从作用的直接性和动态性两个方面来总结本项目研究的结果，其中核心的结果见表 14-1。

表 14-1 个体差异变量的动态性及其对学习成绩影响的直接性

个体差异变量	具体构成要素	具体动态性	整体动态性	作用的直接性
语言学能	语音编码能力	稳定	稳定	高度相关
	语法敏感性	稳定		
	机械记忆能力	稳定		
性　格	内 / 外向	稳定	稳定	低相关
	神经质	稳定		
	精神质	稳定		

（续表）

个体差异变量	具体构成要素	具体动态性	整体动态性	作用的直接性
学习观念	自我效能观念	变化	稳定	间接
	学习策略观念	变化		
	学习难度观念	变化		
	学习本质观念	稳定		
	语言学能观念	稳定		
学习风格	视觉型	稳定	稳定	间接
	听觉型	稳定		
	触觉型	变化		
	动觉型	变化		
学习动机	融入型动机	变化	变化	间接
	工具型动机	稳定		
	态度	变化		
外语焦虑	考试焦虑	变化	稳定	间接
	交际恐惧	稳定		
	负面评价恐惧	变化		
学习策略	认知策略	变化	变化	直接
	元认知策略	变化		
	情感策略	稳定		
	社会策略	稳定		
努力程度	克服困难的决心	变化	稳定	直接
	持续进行外语学习的毅力	变化		
	所付出的学习时间	变化		

本项目研究的结果进一步证明了语言学能和性格两个变量的稳定性，不论是作为一个整体，还是其具体构成要素，在测量期间均未发生显著的变化，因此，把它们作为稳定变量是合适的。当然，稳定也是相对的，也只是说它们在短时间内不会发生显著的变化，而从长时间来看它们也是变化的。Roberts 等人（2010）对有关性格研究的成果进行了全面的对比分析，他们把研究的对象分为青少年组（10—18 岁）、大学生组（18—22 岁）、

22—30 岁组，其后每十岁区间为一组，一直到 70 岁，70 岁以上又分为一组，共得到了八个组；然后对他们在性格测试中的均值进行对比。结果表明，在人的一生之中，性格一直处于不断的变化过程之中。Briley 和 Tucker-Drob（2014）的研究表明，性格的形成除了先天因素外，还受到外部环境的影响，而外部环境是不断变化的，这也就导致了性格的变化。语言学能也同样如此，从语音编码能力、语法敏感性、归纳学习能力和机械记忆能力来看，它们都会在生命的不同阶段呈现出不同的特征。以记忆能力为例，儿童从出生到七八岁左右，他们的记忆能力会得到迅速的提升，也会随着知识的不断积累而不断地增强；而中年之后人的记忆能力会随着年龄的增长而不断衰退（Schacter & Moscovitch，1984）。

从语言学能和性格对学习成绩的相关性来看，语言学能和性格的作用又有所差异。第 6 章中对语言学能和学习成绩之间的相关性分析表明，语言学能与学习成绩之间具有高度的相关性，而且这种相关是全方位的：不仅语言学能的总体水平会影响到总体的学习成绩，而且语音编码能力、语法敏感性和机械记忆能力都与各项外语学习成绩具有高度的相关性。这说明，语言学能对学习成绩具有高度的预测性，语言学能高的学习者更有可能在外语学习上取得好的学习成绩。而第 7 章中对于性格与学习成绩的相关性研究表明，除了内外向性格与阅读成绩之间呈现出显著的负相关之外，性格在总体上与学习成绩没有明显的相关性，它在外语学习中的作用主要体现在它对中介变量和直接变量的影响上。由此可以看出，虽然语言学能和性格都属于内隐性的稳定变量，但是，它们在整个个体差异系统中的作用是不同的。性格可以看作是一种调适变量，它不会直接影响学习成绩，而是为其他个体差异变量的变化提供了一种认知的环境，通过调节它们的变化而间接地影响到学习成绩。这种作用不仅体现在个体差异变量本身，也表现在学习者对学习环境的反馈上。例如，具有某种性格特点的人可能会对外部学习环境的变化特别敏感，会及时根据环境的变化调整自己的学习动机、学习策略或者其他的变量；而其他性格的人则可能对环境不够敏感。与性格相比，语言学能具有双重性：一方面，它可以被看作是一种条件变量，为外语学习者提供了必要的学习条件，语言学能高的人更可能取得更好的学习成绩，换言之，要想取得外语学习的成功，学习者的语言学能必须要达到一定的水平；另一方面，它也和性格一样是一种调适变量，学习者虽然并不一定要充分了解自己的语言学能，但会在潜意识之中进行自我调适，不断地调整各个个体差异变量。

在第 5 章中，我们把学习观念、学习风格、学习动机和外语焦虑作为相对稳定变量，而把学习策略和努力程度作为易动变量。由表 14-1 可以看出，上述各个变量都发生了显著性的变化。在上述六种变量之中，有两种变量（学习动机和学习策略）在测量期内不仅整体发生了显著的变化，它们的构成要素的变化也达到了显著的程度；另外四种变量，虽然整体保持稳定，但是它们的构成要素发生了显著的变化。由此得出，在考虑变量的动态变化时，不应过分看重该变量的整体变化情况，而应以其构成要素的动态变化作为主要的衡量依据。因为一个变量的动态变化是以其各个构成要素的变化的均值来衡量的，如果该变量的构成要素出现高低起伏的变化，在一段时间之内，增加的值与减少的值相互叠加抵消，那么它在均值的体现上就不明显。一个事物的动态变化主要有两种类型：一种类型是高低起伏的变化；另一种类型是持续的增加或者减少。对于学习者个体差异的变化来说，它们应该更多地属于前者，因为某个变量或者变量的某个构成要素不太可能无休止地增加或者减少，它们总会在达到一定程度之后，又逐渐恢复到一种平衡的状态。由此可以看出，上述六种变量在动态性上并无本质性的区别，因此难以再把它们区分为相对稳定变量和易动变量，而应该统称为易动变量。从六种变量对学习成绩作用的直接性来看，除了学习策略和努力程度之外，其他四种变量对于学习成绩的影响都是间接的，这就进一步证实了我们之前对中介变量和直接变量之间的区分。

综上所述，我们可以根据个体差异变量对学习成绩影响的层次性把它们分为内隐变量（包括语言学能和性格）、中介变量（包括学习观念、学习风格、学习动机和外语焦虑）和直接变量（包括学习策略和努力程度），还可以根据它们的动态性把它们分为稳定变量（即两种内隐变量）和易动变量（包括中介变量和直接变量）。换而言之，两种内隐变量都是稳定的[1]，而其他所有的个体差异变量都是很容易发生变化的。

14.2 变量之间的互动关系

本节将对本项目研究所发现的学习者个体差异变量之间的互动关系作一梳理。首先来看语言学能和性格两个内隐变量与其他变量之间的关系。如上文所述，由于内隐变量具有较强的稳定性，它们在测量期间并未发生显著的变化，不能通过交叉滞后回归分析的方式来分析它们对其他变量的

1 如上文所述，这里所说的稳定都是相对的，只是说它们在短时间之内不会发生显著的变化。

动态变化所产生的影响，于是采取了相关性分析对它们与其他变量之间的相关性进行了研究。结果表明，它们都与其他个体差异变量具有全面的相关性。鉴于这一结果以及两个变量的性质，我们认为，两个内隐变量对中介变量和直接变量的影响是整体性的。另外，我们还发现性格和语言学能之间也具有一定的相关性，也就是说，性格和语言学能之间有可能存在着内在的相互关联和影响。语言学能可以被视为人类整体智能的一个组成部分，长期的心理学研究也发现了两者之间具有密切的关系（Boekaerts, 1995）。除此之外，我们还发现，环境对于所有的中介变量和直接变量的动态变化都产生了影响。此外，环境也应该对两种内隐变量具有一定的影响，因为语言学能和性格的形成都是先天与后天因素共同作用的结果，因此，它对于这些个体差异变量的影响也是整体性的。

在第 5 章中，我们以前期的相关研究为基础梳理出 22 条个体差异变量互动的可能路径（见图 5-1），去除其中关于语言学能和性格对其他变量的作用路径以及某些变量对学习成绩的作用路径之后，还剩下 13 条。通过对本项目相关研究成果的全面梳理，发现除了“学习动机影响外语焦虑”这一条之外，其他的 12 条都得到了证实，它们分别是：

（1）学习观念影响学习策略，这主要表现在学习策略观念对认知策略的影响上。学习策略观念是指学习者持有的具体应该如何学习外语的看法，而认知策略则是指学习者对语言信息进行加工、整理和记忆等的方法，两者之间的关系是显而易见的。一个人有什么样的认识往往就会采取相应的行为，例如，如果某个学习者认为“要记牢单词就一定要反复读写”，那么他就很有可能这样去做。

（2）学习动机影响学习策略，这主要表现在融入型动机对认知策略的影响上。这并不意味着工具型动机对学习策略就没有影响，只不过它一直保持在一个很高的水平上，没有发生显著的变化而已。学习动机主要是指学习的目的，也就是为什么要学英语，而不同的动机选择，则直接会影响学习策略的选择。如果一个人学习英语的目的仅仅是为了满足某次考试的需要，他很可能会选择那些更有利于带来直接影响的学习策略，如背诵词汇表等；如果他想要融入英语语言和文化之中，希望能够流利地使用英语与英语本族语人士交流，那么他选择的学习策略可能就大不相同。

（3）学习风格影响学习策略，这主要表现在视觉型和动觉型学习风格对认知策略以及触觉型学习风格对元认知策略的影响上。处于不断自我调适过程中的学习者，往往会根据自身的学习风格来选择最为适合的具体学习策略。例如，一个具有较强的动觉型学习风格的学习者更愿意利用动作、面部表情等肢体语言来学习英语，因此，学习风格的改变也就自然地带来了学习策略的变化。

（4）努力程度影响学习策略，这主要表现在学习者努力程度的变化不仅会影响他们的认知策略，也有可能会影响他们的元认知策略。例如，一个努力程度高的学习者更有可能具有计划性，也更有可能采用更多的策略来学习。

（5）外语焦虑影响学习策略，这主要表现在交际恐惧对认知策略以及考试焦虑对元认知策略的负面影响上。具有交际恐惧的学习者很可能会有意识地回避一些需要直接与他人交流的学习策略，而考试焦虑的存在则有可能导致学习者采取一些急功近利的做法，降低他们学习的计划性。

（6）学习动机影响努力程度，这主要表现在它对学习者持续进行外语学习的毅力以及所付出的学习时间的影响上。有意思的是，本项目研究发现，融入型动机和工具型动机对于努力程度具有同样的影响作用；也就是说，不论学习者具有融入型动机还是工具型动机，只要是动机的增强都会带来学习者努力程度的提高。

（7）外语焦虑影响努力程度，这主要表现在交际恐惧和负面评价恐惧对所付出的学习时间的负面影响上。本项目研究进一步证明，学习者的外语焦虑水平越高，他们在英语学习上所付出的时间就越少。

（8）学习观念影响学习动机，这主要表现在自我效能观念和学习难度观念都对融入型动机有影响：前者的影响是正向的，而后者的影响则是负向的。自我效能观念强的学习者更有可能具有较强的融入型动机，而与之形成鲜明对比的是，如果学习者认为外语学习的难度较大，那么他的融入型动机就会相应地变弱。学习观念对学习动机的影响还表现在学习策略观念也对工具型动机有影响。学习者越是相信学习策略能够有效改善学习状况，就越倾向于借助英语来学好其他专业，从而具有更强的工具型动机。另外，语言学能观念和学习本质观念对态度也有影响。学习者具有较强的语言学能观念以及对语言学习本质所持有的观点和看法能够促进学习者形成积极的学习态度。

（9）学习观念影响外语焦虑，这主要表现在自我效能观念对负面评价恐惧和交际恐惧的影响上。自我效能观念的增强可以有效地降低学习者的负面评价恐惧和交际恐惧。另外，学习策略观念对交际恐惧具有负向的影响作用，也就是说，正确的学习策略观念可以有效地缓解学习者的交际恐惧水平。

（10）学习成绩影响努力程度。学习成绩的好坏对努力程度具有反向的影响作用，且这一影响是整体性的。学习成绩的提高会带来学习者克服困难的决心和持续进行外语学习的毅力的增强，也会使他们愿意付出更多的时间来学习外语。

（11）学习成绩影响学习观念。学习成绩对学习观念具有反向的影响作用。从总体上来看，学习成绩作为一个整体，它主要影响学习者的自我效能观念，而这一影响则主要体现在口语成绩上。这一结果合乎逻辑，因为学习者在感受到学习成绩提高之后自然就会增强英语学习的自信心，尤其是口语成绩的提高给学习者带来的主观感受更为明显。另外，听力成绩和写作成绩也影响了学习者的学习策略观念。

（12）学习成绩影响学习动机。学习成绩对学习动机也具有反向的影响。学习成绩的提高会显著地增强学习者的动机，包括工具型动机和融入型动机。这说明，学习者在英语学习上取得的成绩越大，他们的工具型动机和融入型动机也就越强。

除了验证上述 12 条作用的路径之外，本项目研究还发现了以下 14 条中介变量之间以及中介变量与直接变量相互作用的路径：

（1）学习风格影响努力程度，这主要表现在视觉型学习风格对学习者所付出的学习时间的影响上面。具有视觉型学习风格的学习者往往更容易在外语学习上花费更多的时间。视觉型的学习者更加喜欢通过阅读的方式来学习英语，尤其在中国的外语学习环境下，阅读能够给学习者提供最为丰富、最为可靠、最为便捷的学习资源，因此，他们也就更有可能在英语学习上花费更多的学习时间。

（2）学习策略影响努力程度。元认知策略的使用对学习者克服困难的决心具有积极的促进作用。另外，情感策略的使用也有助于增强他们外语学习的毅力。由此可以看出，学习策略对努力程度的影响首先表现在学习者心理层面上，并没有对学习者所付出的学习时间产生具体的影响。

（3）学习策略影响学习观念。情感策略会对自我效能观念产生积极的影响，学习者应用的情感策略越多，他们的自我效能就越强。另外，元认知策略也对学习策略观念具有一定的影响。

（4）努力程度影响学习观念。努力程度也对自我效能观念具有积极的影响，学习者的努力程度越高，他们的自我效能感也就有可能越强。

（5）学习风格影响学习观念。动觉型学习风格的增强很容易带来自我效能感的增强，而触觉型的学习风格则更有可能影响到学习策略观念。

（6）学习动机影响学习观念。融入型动机和学习态度都对自我效能观念具有积极的影响。融入型动机的增强可以带来学习者自我效能观念的提高，而正确的学习态度也会增强学习者的自我效能感。

（7）外语焦虑影响学习观念，这主要表现在考试焦虑和负面评价恐惧两个方面。考试焦虑和负面评价恐惧的增强有可能导致学习者自我效能感的降低。另外，外语焦虑对学习策略观念也具有直接的影响。

（8）学习观念影响学习风格，这主要表现在语言学习本质观念和学习难度观念对学习风格的影响上。学习难度观念的增强有可能带来触觉型学习风格的提高，语言学习本质观念则有可能影响到学习者动觉型学习风格的水平。

（9）努力程度影响学习动机，这主要表现在努力程度对学习者学习态度的积极影响上；也就是说，学习者的努力程度越高，他们就越有可能形成对教师和英语课程的积极态度。

（10）学习策略影响学习动机，元认知策略、情感策略和社会策略都可以对融入型动机产生正面的影响。学习者采用上述策略越多，他们的融入型动机也就越强。另外，认知策略对于学习者的态度也具有正向的影响。

（11）外语焦虑影响学习动机，这主要表现在交际恐惧对积极学习态度的形成具有负面的影响，而它对工具型动机的形成则有正面的影响。另外，负面评价恐惧也对积极学习态度和融入型动机的形成起到了反向的作用。

（12）努力程度影响外语焦虑。学习时间对于考试焦虑具有负向的影响作用。学习者所付出的学习时间越长，考试焦虑水平也就越低。

（13）学习风格影响外语焦虑。触觉型和动觉型的学习风格更有可能带来考试焦虑水平的提高，换而言之，具有上述两种学习风格的学习者更有可能具有高水平的考试焦虑。

（14）学习成绩影响学习策略。学习成绩对学习策略具有反向的影响作用，因为语言水平的局限往往会使得学习者不能很好地运用一些学习策略。

14.3　学习者个体差异的动态系统

基于上述讨论，我们对第 5 章所提出的框架模型进行修正，在此基础上，建立一个中国英语学习者个体差异的动态系统。

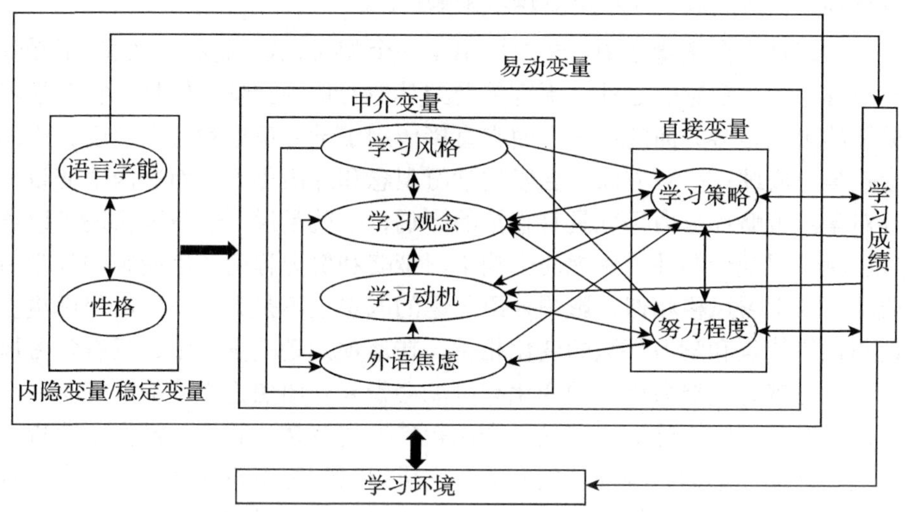

图 14–1　中国英语学习者个体差异的动态系统 [2]

如图 14-1 所示，我们所构建的中国英语学习者个体差异的动态系统包括三大部分：

1. 个体差异

个体差异包括稳定变量和易动变量两个部分。稳定变量即内隐变量，包括语言学能和性格两种，它们都属于相对稳定的变量，两者之间由于学习者的自适应作用具有一定程度的相互影响。语言学能和性格作为调适变量会影响到所有的易动变量。另外，语言学能还作为一种条件变量直接影响最终的学习成绩。除了上述两种变量之外，性别也可以归入内隐变量的范畴。

易动变量包括直接变量和中介变量两种类型，其中直接变量会对学习成绩产生直接的影响，而中介变量则要通过影响直接变量而对学习成绩产生作用。在两种直接变量中，学习策略最容易受到其他变量的影响，包括学习风格、学习观念、学习动机和外语焦虑在内的所有中介变量的变化都

2　图中方框表示个体差异变量的类型，椭圆形表示个体差异变量，箭头表示系统构成要素之间的相互作用，单箭头表示作用的方向是单向的，双箭头表示两者之间是相互作用的。

有可能带来学习策略的变化，而且与它同属于直接变量的努力程度也会影响到学习策略。另外，学习成绩的变化也会给学习策略带来直接的影响。与学习策略相比，影响努力程度的变量要少一个，那就是学习观念，即学习观念不会对努力程度产生直接的影响。

在四种中介变量之中，学习风格是一个相对稳定的变量，它除了受到学习观念的一定影响之外，不容易受到其他变量的影响。但是，它对学习成绩的影响是多方面的：一方面它直接作用于学习策略和努力程度，进而影响学习成绩；另一方面它会影响学习观念和外语焦虑，而这两个变量又都对学习策略和努力程度具有直接的影响，也就是说，学习风格还可以通过影响学习观念和外语焦虑而影响学习策略和努力程度，进而影响到学习成绩。与学习风格相似，影响外语焦虑的因素也不是太多。外语焦虑更多地与性格特点和学习环境的变化相关，在诸项易动变量之中，只有学习风格、学习观念和努力程度的变化有可能会带来外语焦虑水平的改变。在个体差异变量之中，外语焦虑是一个比较特殊的变量，其特殊性主要表现在它对于其他变量的影响都是负向的，它可以对学习策略和努力程度产生直接的影响，并通过它们影响学习成绩，也可以通过影响学习动机和学习观念间接影响学习策略和努力程度，进而影响学习成绩。

与学习风格和外语焦虑相比，影响学习观念和学习动机的因素较多。对于学习观念来说，学习风格、学习动机、外语焦虑、学习策略和努力程度等其他所有的易动变量以及学习成绩都会对它产生影响，而学习观念也会通过对学习策略的直接影响而间接影响到学习成绩。另外，学习观念还会影响学习风格、学习动机和外语焦虑，而它们又会对学习策略和努力程度产生直接的影响，也就是说，学习观念还可以通过影响其他三种中介变量去影响直接变量，进而影响到最终的学习成绩。学习动机的情况与学习观念基本相同，但是它与学习风格之间没有直接的关系。

2. 学习环境

与内隐变量一样，学习环境对于所有的易动变量都具有影响作用。学习环境的改变很容易导致学习风格、学习观念、学习动机、外语焦虑、学习策略和努力程度的变化。但是，与内隐变量所不同的是，学习环境与易动变量的影响作用是相互的，易动变量的改变也有可能带来学习环境的变化。例如，教师有可能会根据学生的个体差异的具体情况调整教学方法，为学生提供不同的学习材料，或者给予不同的学习任务。虽然学习环境不会直接影响学习成绩，它要通过对易动变量的影响而间接地对学习成绩产生作用，但是学习成绩会对学习环境产生直接的影响。学习成绩的高低有可能会带来教材、教学方法和学习任务等学习环境诸多要素的变化。

另外，学习环境和内隐变量之间也具有直接的联系。首先，语言学能和性格的养成是先天和后天共同作用的结果，也就是说，学习环境也可以带来语言学能和性格的改变，尽管这种改变不会像其他的变量那么明显。例如，语言学习的实践有可能提高学习者语法的敏感性或者归纳能力，而丰富多彩的课堂交际活动也有可能使得学习者更加外向，从而影响到他们的性格。其次，内隐变量也有可能带来学习环境的变化，例如，一个好的老师会根据学生的语言学能和性格特点调整自己的教学。

3. 学习成绩

学习成绩是众多个体差异变量与学习环境相互作用而产生的结果，除了语言学能对于学习成绩的直接影响之外，内隐变量和中介变量都通过对直接变量的影响间接地作用于学习成绩，而学习策略和努力程度两种直接变量对学习成绩具有直接的影响。但是，它们的影响作用是比较复杂的，学习策略使用种类和频率的增加以及努力程度的提高并不一定会带来学习成绩的提高。学习策略使用的恰当性是关键，也就是说，只有真正适合学习者具体情况的学习策略才有可能带来学习成绩的提高。而对于努力程度来说，它必须要与学习策略和语言学能共同配合，才有可能对学习成绩产生直接的影响。另外，学习成绩还可以直接反作用于学习策略、努力程度、学习环境、学习观念和学习动机。

14.4　动态系统的特点

我们所建立的中国英语学习者个体差异的动态系统充分体现了动态系统理论的特点，这主要表现在以下几个方面：

（1）完全相关性。动态系统理论主张系统构成要素之间具有完全的相关性，而学习者个体差异的动态系统正是如此，各个变量之间都是相互关联的，这种关联可以被分为直接关联和间接关联两种类型。所谓直接关联是指两个变量之间具有直接的联系。上文提到的 26 条作用路径，如学习风格影响外语焦虑等，就属于此类的关联。根据变量之间影响的方向性，直接关联还可以进一步分为单向关联和双向关联两种：前者是指两个变量之间的影响作用是单向的；后者是指两个变量之间的影响作用是相互的、双向的。例如，外语焦虑和学习动机之间的关联是单向的，外语焦虑可以影响学习动机，但是学习动机不会影响外语焦虑；学习观念和学习动机之间的影响则是双向的，学习观念可以影响学习动机，学习动机也会影响学习观念。所谓间接关联是指两个变量之间没有直接的联系，它们通过与其他变量的直接联系而关联起来。例如，如图 14-1 所示，学习风格与学习成绩之间没有直接的关联性，但是学习风格与学习策略和努力程度之间具有直接的关联，而学习策略和努力程度又与学习成绩之间具有直接的关联，这样，学习风格就与学习成绩之间具有了间接的关联性。通过不同变量之间的直接与间接的关联，系统内任何两个要素之间都是相互关联的，也就可以通过这些关联理清个体差异变量之间以及它们与学习成绩之间的相互关系，即它们相互作用的路径。

（2）动态性。动态性是动态系统理论的核心特征之一。在一个动态系统之中，每一个构成要素都不是静止不变的，都处于不断变化的过程之中，但是，这并不意味着它们在变化的速度和广度上都是完全一样的，个体差异系统的各个变量之间还存在着动态的差异性。这种差异首先表现在不同的变量作为一个整体，它们的变化速度是不一样的。语言学能和性格这两种内隐变量的变化速度较慢，不会在短时间内发生大的变化，是相对稳定的。而与此相比，其他的各种变量的变化速度则比较快，因此我们把它们称为易动变量。但是在易动变量之间，它们的动态性也存在着差异，而这种差异往往与一个变量在系统中与其他变量之间的关联密切相关；换言之，有可能影响该变量的因素越多，它的动态性也就越强。例如，在中介变量之中，学习风格的动态性最低，因为只有学习观念一种变量会对它产生直接的影响；学习观念的动态性则最强，因为能够对它产生直接影响的变量最多。另外，动态性的差异还表现在同一个变量之内的构成要素之间也存在着变化速度的不同。例如，学习观念包括自我效能观念、学习本质观念、语言学能观念、学习难度观念和学习策略观念等五种，其中自我效能观念的变化速度是最快的，具有很强的动态性，而其他各种构成要素的变化速度则相对较慢。一个富有活力的动态系统充分体现了动态性与稳定性的统一性，稳定是相对的，而动态变化则是绝对的，稳定之中包含着动态变化，而动态变化之中则又包含着一定的稳定性，两者之间相互融合，共生共存。没有一定的稳定性，我们就无法识别事物的固有特质，也就无法识别事物的存在，动态性就失去了存在的基础；而没有一定的动态性，事物就失去了活力，也就没有稳定性可言。

结合系统的完全相关性以及它的动态性，我们可以对系统中的某个变量进行更加深入的考察。在这里我们提出“变量活性”的概念，并以此来描述一个变量的活跃程度。由上述描述可以看出，虽然所有的变量是完全相关的，但是它们在系统中所起的作用是不同的，有的变量属于积极性的变量，具有较高的活性程度。我们可以从两个方面来衡量一个变量的活性程度：一是它的影响力，也就是说它有可能对多少变量产生直接的影响；二是它的动态性，只有那些动态性强的变量才有可能发挥它的影响力。影响力和动态性两者之间是相辅相成的，影响力的大小显示了一个变量活性的可能性，而动态性的强度则显示了它的活性实现的现实性，两者缺一不可。例如，对于两个内隐变量来说，虽然它们与易动变量具有完全的相关性，但是由于它们的动态性不强，它们的活性程度也就不高。对于个体差异系统中的易动变量来说，我们可以根据两个数值来确定它们的活性程度：一个是能够影响它的变量数量，这标志着该变量的动态性程度，能够影响它的变量数量越多，该变量发生动态变化的可能性就越大；另一个数值是它能够影响的变量数量，这标志着它的影响力大小。这样，我们把上述两个数值相加，就可以得到一个变量的活性程度。因此，四种中介变量的活性程度由低到高的顺序排列依次为：学习风格（5）、外语焦虑（7）、学习动机（8）、学习观念（10）。活性程度的概念不仅适宜于个体差异变量，也可以用来衡量变量的构成要素。例如，在学习观念之中，自我效能观念就属于活性程度最高的因素，因为它不仅具有很强的动态性，而且对于其他变量的影响力也比较大。

（3）复杂性。复杂性是动态系统理论的另一个核心特点。由图 14-1 可以看出，英语学习者个体差异的动态系统具有很高的复杂性。首先，从构成要素来看，这一系统由众多的变量构成，其中套嵌着众多的子系统。图 14-2 可以进一步表示个体差异系统的构成结构。

由图 14-2 可以看出，个体差异系统之内包含稳定变量和易动变量两个子系统，而易动变量又包括中介变量和直接变量两个子系统，每个子系统都包含各自不同的具体变量，每个变量本身又由不同的要素构成，因此这些变量也可以被视作一个系统。这样层层递进，个体差异系统就具备了相当的复杂性。另外，这一系统复杂性还体现在系统内部诸要素之间以及系统与外部要素之间的相互作用上。如上文所述，系统内部诸要素之间因为各种直接和间接的关联具有了完全的相关性，它们之间相互作用，相互影响，这就使得我们不可能把任何一个要素孤立地提取出来，而且这一复杂性又因为个体差异系统与学习成绩和学习环境之间的互动得到了进一步的增强。

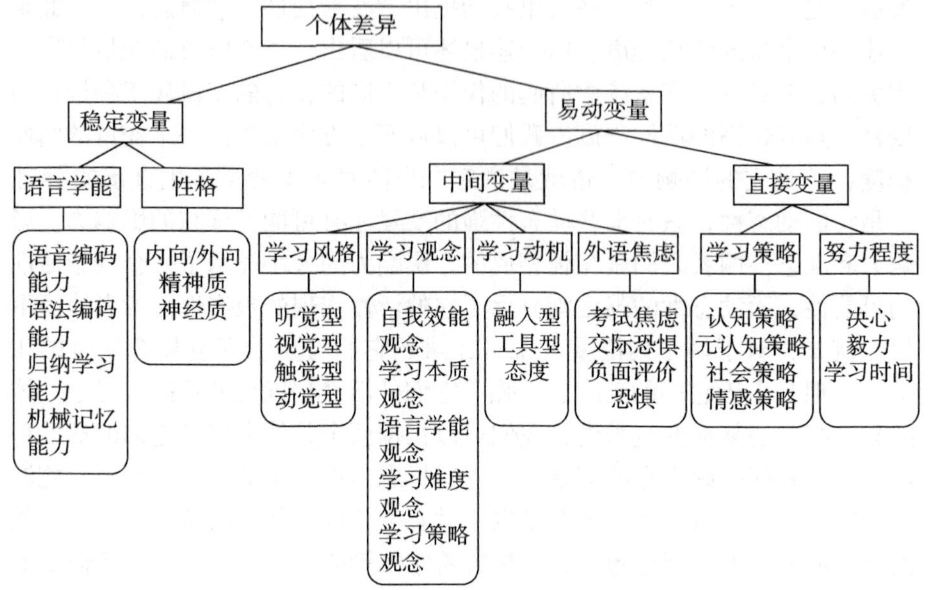

图 14-2　学习者个体差异系统的构成结构

（4）非线性。从动态系统理论角度建立的个体差异系统，使我们对于个体差异对最终学习成绩的影响有了更为深刻的认识，那就是作用的非线性，即某个因素的增加或者减少的结果并不一定会带来学习成绩相应的提高或者降低。在这一方面首先值得关注的是“蝴蝶效应”，即某个要素的细小变化有可能会带来整个系统的连锁反应，从而带来学习成绩的巨大变化。除此之外，还应注意另外一种现象：某个构成要素产生了巨大的变化，但是由于整个系统的相互影响而导致该变化的作用逐渐减弱，不会对最终的结果产生显著的影响。不妨把这种现象称为“泯灭效应”。“蝴蝶效应”在外语教学中的体现是一个未经注意的变化带来了意想不到的效果，而“泯灭效应”的体现则是教师和学生费了很大的气力去改变某一个变量，但是并没有因此而得到预期的结果。

（5）系统的自我组织性。个体差异是学习者所具有的个性特征，而每一个人都具有自我调适的能力。这种能力包括两种情况：一是有意识的调适；另一种是潜意识的调适。所谓有意识的调适是指人们为了生存或者提高工作效率而主动调整的能力。例如，在使用了新的教材之后，教师会根据新教材的要求而主动调整教学方法，而学生也会主动地调整学习策略。这种主动调适是研究者所普遍关注的问题，但对潜意识的调适的关注却显得不足。在本项目研究中，我们有意识地加强了这一方面的研究，采用相关性分析的方法，全面研究了语言学能和性格与其他变量的相关性。结果表明，学习者会在潜意识之中进行不断的自我调整。任何系统都是动态的，而这一动态变化的本质就是一个系统不断自我组织的过程。

14.5　小结

本章以第 5 章所提出的学习者个体差异的框架系统为基础，结合本项目研究的分析结果，建立了一个中国英语学习者个体差异的动态系统。这一系统能够很好地体现学习者个体差异的特性，它们之间以及它们与学习环境和学习成绩的互动关系，也充分体现了动态系统理论的核心特点。除此之外，本章提出了两个重要问题值得关注：一是关于变量活性程度的概念，这一概念的提出有助于我们在对待一个复杂的动态系统时把握一些关键的因素；另一个是关于“泯灭效应”的概念，它与“蝴蝶效应”一起可以解释复杂的动态系统的行为。当然，目前还只是基于本项目研究的结果初步提出了这两个概念，还需要我们继续做深入的研究。

第15章

结　语

从动态系统理论的视角对学习者个体差异进行研究，目前还处在起步的阶段，对于有关的研究问题和研究方法等目前还没有形成统一的看法。在本项目研究中，我们只是在这一研究领域进行了一定的尝试。在本书前十四个章节中，我们对这一尝试的背景、思路、方法以及结果进行了全面的描述与讨论，并得出了一定的结论。到此为止，本书的写作已经接近尾声。作为本书的最后一章，我们有必要对整个研究进行总结反思，以期对后来的研究者有所启发。另外，对学习者个体差异进行研究的根本目的还在于提高英语教学的效率，因此，本章还要讨论本项目研究的成果对于英语教学的启发意义。

15.1　研究反思

研究反思的工作将从两个方面展开：一是对整个的研究做一个全面的总结；二是结合本项目研究的局限性以及我们研究的体会，讨论在动态系统理论的视角下开展个体差异研究在今后的发展方向。

15.1.1　研究总结

对于本项目研究的总结将从研究内容和研究方法两个方面进行。从研究内容来看，各种不同的学术研究都可以被分为宏观和微观两种类型。而在动态系统理论的框架下研究学习者的个体差异也不例外，我们也可以把它们分为宏观研究和微观研究两大类。所谓宏观研究就是把所有的个体差异要素都包括在内，从整体上来看个体差异要素之间的动态性、相关性以及它们与学习环境和学习成绩之间的关系。而微观研究则是专门针对某一种个体差异变量，仔细分析它的内在构成要素、这些要素之间的相互关系以及它们与学习环境之间的关系。Dörnyei（2005，2009）所做的关于学习动机的研究和 Robinson（2005，2012）关于语言学能的研究就属于微观研究。宏观研究与微观研究之间是相辅相成的，两者缺一不可。宏观研究可以使我们从整体上把握系统的整体及其构成要素之间的相互关系，从而确定某个构成要素在整个系统中的功能与定位，为微观研究奠定基础；微观研究则可以使我们更加深入细致地了解系统内要素的特性，进而更加详细地认识整个系统。

本项目属于宏观研究。我们从宏观的角度，把学习者个体差异作为一个整体，力图构建一个中国英语学习者个体差异的动态系统。在这个系统当中，我们不仅要考虑个体差异变量本身，还要考虑它们与学习环境以及学习成绩之间的互动关系。为了实现上述目标，我们的研究围绕着以下几个问题进行：（1）学习者个体差异变量的动态性，也就是它们变化速度的差异；（2）它们的动态变化规律，包括它们的变化态势以及造成这些变化的相关因素，也就是个体差异变量之间的互动关系；（3）个体差异变量与学习成绩之间的关系，不仅包括前者对后者的影响，还包括后者对前者的反作用；（4）学习环境对个体差异变量的影响。应该说，本项目的研究还是比较成功的，其成功之处主要表现在以下四个方面：

第一，对个体差异变量的层次性进行了研究。学习者个体差异的各种变量都与人的心理具有密切的关系。人的心理最为复杂，各种思想与情感相互交织，在不断的变化以及重组之中表现出新的形态，产生新的意义。而这些变化都与人的经历密切相关。例如，本项目研究表明，努力程度可以影响人的外语焦虑，也就是说学习者在英语学习上的决心越大，表现出的毅力越强，所付出的时间越多，他们的外语焦虑程度也就有可能越低。这是一个典型的学习经历影响心理状态的实例。此外，他们在生活中所经历的事情也会对学习者的心理状态产生显著的影响。例如，一次求职的经历很可能会影响到他们的学习动机。一个人的经历与他所处的环境密切相关，而环境本身又是一个极其复杂的动态系统，在这一系统之中，各种社会与文化因素相互交织在一起，相互影响，不停地发生着变化。因此，学习者个体差异系统实际上就是一个以学习者为中心的复杂系统。而从复杂科学的角度来看，每个系统都是由不同层次的要素所构成的，而高层次的复杂行为都可以被视为低层次要素简单的互动行为涌现的结果。在本项目研究中，根据个体差异变量对学习成绩影响的直接性程度，并参照它们的心理与行为属性，把个体差异变量分为内隐变量、中介变量和直接变量三种类型，这一划分对于我们认识各种变量的性质具有重要的意义，与此同时，这也有助于我们认识各种变量在整个系统中的地位与作用。

第二，全面关注个体差异变量之间的互动关系，弥补了前期相关研究的不足。例如，我们从动态系统理论的自我组织性出发，研究了语言学能与其他个体差异变量之间的相关性，避免了以往语言学能研究主要放在语言学能的构成要素以及它与学习成绩之间的关系上、而对它与其他个体差异变量之间的关系重视不足的弊端。本项目研究的结果表明，语言学能与其他变量之间具有完全的相关性，这进一步证实了学习者的内在自我调适作用，也证明了本研究的意义和作用。通过此次全面的研究，证实了许多前期研究的成果，其中主要包括在 14 章所提到的 12 条作用的路径。更为重要的是，通过本项目的研究，我们还发现了 14 条相互作用的路径，这有助于更加全面地认识个体差异变量之间的互动性。另外，从动态系统理论的角度出发，全面关注个体差异变量以及它们之间的相互关系，有助于我们解释前期的相关研究中结论彼此矛盾的问题。例如，关于外语焦虑与学习成绩之间的关系，有的研究认为外语焦虑会直接地影响学习成绩，还有的研究认为不会。通过对外语焦虑与其他变量以及与学习成绩之间的相互作用的分析，我们发现，外语焦虑主要通过影响其他变量进而影响到学习成绩；因此它不会直接影响学习成绩，但是外语焦虑会影响学习者在考试过程中的发挥与表现，致使他们的考试成绩不能真正反映他们实际的英语水平。

第三，把个体差异变量置于更为广泛的背景之下。本研究在关注个体差异对学习成绩的影响的同时，还重点关注了学习成绩对于个体差异的反作用。从动态系统理论的观点来看，两个变量之间往往是互为因果的，在一个变量对另一个变量产生影响的同时，受影响的变量也有可能会对影响它的变量产生反作用。因此，以往单纯关注个体差异对学习成绩影响的研究是不全面的。另外，我们还把学习环境纳入到本项目的研究之中，结果表明，环境的变化对于所有的个体差异变量都具有直接的影响。

第四，初步建立起一个比较完整的中国英语学习者个体差异的动态系统模型。正如我们在上一章所描述的那样，这一模型充分体现了动态系统理论的动态性、完全相关性、复杂性、非线性和自我组织性等基本原则，填补了目前学界在该领域宏观研究的空白。这对于我们从整体上把握学习者个体差异、了解它们之间的动态变化规律和互动关系、深入认识外语学习的规律具有一定的意义，同时也会对今后开展同类的研究具有重要的启发和借鉴意义。

在利用动态系统理论进行学习者个体差异研究的同时，我们也对动态系统理论本身有所贡献，这主要体现在我们在 14 章所提到的变量活性的概念以及“泯灭效应”。前者可以用来描述系统变量的作用，有助于我们把握系统中关键因素；后者是相对于“蝴蝶效应”而提出来的，它可以使我们更加全面地描述和解释系统的涌现行为。当然，我们并不是动态系统理论的真正专家，这两个概念的提出只是基于我们有限的知识和肤浅的理解，是否有道理以及是否已经有人提出类似的思想和概念还需要做进一步的研究与论证。另外，“蝴蝶效应”和“泯灭效应”作为两个相互对应的现象，它们发生的条件以及发生的规律也需要做更多地思考。

除了上述几点之外，我们还可以从二语习得或者外语学习过程的角度来思考我们所建立的中国英语学习者个体差异的动态系统。首先，该系统所包含的各种个体差异变量实际上都是影响外语学习过程的重要因素。例如，语言学能属于认知的范畴，是学习者学习英语的能力；动机是学习的目的；学习风格是整体的学习方式；而学习策略则介于动机和学习风格之间，用来指对一些具体学习任务所采取的具体措施。换言之，这些因素实际上可以回答学习者在学习过程中在具有什么样的学习能力和性格特点的情况下，产生了什么样的学习动机和学习观念，进而采取了什么样的学习方法并付出了多少的努力，最终取得了什么样的结果等一系列的问题。更为重要的是，本项目的研究充分考虑了环境和时间对于个体差异因素的影响，正如 Ellis 和 Larsen-Freeman（2006：563）所指出的那样，在二语习得研究领域，“在不考虑环境和时间因素的情况下，把某一结果简单地归因于任何一个变量（甚至是一组变量）都是误导的”。本研究很好地避免了这一问题。因此，本项目的研究具有重要的实用价值，对于外语教学具有直接的指导意义。

上述成绩的取得都是在动态系统理论的指导之下取得的，这充分说明了该理论在二语习得和外语学习研究中的重要指导意义和强大的生命力。

下面再来看研究方法。Larsen-Freeman 和 Cameron（2008）曾经提出了动态系统理论框架下语言学习与发展研究的七种基本方法，本研究采用了其中所提到的纵向跟踪研究的方法。结果表明，这种方法比较适合学习者个体差异的研究，研究方法的设计也比较符合方法论的基本原则，包括：

（1）具备生态的有效性，把环境因素作为系统组成部分加以研究。在本项目研究中，我们把学习环境分为教学环境、家庭环境和社会环境三大部分，并通过学习日志和访谈两种定性研究的方法，针对学习环境对学习者个体差异的影响进行了比较全面的研究。定性研究（又称质性研究）关注学习者经历过以及感受到的学习体验，力图理解在学习环境的作用之下学习者个体差异动态变化以及相互影响的内在规律。在定性研究中，访谈和学习日志是两种采用最多的方法。学习日志可以被认为是反省研究法的一种，学生在写作日志时可以反省自己学习的过程与得失，当然，学习日志的作用并不仅限于此，学习者还可以在其中记录学习中的重要事件。这两方面的内容对于本项目的研究都非常重要，有助于我们从外在的现象和内在的心理两个方面去挖掘学习环境与个体差异变量之间的关系。在本项目的研究中，我们发现在使用学习日志时，有两个实际性的问题尤其值得注意：一是要让学生明确学习日志的内容，在开始研究之前要给学生提供明确的写作导引，在开始之后要针对学生写作日志的具体情况给予具体的辅导，从而确保写作内容的有效性；二是学生积极性的维持。跟踪研究一般都要持续较长的时间，而大多数学生都没有写学习日志的习惯，要让他们长时间地坚持这样做是一件非常不容易的事情。我们的体会是，要很好地做到这一点，关键在于要让学生从中受益。首先要让学生通过自我的反思达到认识自我、促进学习的目的，另外还要经常给予学生一定的鼓励，甚至是物质的回报。访谈可以分为结构式访谈、非结构式访谈、非定向访谈以及聚焦访谈四种类型（Cohen & Manion，1994）。在本项目研究中，我们采用了半结构式访谈的方法，在访谈之前设计了一些指导性的问题，从而有效地控制调查结果的可靠程度；在访谈过程中研究人员在完成预先设计的提问的同时，也会根据学生的回答，灵活地追加一些问题，从而获得更多、更深入的信息。采用学习日志和访谈的方法，把定量研究和定性研究相结合，充分发挥两者的长处，实现两者之间的互补。

（2）重视系统的复杂性，把所有可能对系统产生影响的因素考虑在内。关于这一点前文也已经谈到，本项目的研究很好地做到了。但是，系统的复杂性也给研究带来了极大的挑战，因为把所有的变量都考虑在内无疑会增加测量的复杂程度。学习者个体差异的变量众多，而且不同学者对于这些变量的区分以及各个变量的具体构成要素也不尽相同。这就要求在全面性和可行性之间寻求一个好的平衡点，一方面要把各种因素尽可能包括在研究的范围之内，另一方面也要尽可能的简约化，否则如果研究涉及过多的变量将会难以进行。不妨以语言学能为例来说明这一点。经典的观点认为语言学能包括语音编码能力、语法编码能力、归纳学习能力和机械记忆能力四个方面，而 Robinson（2005）所提出的语言学能综合体要比这一经典的观点复杂得多。为了解决上述困难，我们采用了寻求最大公约数的办法，也就是在全面理清相关研究的基础上，找出大家所普遍接受的定义与分类，以实现全面性和简约化之间的平衡。从实际的效果来看，这种做法是合适的，能够实现本项目研究的目的。

（3）以自我组织、反馈和涌现为核心概念，考虑各个变量之间的不断变化的关系以及系统的动态过程。应该说，本项目的研究主要围绕自我组织和反馈两个核心的概念，而对涌现的概念并没有给予太多的关注，这与研究的问题与目标有很大的关系。本项目研究的核心在于个体差异变量之间以及它们与学习环境和学习成绩之间的互动关系，并以此为基础构建中国英语学习者个体差异的动态系统，并没有考虑整个系统的运行状况，因此也就没有对涌现予以足够的关注。研究个体差异变量的动态性，其中一个关键的问题在于研究对象的选择，围绕着研究目的，选择那些动态变化最为明显的学习者更为适合。在本项目研究中，我们选取大一的学生作为研究的对象，实践证明这是比较合适的，因为这些学生正好处于一个从中学到大学的转换状态，刚刚升入大学，面临着全新的学习环境，他们需要从各个方面进行自我调整，因此，他们的个体差异变量也会在学习环境的影响之下处于动态变化最为明显的一个阶段。而本项目的跟踪研究跨越了大一的两个学期，这一阶段恰好也是学习者经过不断的调适而逐渐进入相对稳定状态的过程。另外，研究各个变量之间的不断变化的关系以及系统的动态过程，所使用的测量工具也很重要。对各个变量动态变化的测量，我们采用了 T- 检验的方法；对语言学能和性格两个相对稳定变量与其他变量之间相关性的研究，我们采用了相关性分析的方法；在研究易动变量动态变化的影响因素以及它们与学习成绩的互动关系时，我们采用了交叉滞后回归分析的方法；而对于各个变量对学习成绩的作用路径的分析，我们则采用因果关系建模和中介效应检验的方法。实践证明，这些方法都是可行的，值得今后的研究借鉴。

（4）采用互为因果的逻辑，而不是建立简单的、大概的因果关系。这一点在整个研究设计、数据分析以及模型建立中都表现的比较突出。从我们所建立的中国英语学习者个体差异的动态系统模型可以看出，通过直接和间接两种关系，所有的个体差异变量以及它们与学习环境和学习成绩之间完全地关联起来，从而呈现出任何两个变量之间的影响都是双向的、互为因果的态势。这在很大程度上克服了先前研究中简单归因的弊端，也克服了原来的单纯二元分析法，更多地考虑了系统要素之间的互适应和系统与学习环境和学习成绩之间的软装配。

（5）关于时间尺度的问题。研究变量的动态性，测量的时间尺度是一个关键问题。测量的间隔过短，会导致研究工作量过大，更为重要的是，它会干扰学生正常的学习过程：一方面会导致测量的结果不能反映真实的情况；另一方面它很可能导致学生的反感情绪，这也会大大影响测量结果的准确性。而如果测量的时间间隔过长，又有可能漏掉一些关键的变化。这一点一直是困扰研究者的一个重要问题。虽然根据有关的理论分析，并参照相关的前期研究，我们对各种变量的动态性进行了初步分析，并以此为基础确定了一个相对合理的研究方案，但是对于时间尺度的问题仍需要做进一步的考虑。我们认为，目前所采用的时间尺度对于纵向跟踪研究来说是合适的，这样的做法能够使我们建立起一个相对可靠、完整的个体差异系统。但是，如果采用微发展研究法，在短时间内进行高强度的取样，或许会得到更为深入的结果。

15.1.2 今后的研究方向

动态系统理论的思想作为一种基本的方法论，已经被广泛地应用于各种不同的研究领域，其中包括经济学（例如，Bruun，2006）、机器人控制（例如，Aihara et al.，2015）、电信（例如，Kocarev & Vattay，2005）、生理学（例如，Dana et al.，2009）、社会心理学（例如，Nowak et al.，2013）等各个学科，它在语言学与应用语言学领域也得到了应用（王涛，2014）。而具体到学习者个体差异的研究，还存在着许多的空白。我们尝试着进行了一定工作，并取得了一定结果，但是这只是一个开端，不论是在研究内容还是在研究方法方面，还存着许多的遗憾和不足之处。以此为基础，我们还有许多工作要做。以下四个研究领域尤其值得我们关注：

（1）个体差异系统与学习环境的互动研究。虽然目前已经对学习环境与个体差异之间的关系进行了一定的研究，但是在关注系统的生态性方面，还有许多改进的空间。限于时间和精力的限制，本研究只是比较粗略地考察了学习环境对于个体差异变量的影响，至少还可以在以下几个方面做进一步的努力：第一，关于学习环境的分类和内涵还可以更加全面和细化。其实学习环境本身就是一个动态的复杂系统，从动态系统理论的角度出发，对这一系统进行详细的研究，并在此基础上研究个体差异和学习环境两个系统之间的关系将是一项具有重要意义的工作，也是极具挑战性的工作。第二，学习环境对个体差异变量的影响有待于进一步深化。本项目的研究表明，不同的个体差异变量对于环境的敏感性是不同的，有的变量具有高度的动态性，对环境的变化非常敏感，还有的变量则不太容易受到环境的影响。当对学习环境进行了更为细致的分类之后，我们还可以具体地研究到底是哪些环境因素对哪些个体差异变量、甚至是某个个体差异变量的哪些要素产生了影响。第三，个体差异和学习成绩对学习环境的影响还有待进一步的研究。在一个生态系统之中，不同的要素之间是互为环境的，社会、文化、课堂等为学习者构建了一个学习的环境系统，与此同时，学习者的个体差异以及学习成绩也构成了学习环境的环境，两者之间是相互影响、互为因果的。

（2）个体差异变量分系统的研究。动态系统理论的核心原则之一在于系统的复杂性，而复杂性主要表现在一个系统之内又内嵌着许多的子系统或者分系统。学习者个体差异系统也是如此，因为每个个体差异变量都有许多要素构成，都可以被视为一个分系统。前文谈到了宏观研究与微观研究的划分，其实两者之间不是截然分开的。首先两者是相对而言的，我们说本项目研究属于一个宏观的研究，这是就个体差异的变量而言，而就二语习得或者外语来说，这又是微观的研究。同样，对于整个的个体差异变量的系统而言，对一个变量的分系统的研究是微观的研究，但是对于其构成要素而言这又是宏观的。其次，在任何一个研究中都要同时具备宏观和微观意识。具备宏观意识就是要具备事物的整体观，善于从宏观的视野、全局的观点去把握一个变量的特点、特性以及它与其他变量之间的关系，只有这样才能使我们准确地认识该变量的功能与作用。具备微观意识就是要进行细微的研究，善于从微观的角度仔细观察与研究系统中的每个变量，只有这样才能深入地认识系统的构成要素，并在此基础上全面、深刻地理解整个系统的内在规律。这对于个体差异变量分系统的研究非常重要。一方面我们要进一步从不同的理论角度出发，全面地找出各种变量的构成要素。在本项目的研究中，各种变量构成要素的区分主要是基于前期的相关的研究，还不够细致全面。在这一方面，Robinson（2005）已经对语言学能进行了研究，并提出了语言学能综合体的概念，这非常值得借鉴。另一方面我们需要进行实证的研究，从动态系统理论的角度研究各个分系统的内在机制。要做到这一点，采用微发展研究法可能更为适合。Dörnyei（2005，2009，2012）以学习者的动机为中心，提出了动机性任务处理模型，对我们未来后续的研究很有启发。

（3）学习者个体差异系统的自我组织性。“所谓自组织系统，是指无须外界特定指令就能自行组织、自行创生、自行演化，能够自主地从无序走向有序，形成有结构的系统。……自组织是自然界和社会长期演化选择和形成的优化进化方式，它是自然界各个子系统演化过程中形成的有效利用资源和能量的方式。”（王涛，2014：15，16）每个学习者都是一个自组织系统，他会根据自身的先天因素和外部条件的变化而不断地调整自己的个体差异。那么这种自我调整是如何发生的？这是一个非常值得研究的问题。在这一领域研究的核心在于不同的个体差异变量之间是如何相互协同，不断地实现从不平衡到平衡再到新的不平衡的过程的，其中要特别关注易动变量是如何适应稳定变量的。稳定变量的形成更多地受到先天因素的影响（例如，语言学能和性格）因此它们是不容易发生变化的，在此条件之下，那些容易发生改变的变量需要更加主动适应稳定变量的特点。

（4）学习者个体差异动态系统的数学建模。社会科学研究旨在考察人类的经历与行为，它主要通过定性的研究方法来提出理论，以便解释人类行为与社会现象的复杂性。因此，它的重点在于理解或者解释，而不在于预测。但是，近年来复杂系统理论被越来越多地应用于社会科学的研究之中，这使得研究者可以借助自然科学的方法，在解释的同时，更多地去预测人类行为、心理与社会现象。包括网络、智能体建模（Agent-based model）[1]、非线性动态系统等概念的引进正在改变我们对于人类心理与社会科学的认识。随着计算机模拟的广泛应用，各种社会过程建模的准确性也越来越高，预测性能也越来越强。在本项目研究中，我们建立一个中国英语学习者个体差异系统的动态模型，但是这一模型主要还是解释性的，没有预测性。不妨这样设想，如果能够建立一个学习者个体差异的计算机模型，其中包括个体差异变量、学习环境和学习成绩三大部分，那么我们就有可能对一个学生的学习结果进行预测，及时对他在学习过程中出现的问题进行诊断以最大限度保证了学习的效果。要实现这一设想，就需要更多地采用数学的方法，引入“初始状态”“引子状态”等概念，对学习者个体差异变量之间的关系以及它们作为一个整体对学习成绩的影响做更加细致精准的研究。要做到这一点绝非易事，除了需要做更多的研究之外，还需要研究者具有更为广博的动态系统理论专业知识、数学和计算机知识以及对外语学习规律的深刻理解，也需要不同领域的专业研究人员共同合作才有可能实现。

1　智能体建模是指用以对智能体（包括个体或者群体，例如机构、组织等）的行为和互动行为进行模拟的计算模型，其目的在于观察或者预测智能体行为对于整个系统的影响。

在进行上述四个领域的研究工作时，我们还可以在研究的对象和研究方法方面做进一步的考虑。首先，研究的对象可以涵盖更多类型的英语学习者。本项目研究只是以大一的英语学习者为对象，那么其他阶段、其他类型的英语学习者是否具有同样的特点呢？这是一个值得关注的问题。小学生、中学生和大学生处在不同的发展阶段，具有不同的生理与心理特点，它们的个体差异之间的互动关系以及与环境的关系很可能会具有不同的规律。另外，英语专业的学生，由于专业要求的差异，也有可能会表现出与非英语专业学生不同的特点。此外，在研究方法方面，还可以使用更多的方法，如形成性实验、行动研究等。每种研究方法都有其长处和短处，采用不同的研究方法可以相互取长补短，所得出的结果相互参照，获得更为可靠的结论。

要完成上述四个领域的研究工作，有一点值得研究人员特别注意，那就是研究者的跨学科素养。个体差异研究属于差异心理学的研究范畴，其中所涉及的语言学能、性格等研究都具有很强的心理学学科特征，这恰恰是许多外语界人士所缺乏的。而这一工作单靠心理学界的研究者也难以完成，因为他们往往对二语习得等语言学习和教学理论缺乏足够的了解。不妨以性格这一个体差异要素来说明。Dörnyei 和 Ryan（2015）注意到，目前专门研究性格与二语习得之间关系的文献数量极少，很多学者不愿意从事这一领域的研究，即使有限的研究所得出的结论也很不一致。Dewaele（2012）发现，造成这一状况的一个重要原因就在于研究者经验的缺乏或者知识储备的不足。要想深入地研究性格对语言学习的影响，需要研究者具备性格心理学、教育心理学以及应用语言学等多方面的理论知识和研究技能，但是很少有研究者能够满足这一要求。Dewaele 和 Furnham（1999）指出，来自性格心理学界的研究者在从事这一方面的研究时，往往从整体上来解释语言行为，而不能像语言学工作者那样做出深入、细致的分析；而来自应用语言学界的研究者对于性格的分类则过于粗糙。对于这一点，我们在整个研究的过程中体会颇深。要解决这一问题，一方面需要从事二语习得研究的学者们努力改善自己的知识结构，提高自己的研究能力；另一方面，也需要不同领域的学者之间开展合作，以便取得更好的研究成果。

15.2 对英语教学的启发

从事学习者个体差异研究的根本目的在于掌握外语学习的规律，以服务于外语教学的实践，从而切实提高外语教学的效率。因此，本书的最后部分将回归到事物的本源上，讨论本项目研究的成果对于英语教学的启发意义。

（1）现实、理性地面对英语教学的成功与失败。从我们建立的英语学习者个体差异的动态系统模型可以看出，外语学习是一个极其复杂的系统，其中涉及众多的变量，各个变量之间交互影响，形成了错综复杂的关系，这些都使得我们难以预测整个系统运行所产生的结果。“蝴蝶效应”说明了系统对初始状态的敏感性，对系统的一个轻微的、不经意的影响有可能会导致巨大的效果。例如，在课堂上老师对某个学生做出了一个信任、鼓励的微笑或者点头，这一动作对老师来说很可能是无意的，但是如果被学生捕获到，影响到他的某个个体差异变量，并随之引起一系列的连锁反应，那么教师的这个不经意的举动很可能就会带来学生学习的成功。“蝴蝶效应”的作用有两种可能的结果，一种是正面的，另一种就是负面的。教师一个不经意的言行如果产生了负面的效果，带来的结果也很可能是我们难以预料的。“泯灭效应”则说明系统要素之间的作用相互影响、相互抵消的效果。在教学过程中，我们有时在某一方面下了很大的力气，结果并没有达到预期的效果，这很可能是“泯灭效应”的表现，这种情况的发生很可能与我们对于外语学习的基本规律认识不足有关。“蝴蝶效应”会使我们体会到“无心插柳柳成荫”的现实，而“泯灭效应”则会使我们感受到自己的无奈。这让我们感觉到没有人能真正确保外语教学的成果，从宏观的角度来说，某个人外语学习的成功纯属一个意外。得出这样的判断可能会让教师意外，甚至有点沮丧。但是，如果我们基于本项目的研究成果做深入的思考，或许就会觉得这样讲是有道理的。学生学习的成功是许多因素共同起作用的结果，而教师只是整个系统中很小的一部分，有很多不能控制的因素会导致“蝴蝶效应”的产生，从而导致学生学习的失败，这是不得不面对的现实。我国具有世界上为数众多的英语学习者，据教育部公布的“2014 年全国教育事业发展统计公报”所提供的数据，2014 年全国小学在校生数量为 9 451.07 万人，初中生的数量为 4 384.63 万人，高中生的数量为 4 170.65 万人，本专科学生的数量为 2 547.70 万人，研究生的数量为 184.77 万人，他们中绝大部分都是英语学习者。这就意味着在我国学习英语的人数要超过 2 亿，这还没有包括为数众多的继续在学习英语的社会人士，而美国人口的数量也不过 3 亿左右，英国人口数量也不到 7 000 万。在众多的英语学习者中，又有多少人能够取得英语学习的成功呢？很多人把这些不成功的案例归咎于教育本身，岂不知教育是一个系统工程，很多问题是远非教育本身所能解决的。同样，目前英语学习的效率普遍不高，很多在经历了多年的英语学习之后，仍然不能使用英语进行交际，这一问题的产生除了教师本身的原因外，社会文化环境对于学习者的影响也是巨大的。把这一责任完全归咎于英语教师也是不公平的，因为学习环境的问题，除了在课堂教学这一环境内教师能够有所作为外，在很多其他的方面，外语教师往往是无能为力的。

当然，这并不是要推卸教师的责任，也不是为了打击教师英语教学的积极性，而意在说明外语教学的复杂性。外语教师要重视教学的艺术性，掌握外语学习的规律和学生心理发展的规律，关注教学的细节。老子在《道德经》中说："治大国，若烹小鲜"，他讲的是为政之道，而教学也是如此。面对如此庞杂的系统和错综复杂的关系，既要举重若轻，又要举轻若重，在两者之间取得一个很好的平衡。这就要求教师具有很高的教学艺术。年轻的教师很可能会有这样的感觉，一些深受学生喜爱的老教师似乎与自己并无多大的差别，大家都在使用同样的教材与教法，但是教学的效果却大相径庭，其中的一个主要原因就在于老教师能够利用自己长期的教学经验，善于处理教学中的各种细微问题。

（2）树立教学的整体观。动态系统理论认为任何事物都不是孤立存在的，都处于一个甚至多个复杂的系统之中，它与系统中的其他因素具有完全的相关性，会与其他因素因为各种直接或者间接的关联而相互联系。在动态系统理论的视角下所进行的中国英语学习者个体差异的研究就充分说明了这一点。因此，在考虑某个个体差异变量时要具有整体的观点，不仅要考虑所关注的变量本身，还要考虑它与其他相关变量之间的相互关联与相互作用。例如，要降低学生的外语焦虑水平，除了干预外语焦虑本身之外，还要看其他哪些变量有可能会影响到外语焦虑，制订综合的方案才有可能达到预期的效果。在这一点上目前的英语教学做得还远远不够的。以学习策略的教学为例来说明。既然学习策略的使用对于语言学习的效果具有明显的影响，学习策略的指导与教学自然成为语言学习策略研究的一个重点问题。Nunan（1996，1997）提出了具体教学方案，把学习策略的明示教学融于课堂教学之中。Brown（2002）也以语言学习策略研究的成果为基础，对课堂中学习策略的教学提出了非常具体实用的指导。更为重要的是，学习策略的明示教学与常规课堂教学的结合已经产生了两种新兴的教学方法：基于方式和策略的教学方法（Styles and Strategies-based Instruction，SSBI）和认知学术语言学习方法（Cognitive Academic Language Learning

Approach，CALLA）（Anderson，2005）。但是，教学实践的结果却很不一致：有的成果（例如，Dadour & Robbings，1996；Nunan，1997；等等）证明了学习策略教学的有效性，也有一些研究（Dörnyei，1995；Oxford，2001）表明学习策略的教学对于学生语言能力的提高没有多大影响。造成这种状况的原因就在于这些方法基本上都把学习策略作为一个孤立的要素，认为学生只要掌握了正确的学习策略与方法就一定能够取得好的学习成绩。事实上，学习策略并不存在好坏之分，从动态系统理论的自适应和自我组织性的角度来看，只有好的学习策略组合或者搭配才是有效的。所谓组合有两方面的含义：一是学习策略子系统之内的组合。如上文所述，每一个个体差异变量都可以被视为一个分系统，这个分系统也是不断地进行自我组织与调配的，单个学习策略一定要与其他的策略相互协调，构成一个相互适应的学习策略组合。另一个含义是指学习策略与其他个体差异变量之间的相互组合，只有系统中的其他要素相互匹配的学习策略才是合适的。也就是说，只有那些与整体系统相吻合的学习策略组合才是有效的，而由于系统以及系统内要素的动态性，这种有效的组合也是处于不断的变化之中的。

（3）善于把握问题的关键。从我们所构建的个体差异动态系统模型来看，外语教学属于学习环境中教学环境的一部分，教师要通过一定的教学方法，通过适当的教学材料为学习者提供一个良好的学习环境，并且以干预的方式力图调整学习者的个体差异。而面对一个复杂的系统，最有效的办法是把握其中的一些关键性要素，而关键要素的确定主要要看它的活性程度。从本研究结果来看，在四种中介变量中，学习观念的活性程度最高，它可以直接的影响其他所有的个体差异变量，也就是说，通过改变学生的学习观念可以更有效地带来整个系统的改变，从而产生更为明显的教学效果。其次是学习动机，它可以直接影响学习观念、努力程度和学习策略。再次是外语焦虑，它可以直接影响努力程度、学习策略和学习动机。活性程度最低的是学习风格，一方面它的动态性较差，不容易发生变化；另一方面它与其他变量之间的相互作用也相对较少。

上述三条都是一些宏观的原则，下面结合本项目研究的主要发现，逐条来看各个个体差异变量与外语教学的关系。

（1）语言学能。语言学能是一种条件变量，人们要学好外语首先要具备基本的语言学能要求。Ehrman 和 Oxford（1995）的研究发现，在所有的个体差异变量中，语言学能与学习成绩之间的相关性是最强的。对于人人都能学好外语的观点我们是持怀疑态度的。一个人能够顺利地习得母语并不见得就一定能学好外语，因为外语学习的条件，包括学习者的认知基础、学习的环境等，都与母语大不相同。我们认为，今后要进一步区分外语学能和语言学能[2]，尽管目前一些研究者已经就外语学能的概念进行了一些研究，但是这些研究还没有完全走出语言学能的框架。具体到语言学能在外语教学中的应用，人们很自然地认为它可以预测外语学习进步的快慢，甚至最终的学习成败。Carroll 和 Sapon（1959：14）在谈到语言学能的价值时说："知道一个人的能力水平，我们就可以推论出他要想学习成功就需要付出的努力程度。一个具有较低学能成绩的学生要比成绩高的学生在语言课程上更加地努力。如果一个人的学能成绩很低，那么他就很难取得成功了。"这段话不无道理，但是我们认为要采取谨慎的态度，因为目前还不能保证语言学能测量工具的准确性。基于动态系统理论的观点以及本项目研究的结果，我们认为，不同的学习者由于先天条件的不同而表现出外语学能的差异，有的人在某些方面较强，还有的人在其他的方面则较强，外语教学应该因材施教，让学生外语学能中的强项得到最大程度的发挥，这样才有可能取得最佳的学习效果。

在考虑语言学能的问题时，我们还应该考虑它与整体智力之间的关系。两者之间存在着一定的关联性，但是又存在着很大的区分。Carroll（1962：89）指出，"学会说和理解一门外语是一个相当专门的能力，相对而言，这一能力独立于那些与智力有关的特性。"Robinson（2002）的研究也发现，语言学能和整体智力之间的相关性非常微弱。也就是说，整体智力水平高的人并不见得就能学好外语，反之亦然。

（2）性格。性格是先天与后天因素共同起作用的结果，但是性格中的某些成分是很难改变的，这是一个比较稳定的变量，因此我们不必尝试去改变一个学生的性格。但是不同的性格特点往往会表现出不同的个体差异倾向。例如，性格外向的学习者更有可能具有动觉型和听觉型的学习风格，他们的自我效能观念和对学习策略的意识也可能会更强；神经质水平高的学习者更有可能产生外语焦虑，而且他们的学习动机水平也有可能较低，另外他们的努力程度也有可能会更低。了解这些相关性可以使教师更好地了解学生，增强教学的预见性。关于性格与学习成绩之间的关系，本研究只是发现性格内向的学习者在阅读方面的表现更有可能好于性格外向的学习者。这在一定程度上说明，内外向倾向对于学习成绩的影响是多方面的，

2 这里的语言学能是专门针对母语习得而言。

有关的具体情况尚需做进一步的研究。不过，有一个值得关注的现象是，外语老师一般都喜欢性格外向的学生，因为他们在课堂上表现得更加活跃，更愿意配合老师的教学活动。但是，这并不意味着性格外向的学习者就更加适合学习外语。Ehrman（2008：70）的研究发现，“最好的语言学习者应该具有内省的性格”。当然，我们也并不主张性格外向的学习者就不适合学习外语，我们需要提醒外语老师注意的是，不要因为自己的喜好而忽视了性格内向的学习者。

（3）学习风格。学习风格是一个相对稳定的变量，另外，它与其他变量的互动性也比较差，除了性格之外，能够对它产生影响的只有学习观念一项，但是它在整个系统中的作用却是不容忽视的。学习风格有可能影响学习策略和努力程度两个直接变量，还有可能影响学习观念和外语焦虑两个中介变量。另外，我们还发现，对于中国的英语学习者来说，他们更加偏好视觉型和听觉型的学习风格，这就要求教师在教学中给学生提供丰富的视觉和听觉材料。

（4）学习观念。学习观念是整个系统中最为活跃的变量。第一，它的动态性很强，很容易在短时间发生变化；第二，几乎所有的变量都有可能会对学习观念的形成产生影响；第三，它也会影响到其他所有的个体差异变量。这就要求教师在教学中高度关注学生学习观念的变化，从各种作用路径出发，设计综合的方案来帮助学生形成正确的学习观念。在学习观念之中，有一项是特别值得关注的，那就是自我效能信念，学习观念的活性程度在它身上得到了集中的体现。因此，在英语教学中让学生形成正确的自我效能信念非常重要。

（5）学习动机。学习动机是仅次于学习观念的活跃变量，它的动态性强，与其他个体差异的变量的互动程度也比较高，因此对外语学习起着重要的作用。关于学习动机，有一点值得注意，以往我们更加强调融入型动机的培养，认为它属于内在型的动机，所发挥的作用也比较持久。我们的研究结果也进一步证实了这一点。但是我们也不能忽视工具型动机的作用，原因有三：首先，对于中国的英语学习者来说，他们的工具型动机一直保持在很高的水平，这是由我国英语学习的性质所决定的；其次，不论是融入型动机还是工具型动机，它们都会对外语学习起到积极的促进作用；第三，工具型动机和融入型动机并不存在非此即彼的矛盾，两者可以同时存在，而且还可以相互促进。因此，在培养学生学习动机时，不要一味地打压学生的工具型动机，而是要在保持学生工具型动机的同时，不断培养学生的融入型动机。另外也要注意，在强调动机的重要性的同时，不要因此而忽视了其他的个体差异因素。动机是相关领域研究中最受关注的一个个体差异变量，因为人们往往认为它对于外语学习的成败是至关重要的。本项目的研究结果表明，动机和其他的中间变量一样，对于最终的学习成绩没有直接影响，它们都是通过影响直接变量进而影响学习成绩的。

（6）外语焦虑。在各种个体差异变量中，外语焦虑是比较独特的，因为它对其他变量所产生的影响往往是负面的。外语焦虑水平高的学习者的努力程度会比较低，所使用的学习策略比较单一，学习动机水平，尤其是融入型动机的水平也比较低，所有这些都会对外语学习产生负面的影响。外语焦虑和学习成绩之间的关系值得我们注意。一般都会认为外语焦虑和学习成绩密切相关，一方面外语焦虑会直接影响学习成绩；另一方面学习成绩似乎也会直接地影响外语焦虑，因为成绩好了，学习者的外语焦虑程度自然也会降低。但是，本项目研究的成果却否定了这一点。外语焦虑主要是通过影响学习策略和努力程度来间接地影响学习成绩。本项目研究结果表明，学习成绩并不会影响学习者外语焦虑的水平。也就是说，不论学习者的成绩好坏，容易焦虑的学习者仍然会焦虑。影响焦虑水平的因素主要包括性格、学习风格、学习环境、努力程度和学习观念，而性格和学习风格都属于稳定变量，难以通过外在干预进行调整。因此，要降低学生的外语焦虑水平，应该从以下几个方面入手：a. 创造良好的学习环境，包括社会环境与教学环境；b. 形成正确的学习观念；c. 提高学习的努力程度。学习者把心思都放在学习本身，也就无暇考虑考试、交际、负面评价等问题，外语焦虑水平自然也就降低了。另外，还有一点值得教师们特别关注，那就是焦虑会影响学习者在考试过程中英语水平的发挥，也就是说，学习者的考试成绩低，并不一定是他们的水平问题，很有可能是因为学习者的焦虑心态导致学生在考试过程中产生过大的心理压力，进而干扰了他们的正常语言处理过程，从而导致他们在考试中不能把真实的水平发挥出来。对于这样的情况，就需要教师在考试之前进行必要的心理疏导，以缓解学生的焦虑。

（7）学习策略。关于学习策略与学习成绩之间的关系，本研究结果进一步证明了前期的研究结论。从学习策略的整体来看，它能否影响语言水平或者学习成绩并不在于策略使用的数量或者频率，而是在于它们使用的质量或者得体性。所以对学习策略的培训要注意树立全局的观念，这一点在上文已有讨论，在此不再赘述。关于具体的学习策略项目对于听力、口语、阅读和写作技能的影响，以下几点发现对外语教学实践具有重要的启发：a. 阅读策略，即经常阅读英文小说、杂志等对外语学习非常重要，它对听力、口语、阅读和写作都产生了显著的正面影响；b. 词汇基础对于语言水平具有重要的意义，在显著影响听、说、读、写四项技能的具体策略项目中，都有和词汇学习有关的项目，正确的词汇学习策略会促进英语水平的提高，而不正确的学习策略则起着负面的作用；c. 语音训练也是一项非常有效的学习策略，它对听力、口语和阅读水平都产生了显著的正面影响，而且这一作用一直是持续稳定的；d. 过度依赖母语会对英语水平的提高产生负面的影响，这在阅读能力方面表现得尤为突出；e. 具有较好的歧义容忍度对英语学习也很重要，容忍度过低会对阅读和写作能力产生显著的负面影响；f. 不怕出错，经常与同学一起练习英语对于口语能力的提高很有帮助。

（8）努力程度。努力程度作为一种直接变量，它可以对学习成绩产生直接的影响。同时，学习成绩的改善也会带来努力程度的提高。努力程度的作用不仅局限于此，除了影响外语焦虑程度之外，它还影响学习动机和学习观念。还有一点给人印象深刻，那就是努力程度的提高可以带来学习者对外语学习以及对教师和教学态度的改善。一个努力学习的人往往会更加注意自己的内在学习行为，而不会把更多的精力放在外部环境上。而一个学习不努力的人，他对教师、教师的教学方法、学习材料以及学习条件的要求会更高、更加挑剔，他们不愿意把学习的失败归咎于自己的不努力，而是归咎于一些外部条件上，英语中所谓的“A bad workman always blames his tools.”就是这个道理。英语学习是一件极其复杂的工作，需要学习者付出长期的努力，这一点教师必须要让学习者清楚。但是，最近这些年来，在我国的英语教学领域，尤其是在基础教学阶段，有些人打着以学生为中心的口号，强调所谓的快乐学习，不愿意把学习一门语言需要学习者付出艰辛努力的道理告诉学生，结果就会产生很多的负面效应。当然，单靠努力本身也不一定带来学习成绩的改善，努力程度还需要与学习策略以及其他的变量一起共同起作用。

15.3　小结

本章对本项目研究进行了全面的总结与反思，并在此基础上讨论了今后的研究方向以及研究结果对于英语教学的启示。现代外语教学强调以人为本的理念，强调教学要以学习者为中心，而研究学习者个体差异正是紧扣这一主题。从动态系统理论的角度为学习者个体差异的研究打开了一扇新的窗户，透过这扇窗户，我们可以看到广阔且美好的前景。但是在通往成功的路上还有很多的障碍，我们的研究只是在这条路上尝试性地迈出了一小步，希望能够为后来者带来些许启发。

参考文献

Abraham, R., & Vann, R. (1987). Strategies of two language learners: A case study. In A. Wenden & J. Rubin (eds.), *Learner strategies in language learning* (pp. 85–102). Englewood Cliffs, NJ: Prentice Hall.

Agar, M. (2004). We have met the other and we are all nonlinear: Ethnography as a nonlinear dynamic system. *Complexity, 30*(2), 16–24.

Aida, Y. (1994). Examination of Horwitz, Horwitz and Cope's construct of foreign language anxiety: The case of students of Japanese. *The Modern Language Journal, 78*(2), 155–168.

Aihara, K., Imura, J., & Ueta, T. (2015). *Analysis and control of complex dynamical systems: Robust bifurcation, dynamic attractors, and network complexity*. Berlin: Springer-Verlag.

Albert, Á. (2006). Learner creativity as a potentially important variable: Examining the relationships between learner creativity, language aptitude and level of proficiency. In M. Nikolov & J. Horváth (eds.), *UPRT 2006: Empirical studies in English applied linguistics* (pp. 77–98). Pécs: Lingua Franca Csoport.

Alpert, R., & Haber, R. (1960). Anxiety in academic achievement situations. *Journal of Abnormal and Social Psychology, 61*(2), 207–215.

Alsheikh, N. O. (2011). Three readers, three languages, three texts: The strategic reading of multilingual and multiliterate readers. *The Reading Matrix, 11*, 34–53.

Anderson, N. J. (2005). L2 learning strategies. In E. Hinkel (ed.), *Handbook of research in second language teaching and learning* (pp. 757–772). Mahwah, NJ: Lawrence Erlbaum.

Arnold, J. (1999). *Affect in language learning*. Cambridge: Cambridge University Press.

Bacon, S. M. C., & Finnemann, M. D. (1993). Sex differences in self-reported beliefs about language learning and authentic oral and written input. *Language Learning, 42*(4), 471–495.

Bak, P. (1997). *How nature works: The science of self-organized critically*. Oxford: Oxford University Press.

Bandura, A. (1977). Self-efficacy: Toward a unifying theory of behavioral changes. *Psychological Review, 84*(2), 191–215.

Bandura, A. (1986). *Social foundations of thought and action: A social cognitive theory.*

Englewood Cliffs, NJ: Prentice Hall.

Bandura, A. (1997). *Self-efficacy: The exercise of control.* New York: Freeman.

Banya, K., & Cheng, M. (1997). Beliefs about language learning: A study of beliefs of teachers' and students' cultural settings. Paper presented at the annual meeting of the Teachers of English to Speakers of Other Languages, Orlando, Florida, US.

Barab, S. (2006). Design-based research: A methodological toolkit for the learning scientist. In R. Sawyer (ed.), *The Cambridge handbook of the learning sciences* (pp. 153–169). Cambridge: Cambridge University Press.

Baranger, M. (2002). Chaos, complexity, and entropy: A physics talk for non-physicists. Retrieved March 12, 2010 from http://necsi.org/projects/baranger/cce.pdf.

Barcelos, A. M. F. (2000). *Understanding teachers' and students' language learning beliefs in experience: A Deweyan approach* (Unpublished doctoral dissertation). The University of Alabama, Tuscaloosa.

Baron, R. M., & Kenny, D. A. (1986). The moderator-mediator variable distinction in social psychological research: Conceptual, strategic, and statistical considerations. *Journal of Personality and Social Psychology, 51*(6), 1173–1182.

Barrett, L. F. (2006). Valence is a basic building block of emotional life. *Journal of Research in Personality, 40*(1), 35–55.

Batumlu D. Z., & Erden, M. (2007). The relationship between foreign language anxiety and English achievement of Yildiz Technical University School of Foreign Languages Preparatory Students. *Journal of Theory and Practice in Education, 1*(4), 24–38.

Biedroń, A. (2011). Personality factors as predictors of foreign language aptitude. *Studies in Second Language Learning and Teaching, 1*(4), 467–489.

Block, E. (1986). The comprehension strategies of second language readers. *TESOL Quarterly, 20*(3), 463–494.

Boekaerts, M. (1995). The interface between intelligence and personality as determinants of classroom learning. In D. H. Saklofske & M. Zeidner (eds.), *International handbook of personality and intelligence* (pp. 161–184). New York: Springer.

Borg, M. (2001). Teachers' beliefs. *ELT Journal, 55*(2), 186–187.

Briley, D. A., & Tucker-Drob, E. M. (2014). Genetic and environmental continuity in personality development: A meta-analysis. *Psychological Bulletin, 140*(5), 1303–1331.

Brookings, J. B., Zembar, M. J., & Hochstetler, G. M. (2003). An interpersonal circumplex/five-factor analysis of the Rejection Sensitivity Questionnaire. *Personality and Individual Differences, 34*(2), 449–461.

Brown, H. D. (1987). *Principles of language learning and teaching*. Englewood Cliffs, NJ: Prentice Hall.

Brown, H. D. (2002). *Strategies for success: A practical guide to learning English*. White Plains, NY: Pearson Education.

Bruun, C. (2006). *Advances in artificial economics: The economy as a complex dynamic system*. Berlin: Springer-Verlag.

Busch, D. (1982). Introversion-extraversion and the EFL proficiency of Japanese students. *Language Learning*, *32*(1), 109–132.

Bybee, J. (2003). Mechanisms of change in grammaticalization: The role of frequency. In R. Janda & B. Joseph (eds.), *Handbook of historical linguistics* (pp. 602–623). Oxford: Blackwell.

Byrne, D. (2002). *Interpreting quantitative data*. London: Sage.

Carrell, P. L. (1988). *Interactive approaches to second language reading*. New York: Cambridge University Press.

Carroll, J. B. (1962). The prediction of success in intensive foreign language training. In R. Glaser (ed.), *Training research and education* (pp. 87–136). Pittsburgh: University of Pittsburgh Press.

Carroll, J. B. (1981). Twenty-five years of research on foreign language aptitude. In K. C. Diller (ed.), *Individual differences and universals in language learning aptitude* (pp. 83–117). Rowley, MA: Newbury House.

Carroll, J. B. (1973). Implications of aptitude test research and psycholinguistic theory for foreign language teaching. *International Journal of Psycholinguistics*, *11*(112), 5–14.

Carroll, J. B., & Sapon, S. M. (1959). *The modern languages aptitude test*. San Antonio, Texas: The Psychological Corporation.

Cervone, D., & Pervin, L. A. (2013). *Personality: Theory and research* (12th ed.). New York: Wiley.

Chamot, A. U., Küpper, L., & Impink-Hernandez, M. V. (1988). *A study of learning strategies in foreign language instruction: The third year and final report*. Rosslyn, VA: Interstate Research Associates.

Chan, D., & Wu, G. (2004). A study of foreign language anxiety of EFL elementary school students in Taipei County. *Journal of National Taipei Teachers College*, *17*(2), 287–320.

Chang, C. Y., & Shen, M. C. (2010). The effects of beliefs about language learning and learning strategy use of junior high school EFL learners in remote districts. *Research in Higher Education Journal*, *8*, 1–8.

Chapelle, C., & Roberts, C. (1986). Ambiguity tolerance and field independence as predictors of proficiency in English as a second language. *Language Learning*,

36(1), 27–45.

Chastain, K. (1975). Affective and ability factors in second language acquisition. *Language Learning, 25*(1), 153–161.

Chen, Si-Qing. (1990). A study of communication strategies in interlanguage production by Chinese EFL learners. *Language Learning, 40*(2), 155–187.

Claxton, C. S., & Ralston, Y. (1978). *Learning styles: Their impact on teaching and administration ASHE-ERIC (Higher Education Research Report, No 10).* Washington, DC: Association for the Study of Higher Education.

Clément, R., Gardner, R. C., & Smythe, P. C. (1980). Social and individual factors in second language acquisition. *Canadian Journal of Behavioural Science, 12*(4), 293–302.

Cohen, A. D. (1998). *Strategies in learning and using a second language.* New York: Longman.

Cohen, A. D., & Aphek, E. (1981). Easifying second language learning. *Studies in Second Language Acquisition, 3*(2), 221–236.

Cohen, A. D., & Hosenfeld, C. (1981). Some use of mentalistic data in second language research. *Language Learning, 31*, 285–313.

Cohen, A. D., & Manion, L. (1994). *Research methods in education.* London: Routledge.

Cohen, A. D., & Scott, K. (1996). A synthesis of approaches to assessing language learning strategies. In R. L. Oxford (ed.), *Language learning strategies around the world: Cross-cultural perspectives* (pp. 89–106). Honolulu: University of Hawaii, Second Language Teaching and Curriculum Center.

Cortazzi, M., & Jin, L. (1996). Cultures of learning: Language classrooms in China. In H. Coleman (ed.), *Society and the language classroom* (pp.169–206). Cambridge: Cambridge University Press.

Costa Jr., P. T., & McCrae, R. R. (1997). Longitudinal stability of adult personality. In R. Hogan, J. A. Johnson & S. Briggs (eds.), *Handbook of personality psychology* (pp. 269–290). San Diego: Academic Press.

Dadour, S., & Robbings, J. (1996). University-level studies using strategy instruction to improve speaking ability in Egypt and Japan. In R. Oxford (ed.), *Language learning strategies around the world: Cross-cultural perspectives* (pp. 157–166). Honolulu: University of Hawaii, Second Language Teaching and Curriculum Center.

Dana, S. K., Roy, P. K., & Kurths, J. (2009). *Complex dynamics in physiological systems: From heart to brain.* Berlin: Springer-Verlag.

de Bot, K. (2008). Introduction: Second language development as a dynamic process. *Modern Language Journal, 92*(2), 166–178.

de Bot, K., & Larsen-Freeman, D. (2011). Researching second language development from a dynamic systems theory perspective. In M. H. Verspoor, K. de Bot & W. Lowie (eds.), *A dynamic approach to second language development: Methods and techniques* (pp. 5–23). Amsterdam: John Benjamins.

de Bot, K., Lowie, W., & Verspoor, M. (2005). *Second language acquisition: An advanced book*. London: Routledge.

de Bot, K., Lowie, W., & Verspoor, M. (2007). A dynamic systems theory approach to second language acquisition. *Bilingualism: Language and Cognition*, *10*(1), 7–21.

Deary, I. J., Penke, L., & Johnson, W. (2010). The neuroscience of human intelligence differences. *Nature Reviews, Neuroscience*, *11*(3), 201–211.

Deci, E. L., & Ryan, R. M. (1985). *Intrinsic motivation and self-determination in human behavior*. New York: Plenum.

Dewaele, J. M. (2002). Psychological and sociodemographic correlates of communication anxiety in L2 and L3 production. *The International Journal of Bilingualism*, *6*(1), 23–39.

Dewaele, J. M. (2007). The effect of multilingualism, sociobiographical, and situational factors on communicative anxiety and foreign language anxiety of mature language learners. *The International Journal of Bilingualism*, *11*(4), 391–409.

Dewaele, J. M. (2012). Personality: Personality traits as independent and dependent variables. In S. Mercer, S. Ryan & M. Williams (eds.), *Psychology for language learning: Insights from theory, research and practice* (pp. 42–57). Basingstoke: Palgrave Macmillan.

Dewaele, J. M., & Furnham, A. (1999). Extraversion: The unloved variable in applied linguistic research. *Language Learning*, *43*(3), 509–544.

Dörnyei, Z. (1995). On the teachability of communication strategies. *TESOL Quarterly*, *29*(1), 55–85.

Dörnyei, Z. (2000). Motivation in action: Towards a process-oriented conceptualization of student motivation. *British Journal of Educational Psychology*, *70*(4), 519–538.

Dörnyei, Z. (2001). *Motivational strategies in the language classroom*. Cambridge: Cambridge University Press.

Dörnyei, Z. (2005). *The psychology of the language learner: Individual differences in second language acquisition*. Mahwah NJ: Lawrence Erlbaum Associates.

Dörnyei, Z. (2006). Individual differences in second language acquisition. *AILA Review*, *19*, 42–68.

Dörnyei, Z. (2009). Individual differences: Interplay of learner characteristics and learning environment. *Language Learning*, *59*(Supplement 1), 237–255.

Dörnyei, Z. (2010). The relationship between language aptitude and language learning motivation: Individual differences from a dynamic system perspective. In E. Macaro (ed.), *Continuum companion to SLA* (pp. 247–266), London: Continuum.

Dörnyei, Z. (2012). *Motivation in language learning*. Shanghai: Shanghai Foreign Language Education Press.

Dörnyei, Z., & Clement, R. (2001). Motivational characteristics of learning different target languages: Results of a nationwide survey. In Z. Dörnyei & R. Schmidt (eds.), *Motivation and second language acquisition* (Technical Report 23, pp. 399–432). Honolulu: University of Hawaii, Second Language Teaching and Curriculum Center.

Dörnyei, Z., MacIntyre, P., & Henry, A. (2015). Introduction: Applying complex dynamic systems principles to empirical research on L2 motivation. In Z. Dörnyei, P. MacIntyre & A. Henry (eds.), *Motivational dynamics in language learning* (pp. 1–10). Bristol: Multilingual Matters.

Dörnyei, Z., & Otto, I. (1998). Motivation in action: A process model of L2 motivation. *Working Papers in Applied Linguistics (Thames Valley University, London), 4*, 43–69.

Dörnyei, Z., & Ryan, S. (2015). *The psychology of the language learner revisited*. New York & London: Routledge.

Dörnyei, Z., & Skehan, P. (2003). Individual differences in second language learning. In A. Davies & C. Elder (eds.), *The handbook of applied linguistics*. Oxford: Blackwell.

Dörnyei, Z., & Tseng, W. T. (2009). Motivational processing in interactional tasks. In A. Mackey & C. Polio (eds.), *Multiple perspectives on interaction: Second language research in honor of Susan M. Gass* (pp. 117–134). London: Routledge.

Dunn, R., & Dunn, K. (1993). *Teaching secondary students through their individualized learning styles*. Reston, VA: Reston Publishing.

Dussias, P. E. (2001). Psycholinguistic complexity in codeswitching. *International Journal of Bilingualism, 5*(1), 87–100.

Ehrman, M. E. (1998). The modern language aptitude test for predicting learning success and advising students. *Applied Language Learning, 9*(3), 31–70.

Ehrman, M. E. (2008). Personality and good language learners. In C. Griffiths (ed.), *Lessons from good language learners* (pp. 61–72). Cambridge: Cambridge University Press.

Ehrman, M. E., & Oxford, R. L. (1995). Cognition plus: Correlates of language learning success. *Modern Language Journal, 79*(1), 67–89.

Ellis, N. C., & Larsen-Freeman, D. (2006). Language emergence: Implications for applied linguistics [Introduction to the special issue]. *Applied Linguistics, 27*(4), 558–589.

Ellis, N. C., & Larsen-Freeman, D. (2009). *Language as a complex adaptive system.* Oxford: Wiley-Blackwell.

Ellis, R. (1994). *The study of second language acquisition.* Oxford: Oxford University Press.

Ellis, R. (2004). Individual differences in second language learning. In A. Davies & C. Elder (eds.), *The handbook of applied linguistics* (pp. 525–551). Malden, Mass.: Blackwell.

Ellis, R. (2008a). *The study of second language acquisition* (2nd ed.). Oxford: Oxford University Press.

Ellis, R. (2008b). Learner beliefs and language learning. *Asian EFL Journal, 10*(4), 7–25.

Elman, J. (2004). An alternative view of mental lexicon. *Trends in Cognitive Sciences, 8*(7), 301–306.

Eysenck, H. J. (2013). *The structure of human personality.* London: Routledge.

Eysenck, H. J., & Eysenck, S. B. G. (1975). *Manual of the Eysenck Personality Questionnaire.* London: Hodder and Stoughton.

Eysenck, H. J., & Eysenck, S. B. G. (1985). *Personality and individual differences: A natural science approach.* London: Plenum Press.

Eysenck, H. J., & Eysenck, S. B. G. (1991). *Eysenck Personality Scales (EPS Adult).* London: Hodder & Stoughton.

Eysenck, M. W. (1994). *Individual differences: Normal and abnormal.* Hove: Lawrence Erlbaum.

Fallan, L. (2006). Quality reform: Personality type, preferred learning style and majors in a business school. *Quality in Higher Education, 12*(2), 193–206.

Fatemi, A. H., & Vahidnia, F. (2013). Self-efficacy and motivation among Iranian EFL learners: An investigation into their relationships. *International Journal of English Language Education, 1*(3), 79–89.

Felder, R. M., & Soloman, B. A. (1991). Index of learning styles questionnaire. Retrieved December 10, 2008, from North Carolina University: http://www.engr.ncsu.edu/learningstyles/ilsweb.html.

Finkbeiner, C. (2005). *Interessen und Strategien beim fremdsprachlichen Lesen* [*Interests and strategies in foreign language reading*]. Tübingen: Narr.

Furnham, A., Johnson, C., & Rawles, R. (1985). The determinants of beliefs in human nature. *Personality and Individual Differences, 6*(6), 675–684.

Gaddis, J. L. (2002). *The landscape of history.* Oxford: Oxford University Press.

Galloway, V., & Labarca, A. (1991). From student to learner: Style, process and strategy. In D. W. Birckbichler (ed.), *New perspectives and new directions in foreign language education* (pp. 111–158). Lincolnwood: National Textbook Co. American Council on the Teaching of Foreign Languages.

Gan, Z., Humphreys, G. & Hamp-Lyons, L. (2004). Understanding successful and unsuccessful EFL students in Chinese universities. *Modern Language Journal, 88*(2), 229–244.

Ganschow, L., & Sparks, R. (1996). Anxiety about foreign language learning among high school women. *Modern Language Journal, 80*(2), 199–212.

Ganschow, L., Sparks, R., Anderson, R., Javorsky, J., Skinner, S., & Patton, J. (1994). Differences in language performance among high-, average-, and low-anxious college foreign language learners. *Modern Language Journal, 78*(1), 41–55.

Gardner, R. C. (1960). *Motivational variables in second-language acquisition* (Unpublished doctoral dissertation). McGill University, Montreal.

Gardner, R. C. (1979). Social-psychological aspects of second language acquisition. In H. Giles & R. St. Clair (eds.), *Language and social psychology* (pp. 193–220). Oxford: Blackwell.

Gardner, R. C. (1985). *Social psychology and second language learning: The role of attitudes and motivation.* London: Edward Arnold.

Gardner. R. C. (2007). Motivation and second language acquisition. *Porta Liguarum, 8*, 9–20.

Gardner, R. C., Day, J. B., & MacIntyre, P. D. (1992). Integrative motivation, induced anxiety, and language learning in a controlled environment. *Studies in Second Language Acquisition, 14*(2), 197–214.

Gardner, R. C., & Lambert, W. E. (1959). Motivational variables in second language acquisition. *Canadian Journal of Psychology, 13*(4), 166–272.

Gardner, R. C., & Lambert, W. E. (1972). *Attitudes and motivation in second language learning.* Rowley: Newbury House Publishers.

Gardner, R. C., & MacIntyre, P. D. (1992). A student's contributions to second language learning. Part I: Cognitive variables. *Language Teaching, 25*(4), 211–220.

Gardner, R. C., Masgoret, A. M., & Tremblay, P. F. (1999). Home background characteristics and second language learning. *Journal of Language and Social Psychology, 18*(4), 419–437.

Gardner, R. C., Tremblay, P. F., & Masgoret, A. M. (1997). Toward a full model of second language learning: An empirical investigation. *Modern Language Journal, 81*(3), 344–362.

Gass, S. M., Behney, J., & Plonsky, L. (2013). *Second language acquisition: An introductory course.* New York: Routledge.

Ghapanchi, Z., Khajavy, G. H., & Asadpour, S. F. (2011). L2 motivation and personality as predictors of the second language proficiency: Role of the Big Five Traits and L2 motivational self system. *Canadian Social Science, 7*(6), 148–155.

Ghavamnia, M., Kassaian, Z., & Dabaghi, A. (2011). The relationship between language learning strategies, language learning beliefs, motivation, and proficiency: A study of EFL learners in Iran. *Journal of Language Teaching and Research, 2*(5), 1156–1161.

Ghonsooly, B., & Elahi, M. (2011). Learners' self-efficacy in reading and its relation to foreign language reading anxiety and reading achievement. *Journal of English Language Teaching and Learning, 53*, 45–67.

Gilbert, J. (2009). Rhythm and phonemic awareness as a necessary precondition to literacy: Recent research. *Speak Out! 40*, 8–9.

Goffman, E. (1974). *Frame analysis*. London: Harper and Row.

Gregersen, T., & Horwitz, E. K. (2002). Language learning and perfectionism: Anxious and non-anxious language learners' reactions to their own oral performance. *Modern Language Journal, 86*(4), 562–570.

Gregorc, A. F. (1979). Learning/teaching styles: Potent forces behind them. *Educational Leadership, 36*(4), 234–236.

Grigorenko, E., Sternberg, R. J., & Ehrman, M. (2000). A theory based approach to the measurement of foreign language learning ability. *Modern Language Journal, 84*(3), 390–405.

Halliday, M. A. K. (2007). On the concept of educational linguistics. In J. Webster (ed.), *The collected works of M. A. K. Halliday, Volume 9: Language and education*. London: Continuum.

Han, Z., & Odlin, T. (2005). *Studies of fossilization in second language acquisition*. Clevedon: Multilingual Matters.

Hao, M., Liu, M., & Hao, R. P. (2004). An empirical study on anxiety and motivation in English as a foreign language. *Asian Journal of English Language Teaching, 14*, 89–104.

Heidari, F., Izadi, M., & Ahmadian, M. V. (2012). The relationship between Iranian EFL learners' self-efficacy beliefs and use of vocabulary learning strategies. *English Language Teaching, 5*(2), 174–182.

Horwitz, E. K. (1985). Surveying student beliefs about language learning and teaching in the foreign language methods course. *Foreign Language Annals, 18*(4), 333–340.

Horwitz, E. K. (1986). Preliminary evidence for the reliability and validity of a foreign language anxiety scale. *TESOL Quarterly, 20*(3), 559–562.

Horwitz, E. K. (1987). Surveying student beliefs about language learning. In A.

Wenden & J. Rubin (eds.), *Learning strategies in language learning* (pp. 119–129). Englewood Cliffs, NJ: Prentice-Hall.

Horwitz, E. K. (1988). The beliefs about language learning of beginning university foreign language students. *Modern Language Journal, 72*(3), 283–294.

Horwitz, E. K. (1989). Recent research on second language learners: Belief and anxiety. *Texas Papers on Foreign Language Education, 3*, 51–60.

Horwitz, E. K. (1990). Attending to the affective domain in the foreign language classroom. In S. S. Magnan (ed.), *Shifting the instructional focus to the learner* (pp. 15–33). Middlebury, VT: Northeast Conference on the Teaching of Foreign Languages.

Horwitz, E. K. (1999). Cultural and situational influences on foreign language learners' beliefs about language learning: A review of BALLI studies. *System, 27*(4), 557–576.

Horwitz, E. K. (2001). Language anxiety and achievement. *Annual Review of Applied Linguistics, 21*, 112–126.

Horwitz, E. K., Horwitz, M., & Cope, J. (1986). Foreign language classroom anxiety. *Modern Language Journal, 70*(2), 125–132.

Horwitz, E. K., Horwitz, M., & Cope, J. (1991). Foreign language classroom anxiety. In E. K. Horwitz & D. Young (eds.), *Language anxiety: From theory and research to classroom implications*. Englewood Cliffs, NJ: Prentice-Hall.

Hosenfeld, I. (2003). Evidence of emergent beliefs of a second language learner: A diary study. In P. Kalaja & A. M. R. Barchelors (eds.), *Beliefs about CLA: New research approaches* (pp. 37–55). Dordrecht: Kluwer Academic Publishers.

Hsiao, T. Y., & Oxford, R. L. (2002). Comparing theories of language learning strategies: A confirmatory factory analysis. *Modern Language Journal, 86*(3), 368–383.

Huang, E. Y., Lin, S. W., & Huang, T. K. (2012). What type of learning style leads to online participation in the mixed-mode e-learning environment? A study of software usage instruction. *Computers & Education, 58*(1), 338–349.

Huang, J. (2005). A diary study of difficulties and constraints in EFL learning. *System, 33*(4), 609–621.

Huang, S. C., & Tsai, R. R. (2003). A comparison between high and low English proficiency learners' beliefs. *Communication Skills, 11*, 1–11.

Hunt, T., Wallace, F. C., Doran, S., Buynitzky, K. C., & Schwartz, R. E. (1929). *George Washington University Language Aptitude Test*. Washington: Center for Psychological Services.

Jowkar, M. (2012). The relationship between perceptual learning style preferences and listening comprehension strategies of Iranian intermediate EFL learners.

Academic Research International, *2*(2), 739–745.

Kalaja, P., & Barcelos, A. M. F. (2003). Introduction. In P. Kalaja & M. F. Barcelos (eds.), *Beliefs about SLA: New research approaches* (pp. 1–4). Dordrecht: Kluwer.

Keefe, J. W. (1979). Learning style: An overview. In J. W. Keefe (ed.), *Student learning styles: Diagnosing and prescribing programs* (pp.1–17). Reston, VA: National Association of Secondary School Principals.

Keefe, J. W. (1982). Assessing student learning styles: An overview. In J. W. Keefe (ed.), *Student learning styles and brain behavior* (pp. 43–53). Reston, VA: National Association of Secondary School Principals.

Kelso, J. A. S. (1995). *Dynamic patterns: The self-organization of brain and behavior*. Cambridge, MA: MIT Press.

Khamkhien, A. (2010). Factors affecting language learning strategy reported usage by Thai and Vietnamese EFL learners. *Electronic Journal of Foreign Language Teaching*, *7*(1), 66–85.

Kiany, G. R. (1998). English proficiency and academic achievement in relation to extroversion: A preliminary study. *International Journal of Applied Linguistics*, *8*(1), 113–129.

Kimura, M. (2000). Affective factors of Japanese EFL learners at junior college in the oral communication tasks. *The Society of English Studies*, *30*(3), 5–19.

Kinsella, K. (2002). Understanding and empowering diverse learners in ESL classrooms. In J. M. Reid (ed.), *Learning styles in the ESL/EFL classroom* (pp. 170–194). Beijing: Foreign Language and Teaching Research Press.

Kitano, K. (2001). Anxiety in the college Japanese language classroom. *Modern Language Journal*, *85*(4), 549–566.

Kocarev, L., & Vattay, G. (2005). *Complex dynamics in communication networks*. Berlin: Springer-Verlag.

Kolb, D. A. (1984). *Experiential learning: Experience and the source of learning and development*. Englewood, Cliffs: Prentice-Hall.

Kolb, D. A. (2005). *The Kolb learning style inventory—Version 3.1: Self scoring and interpretation booklet*. Boston, MA: Hay Resources Direct.

Krashen, S. (1981). *Second language acquisition and second language learning*. Oxford: Oxford University Press.

Krashen, S. (1982). *Principles and practice in second language acquisition*. New York: Pergamon Press.

Krashen, S. (1985). *The input hypothesis: Issues and implications*. Harlow: Longman.

Langston, C. A., & Sykes, W. E. (1997). Beliefs and the Big Five: Cognitive bases of broad individual differences in personality. *Journal of Research in Personality*, *31*(2), 141–165.

Larsen-Freeman, D. (1997). Chaos/Complexity science and second language acquisition. *Applied Linguistics, 18*(2), 141–165.

Larsen-Freeman, D. (2005). Second language acquisition and the issue of fossilization: There is no end, and there is no state. In Z. H. Han & T. Odlin (eds.), *Studies of fossilization in second language acquisition* (pp. 89–200). Clevedon: Multilingual Matters.

Larsen-Freeman, D. (2012). Complex, dynamic systems: A new transdisciplinary theme for applied linguistics? *Language Teaching, 45*(2), 202–214.

Larsen-Freeman, D., & Cameron, L. (2008). *Complex systems and applied linguistics.* Oxford: Oxford University Press.

Larsen-Freeman, D., & Long, M. H. (1991). *An introduction to second language acquisition research.* London: Longman.

Lee, C. W. (1999). *Motivation and learning strategies of successful and unsuccessful EFL learners in Hong Kong primary schools* (Doctoral dissertation). Hong Kong Baptist University, Hong Kong, China.

Li, J. & Qin, X. (2006). Language learning styles and learning strategies of tertiary-level English learners in China. *RELC Journal, 37*(1), 67–90.

Li, X. (2004). *An analysis of Chinese EFL learners' beliefs about the role of rote learning in vocabulary learning strategies* (Unpublished doctoral dissertation). University of Sunderland, Sunderland, UK.

Liao, P. (2006). EFL Learners' beliefs about and strategy use of translation in English learning. *Regional Language Center (RELC) Journal, 37*(2), 191–215.

Little, D., & Singleton, D. (1990). Cognitive style and learning approach. In R. Duda & P. Riley (eds.), *Learning styles* (pp. 11–19). Nancy: Presses Universitaires de Nancy.

Little, D., Singleton, D., & Silvius, W. (1984). *Learning second languages in Ireland: Experiences, attitudes and needs.* Dublin: Trinity College, Center for Language and Communication Studies.

Liu, H. (2012). Understanding EFL undergraduate anxiety in relation to motivation, autonomy, and language proficiency. *Electronic Journal of Foreign Language Teaching, 9*(1), 123–139.

Liu, M. (2006). Anxiety in Chinese EFL students at different proficiency levels. *System, 34*(3), 301–316.

Ludwig, P. H., Finkbeiner, C., & Knierim, M. (2013). Effects of the adequacy of learning strategies in self-regulated learning settings: A video-based micro-analytical lab study. *Journal of Cognitive Education and Psychology, 12*(3), 374–390.

MacIntyre, P. D. (1999). Language anxiety: A review of the research for language teachers. In D. J. Young (ed.), *Affect in foreign language and second language learning: A practical guide to creating a low-anxiety classroom atmosphere* (pp. 24–45). Boston: McGraw-Hill.

MacIntyre, P. D., & Charos, C. (1996). Personality, attitudes, and affect as predictors of second language communication. *Journal of Language and Social Psychology, 15*(1), 3–26.

MacIntyre, P. D., & Gardner, R. C. (1994). The subtle effects of language anxiety on cognitive processing in the second language. *Language Learning, 44*(2), 283–305.

MacIntyre, P. D., & Legatto, J. J. (2011). A dynamic systems approach to willingness to communicate: Developing an idiodynamic method to rapidly changing affect. *Applied Linguistics, 32*(2), 149–171.

MacIntyre, P. D., & Noels, K. (1996). Using social-psychological variables to predict the use of language learning strategies. *Foreign Language Annals, 29*(3), 373–386.

Maddux, J. E., & Gosselin, J. T. (2012). Self-efficacy. In M. R. Leary & J. P. Tangney (eds.), *Handbook of self and identity* (pp. 218–238). New York: Guilford.

Marcos-Llinás, M., & Garau, M. J. (2009). Effects of language anxiety on three proficiency-level courses of Spanish as a foreign language. *Foreign Language Annals, 42*(1), 94–111.

Mason, J. (2002). *Qualitative researching*. Thousand Oaks, CA: SAGE.

McCargar, D. F. (1993). Teacher and student role expectations: Cross-cultural differences and implications. *Modern Language Journal, 77*(2), 192–207.

McCroskey, J. C. (1977). Oral communication apprehension: A summary of recent theory and research. *Human Communication Research, 4*(1), 78–96.

McCroskey, J. C., Fayer, J., & Richmond, V. (1985). Don't speak to me in English: Communication apprehension in Puerto Rico. *Communication Quarterly, 33*(3), 185–192.

Mehrabian, A. (1994). Individual differences in achieving tendency: Review of evidence bearing on a questionnaire measure. *Current Psychology, 13*(4), 351–164.

Menard, S. (2002). *Longitudinal research*. Thousand Oaks, CA: Sage.

Minar, N., Burkhart, R., Langton, C., & Askenazi, M. (1996). *The Swarm Simulation System: A toolkit for building multi-agent simulations* (Working Paper No. 96–06–042). Santa Fe, NM: Santa Fe Institute.

Mokhtari, K., & Sheorey, R. (2002). Measuring ESL students' awareness of reading strategies. *Journal of Developmental Education, 25*(3), 2–10.

Moody, R. (1988). Personality preferences and foreign language learning. *Modern Language Journal, 72*(4), 389–401.

Mori, Y. (1999). Epistemological beliefs and language learning beliefs: What do language learners believe about their learning? *Language Learning, 49*(3), 377–415.

Moss, H. A., & Susman, E. J. (1980). Longitudinal study of personality development. In O. G. Brim & J. Kagan (eds.), *Constancy and change in human development* (pp. 530–595). Cambridge, MA: Harvard University Press.

Naiman, N., Frohlich, M., Stern, H., & Todesco, A. (1978). *The good language learner.* Toronto: Ontario Institute for Studies in Education.

Nakahashi, T. L. (2007). Techniques for reducing foreign language anxiety: Results of a successful intervention study. *Annual Report on General Education, Akita University, 9*, 53–60.

Naylor, J. C., Pritchard, R. D., & Ilgen, D. R. (1980). *A theory of behavior in organizations.* New York: Academic Press.

Nikitina, L., & Furuoka, F. (2006). Re-examining Horwitz's beliefs about Language Learning Inventory (BALLI) in the Malasian context. *Electronic Journal of Foreign Language Teaching, 3*(2), 209–219.

Noels, K. A., Clément, R., & Pelletier, L, G. (1999). Perceptions of teachers' communicative style and students' intrinsic and extrinsic motivation. *The Modern Language Journal, 83*(1), 23–34.

Norton, B. (2001). Non-participation, imagined communities, and the language classroom. In M. Breen (ed.), *Learner contributions to language learning: New directions in research* (pp. 159–171). London: Longman.

Nowak, A., Winkowska-Nowak, K., & Bree, D. (2013). *Complex human dynamics: From mind to societies.* Berlin: Springer-Verlag.

Nunan, D. (1991). *Language teaching methodology.* Hertfordshire: Prentice Hall.

Nunan, D. (1996). Learner strategy training in the classroom: An action research study. *TESOL Journal, 6*(1), 35–41.

Nunan, D. (1997). Does learner strategy training make a difference? *Lenguas Modernas, 24*, 123–142.

Ohata, K. (2005). Potential sources of anxiety for Japanese learners of English: Preliminary case of interviews with five Japanese college students in the US. *TESL-EJ, 9*(3), 2–23.

O'Malley, J. M., & Chamot, A. U. (1990). *Learning strategies in second language acquisition.* New York: Cambridge University Press.

Onwuegbuzie, A. J., Bailey, P., & Daley, C. E. (1999). Factors associated with foreign language anxiety. *Applied Psycholinguistics, 20*(2), 217–239.

Ormel, J., Jeronimus, B. F., Kotov, M., Riese, H., Bos, E. H., & Hankin, B. (2013). Neuroticism and common mental disorders: Meaning and utility of a complex relationship. *Clinical Psychology Review, 33*(5), 686–697.

Overskeid, G. (1994). Private events and other causes of behavior: Who can tell the difference? *The Psychological Record, 44*(1), 35–43.

Oxford, R. L. (1990). *Language learning strategies: What every teacher should know.* New York: Newbury House Publishers.

Oxford, R. L. (1993). Language learning strategies in a nutshell: Update and ESL suggestions. *TESOL Journal, 2*(2), 18–22.

Oxford, R. L. (1994). Language learning strategies: An update. Retrieved from http://www.cal.org/resources/digest /oxford01.html.

Oxford, R. L. (1996). Employing a questionnaire to assess the use of language learning strategies. *Applied Language Learning, 7*(1–2), 25–46.

Oxford, R. L. (2001). Language learning styles and strategies. In M. Celce-Murcia (ed.), T*eaching English as a second or foreign language* (pp. 359–366). Boston: Heinle & Heinle.

Oxford, R. L., & Nyikos, M. (1989). Variables affecting choice of language learning strategies by university students. *Modern Language Journal, 73*(3), 291–300.

Park, N. (2007). The influences of language anxiety on the use of learning strategies. *The Linguistic Association of Korea Journal, 15*(3), 309–328.

Pichette, F. (2009). Second language anxiety and distance language learning. *Foreign Language Annals, 42*(1), 77–93.

Pienemann, M. (2007). Variation and dynamic systems in SLA. *Bilingualism: Language and Cognition, 10*(1), 43–45.

Pimsleur, P. (1966). *The Pimsleur Language Aptitude Battery*. New York: Harcourt, Brace, Jovanovic.

Pintrich, P. R. (1999). The role of motivation in promoting and sustaining self-regulated learning. *International Journal of Educational Research, 31*(6), 459–470.

Pintrich, P. R., & De Groot, E. V. (1990). Motivational and self-regulated learning components of classroom academic performance. *Journal of Educational Psychology, 82*(1), 33–40.

Plonsky, L. (2011). The effectiveness of second language strategy instruction: A metacognitive analysis. *Language Learning, 61*(4), 993–1038.

Purpura, J. E. (1999). *Learner strategy use and performance on language tests: A structural equation modeling approach*. Cambridge: Cambridge University Press.

Ransdell, S. E., & Fischler, I. (1987). Memory in a monolingual mode: When are bilinguals at a disadvantage? *Journal of Memory and Language, 26*(4), 392–405.

Reid, M. J. (1987). The learning style preferences of ESL students. *TESOL Quarterly, 21*(1), 87–111.

Reid, M. J. (1995). Preface. In J. Reid (ed.), *Learning styles in the ESL/EFL classroom.*

New York: Heinle and Heinle.

Reinking, D., & Watkins, J. (2000). A formative experiment investigating the use of multimedia book reviews to increase elementary students' independent reading. *The Reading Research Quarterly, 55,* 384–419.

Revelle, W., Wilt, J., & Condon, D. M. (2011). Individual differences and differential psychology. In T. Chamorro-Premuzic, S. von Stumm & A. Furnham (eds.), *The Wiley handbook of individual differences* (pp. 1–38). New York: Wiley-Blackwell.

Richards, J., & Platt, J. (1992). *Longman dictionary of language teaching and applied linguistics*. Essex: Longman.

Richards, J. C., Schmidt, R., Kendrick, H., & Kim, Y. (2002). *Longman dictionary of language teaching and applied linguistics* (3rd ed.). Essex: Longman.

Riding, R. J., & Dyer, V. A. (1980). The relationship between extraversion and verbal-imagery learning style in twelve-year-old children. *Personality and Individual Differences, 1*(3), 273–279.

Rifkin, B. (2000). Revising beliefs about foreign language learning. *Foreign Language Annals, 33*(4), 394–420.

Riley, L. D., & Harsch, K. (1999). Enhancing the learning experience with strategy journals: Supporting the diverse learning styles of ESL/EFL students. Proceedings of HERDSA Annual International Conference, Melbourne, Australia.

Riley, P. (1994). Aspects of learner discourse: Why listening to learners is so important. In E. Esch (ed.), *Self-access and the adult learner* (pp. 7–18). London: CILT.

Roberts, B. W., Wood, D., & Caspi, A. (2010). The development of personality traits in adulthood. In O. P. John, R. W. Robins & L. A. Pervi (eds.), *Handbook of personality: Theory and research* (pp. 375–398). New York: Guilford Press.

Robinson, P. (2002). Learning conditions, aptitude complexes and SLA: A framework for research and pedagogy. In P. Robinson (ed.), *Individual differences and instructed language learning* (pp. 113–133). Amsterdam: John Benjamins.

Robinson, P. (2005). Aptitude and second language acquisition. *Annual Review of Applied Linguistics, 25,* 46–73.

Robinson, P. (2007). Aptitude, abilities, contexts and practice. In R. M. DeKeyser (ed.), *Practice in second language learning: Perspectives from applied linguistics and cognitive psychology* (pp. 256–286). New York: Cambridge University Press.

Robinson, P. (2012). Individual differences, aptitude complexes, SLA processes, and aptitude test development. In M. Pawlak (ed.), *New perspectives on individual differences in language learning and teaching* (pp. 57–75). New York: Springer.

Rossi-Le, L. (1995). Learning styles and strategies in adult immigrant ESL students. In J. M. Reid (ed.), *Learning styles in the ESL/EFL classroom* (pp. 118–123). New

York: Heinle & Heinle Publishers.

Rubin, J. (1975). What the "Good Language Learner" can teach us. *TESOL Quarterly*, *9*(1), 41–51.

Rubin, J. (1987). Learning strategies: Theoretical assumptions, research, history and typology. In A. Wenden & J. Rubin (eds.), *Learner strategies in language learning* (pp. 15–30). New York: Prentice-Hall.

Saito, Y., & Samimy, K. K. (1996). Foreign language anxiety and language performance: A study of learning anxiety in beginning, intermediate, and advanced-level college students of Japanese. *Foreign Language Annals*, *29*(2), 239–251.

Saracho, O. N., & Spodek, B. (1981). Teachers' cognitive styles: Educational implications. *Educational Forum*, *45*(2), 153–159.

Sarason, I. (1978). The test anxiety scale: Concept and research. In C. Spielberger & I. Sarason (eds.), *Series in clinical and community psychology* (pp. 193–216). Washington: Hemisphere Publishing.

Sasaki, M. A. (2004). Multiple-data analysis of the 3.5–year development of EFL student writers. *Language Learning*, *54* (3), 525–582.

Sato, T., Nakagawa, T., & Yamana, T. (2008). The basic research of college-level English learners: What motivates them and how do they learn? *Bulletin of Tsukuba International University*, *14*, 43–59.

Schacter, D. L., & Moscovitch, M. (1984). Infants, amnesics, and dissociable memory systems. In M. Moscovitch (ed.), *Infant memory: Its relations to normal and pathological memory in humans and other animals* (pp. 173–216). New York: Plenum.

Schmidt, R., & Frota, S. (1986). Developing basic conversational ability in a second language: A case study of an adult learner of Portuguese. In R. R. Day (ed.), *Talking to learn: Conversation in second language acquisition* (pp. 237–326). Rowley, MA: Newbury House.

Schmidt, R., & Watanabe, Y. (2001). Motivation, strategy use, and pedagogical preferences in foreign language learning. In Z. Dörnyei & R. Schmidt (eds.), *Motivation and second language acquisition* (pp. 313–359). Honolulu, HI: University of Hawaii, Second Language Teaching Center.

Schwarzer, R., & Jerusalem, M. (1995). Generalized self-efficacy scale. In J. Weinman, S. Wright & M. Johnston (eds.), *Measures in health psychology: A user's portfolio. Causal and control beliefs* (pp. 35–37). Windsor: NFER-NELSON.

Scovel, T. (1978). The effect of affect on foreign language learning: A review of the anxiety research. *Language Learning*, *28*(1), 129–142.

Sedaghat, M. (2001). *The effects of attitude, motivation (instrumental and integrative), and proficiency level on the use of listening comprehension strategies by Iranian female EFL students* (Unpublished doctoral dissertation). Shiraz University, Shiraz.

Shanker, S., & King, B. (2002). The emergence of a new paradigm in ape language research. *Behavioral and Brain Sciences, 25*(5), 605–656.

Sheorey, R. (1999). An examination of language learning strategy use in the setting of an indigenized variety of English. *System, 27*(2), 173–190.

Simon, H. A. (2004). 人工科学：复杂性面面观 . 武夷山译 . 上海：上海科技教育出版社 .

Sioson, I. C. (2011). Language learning strategies, beliefs, and anxiety in academic speaking task. *Philippine ESL Journal, 7*, 3–27.

Skehan, P. (1986). The role of foreign language aptitude in a model of school learning. *Language Testing, 3*(2), 188–221.

Skehan, P. (1989). *Individual differences in second language learning*. London: Edward Arnold.

Skehan, P. (1998). *A cognitive approach to language learning*. Oxford: Oxford University Press.

Smart, J. C., Elton, C. F., & Burnett, C. W. (1970). Underachievers and overachievers in intermediate French. *Modern Language Journal, 54*(6), 415–422.

Snow, R. E., Corno, L., & Jackson, D. N. (1996). Individual differences in affective and conative functions. In D. C. Berliner & R. C. Calfee (eds.), *Handbook of educational psychology* (pp. 243–310). New York: Macmillan.

Sparks, R. L., & Ganschow, L. (2001). Aptitude for learning a foreign language. *Annual Review of Applied Linguistics, 21*, 90–111.

Sparks, R. L., & Ganschow, L. (2007). Is the foreign language classroom anxiety scale measuring anxiety or language skills? *Foreign Language Annals, 40*(2), 260–287.

Stæhr, S. (2008). Vocabulary size and the skills of listening, reading and writing. *The Language Learning Journal, 36*(2), 139–152.

Stæhr, S. (2009). Vocabulary knowledge and advanced listening comprehension in English as a foreign language. *Studies in Second Language Acquisition, 31*(4), 577–607.

Stephens, M. A. (2011). Why exposure to prosody should precede the teaching of reading. *The Language Teacher, 35*(4), 68–73.

Stern, H. H. (1975). What can we learn from the good language learner? *Canadian Modern Language Review, 31*(4), 304–318.

Stern, H. H. (1983). *Fundamental concepts of language teaching*. Oxford: Oxford University Press.

Sternberg, R. J. (2002). The theory of successful intelligence and its implications for language aptitude testing. In P. Robinson (ed.), *Individual differences and instructed language learning* (pp. 13–44). Amsterdam: John Benjamins.

Stoddard, G. D., & VanderBeke, G. E. (1925). *Iowa Placement Examinations*, Series FAI, Revised, A. Iowa City Extension Division, State University of Iowa.

Strong, M. (1983). Social styles and the second language acquisition of Spanish-speaking kindergartners. *TESOL Quarterly*, *17*(2), 241–258.

Swain, M. (1985). Communicative competence: Some rules of comprehensible input and comprehensible output in its development. In S. Gass & C. Madden (eds.), *Input in second language acquisition* (pp. 235–253). Rowley, MA: Newbury House.

Talebinejad, M. R., & Nekouei, R. (2013). The relationship between foreign language anxiety and belief toward FLL among children EFL learners. *Basic Research Journal of Education Research and Review*, *2*(3), 49–54.

Tamada, Y. (1996). The relationship between Japanese learners' personal factors and their choices of language learning strategies. *Modern Language Journal*, *80*(2), 120–131.

Tanaka, K. (2004). *Changes in Japanese students' beliefs about language learning and English language proficiency in a study-abroad context* (Unpublished doctoral dissertation). University of Auckland, New Zealand.

Tanaka, K. & Ellis, R. (2003). Study abroad, language proficiency, and learner beliefs about language learning. *JALT Journal*, *25*(1), 63–85.

Tarone, E. (1983). On the variability of interlanguage systems. *Applied Linguistics*, *4*(2), 142–163.

Thelen, E., & Corbetta, D. (2002) Microdevelopment and dynamic systems: Applications to infant motor development. In N. Granott & J. Parziale (eds.), *Microdevelopment* (pp. 59–79). Cambridge: Cambridge University Press.

Thelen, E., & Smith, L. (1994). *A dynamic systems approach to the development of cognition and action*. Cambridge, MA: MIT Press.

Triandis, H. C., & Suh, E. M. (2002). Cultural influences on personality. *Annual Review of Psychology*, *53*(1), 133–160.

Truitt, S. N. (1995). *Anxiety and beliefs about language learning: A study of Korean university students learning English* (Unpublished doctoral dissertation). University of Texas, Austin, US.

Tumposky, N. R. (1991). Student beliefs about language learning: A cross-cultural studies. *Carleton Papers in Applied Linguistics*, *8*, 5–65.

Tyler, E. L. (1978). *Individuality: Human possibility and personal choice in the psychological development of men and women*. San Francisco: Jossey-Bass Publishers.

Vandergrift, L. (2005). Relationships among motivation orientations, metacognitive awareness and proficiency in L2 listening, *Applied Linguistics, 26*(1), 70–89.

van Geert, P. (2003). Dynamic systems approaches and modeling of developmental processes. In J. Valsiner & J. Conlolly (eds.), *Handbook of developmental psychology* (pp. 640–672). London: Sage.

van Geert, P. (2008). The dynamic systems approach in the study of L1 and L2 acquisition: An introduction. *The Modern Language Journal, 92*(2), 179–199.

van Geert, P., & Steenbeek, H. W. (2008). An empirical validation of a dynamic systems model of interaction: Do children of different sociometric statuses differ in their dyadic play? *Developmental Science, 11*(2), 253–281.

van Geert, P., & van Dijk, M. (2002). Focus on variability: New tools to study intra-individual variability in developmental data. *Infant Behavior & Development, 25*(4), 340–374.

Vann, R., & Abraham, R. (1990). Strategies of unsuccessful language learners. *TESOL Quarterly, 24*(2), 177–199.

Vollrath, M., & Torgersen, S. (2002). Who takes health risks? A probe into eight personality types. *Personality and Individual Differences, 32*(7), 1185–1197.

Walker, O. C., Churchill, G. A., & Ford, N. M. (1977). Motivation and performance in industrial selling: Present knowledge and needed research. *Journal of Marketing Research, 14*(2), 156–168.

Walter, C. (2009). Teaching phonology for reading comprehension. *Speak Out! 40*, 4–7.

Watson, D., & Friend, R. (1969). Measurement of social-evaluative anxiety. *Journal of Consulting and Clinical Psychology, 33*(4), 448–457.

Wei, M. (2007). The interrelatedness of affective factors in EFL learning: An examination of motivational patterns in relation to anxiety in China. *TESL-EJ, 11*(1), 1–23.

Weinstein, C. E., & Mayer, R. E. (1986). The teaching of learning strategies. In W. C. Wittrock (ed.), *Handbook of research on teaching* (pp. 315–327). New York: Macmillan.

Wen, Q. (1993). *Advanced level English learning in China: The relationship of modifiable learner variables to learning outcomes* (Unpublished doctoral dissertation). The University of Hong Kong, China.

Wen, Q. & Johnson, R. K. (1997). L2 learner variables and English achievement: A study of tertiary-level English majors in China. *Applied Linguistics, 18*(1), 27–48.

Wenden, A. L. (1991). *Learner strategies for learner autonomy*. Englewood Cliffs, NJ: Prentice Hall.

Weng, P. (2012). The effect of learning style on learning strategy use. *Journal of Social*

Sciences, *8*(2), 230–234.

Wesche, M. B. (1981). Language aptitude measures in streaming, matching students with methods and diagnosis of learning problems. In K. C. Diller (ed.), *Individual differences and universals in language learning aptitude* (pp. 119–143). Rowley: Newbury House.

Wilhelm, K., Boyce, P., & Brownhill, S. (2004). The relationship between interpersonal sensitivity, anxiety disorders and major depression. *Journal of Affective Disorders*, *79*(1–3), 33–41.

Williams, K. (1991). Anxiety and formal/foreign language learning. *RELC Journal*, *22*(2), 19–28.

Woods, D. (2006). Social construction of beliefs in the language classroom. In P. Kalaja & A. M. F. Barcelos (eds.), *Beliefs about SLA: New research approaches* (pp. 131–153). Dordrecht: Kluwer Academic Press.

Wu, M. (2011). Learners' beliefs and the use of metacognitive language-learning strategies of Chinese-speaking ESL learners. *The Asian EFL Journal Quarterly*, *13*(2), 307–335.

Xu, H. (2009). *EFL learning motivational self system—A structural equation modeling study conducted among Chinese college students (trans.)* (Unpublished doctoral dissertation). Peking University, Beijing, China.

Yang, N. D. (1999). The relationship between EFL learners' beliefs and learning strategy use. *System*, *27*(4), 515–535.

Young, D. J. (1991). Creating a low-anxiety classroom environment: What does language anxiety research suggest? *Modern Language Journal*, *75*(4), 426–439.

Young, D. J. (1994). New directions in language anxiety research. In C. A. Klee (ed.), *Faces in a crowd: The individual learner in multisection courses* (pp. 3–45). Boston: Heinle & Heinle Publishers.

Zhang, X., & Cui, G. (2010) Learning beliefs of distance foreign language learners in China: A survey study. *System*, 38, 30–40.

Zheng, Y. (2008). Anxiety and second/foreign language learning revisited. *Canadian Journal for New Scholars in Education*, *1*(1), 1–12.

Zheng, Y. (2010). *Chinese university students' motivation, anxiety, global awareness, linguistic confidence, and English test performance: A correlational and causal investigation* (Unpublished doctoral dissertation). Queen's University, Canada.

Zhong, Q. (2010). The effect of Chinese ESL learners' beliefs on their autonomous learning. *Studies in Self-Access Learning Journal*, *1*(3), 212–225.

陈仲庚 . 1983. 艾森克性格问卷的项目分析 [J]. 心理学报，(2): 211–217.

崔刚，柳鑫淼 . 2013. 语言学习者个体差异研究的新阶段 [J]. 中国外语，(4)：61–68.

戴炜栋，束定芳 . 1994. 试论影响外语习得的若干重要因素 [J]. 外国语，(4): 1–10.

戴运财 . 2006. 语言学能对二语习得的影响 [J]. 外语教学与研究，（6）: 451–459.

都宁，刘梅华 . 2009. 不同英语水平大学生之间的焦虑差异研究 [J]. 教育与职业，(12): 172–174.

冯忠良，伍新春，姚梅林，王健敏 . 2010. 教育心理学 [M]. 北京：人民教育出版社 .

高一虹，程英，赵媛，周燕 . 2003. 本科生英语学习动机强度与自我认同变化 [J]. 外语与外语教学，(5): 25–28, 35.

高一虹，周燕，战风梅 . 2011. 英语学习与学习者的认同发展 [J]. 外语教学，(2): 56–62.

胡志军 . 2007. 论外语学习的观念体系及其构建 [J]. 外语界，(3): 32–38.

李兰霞 . 2011. 动态系统理论与第二语言发展 [J]. 外语教学与研究，(5): 409–421.

刘润清 . 1999a. 刘润清论大学英语教学 [M]. 北京：外语教学与研究出版社 .

刘润清 . 1999b. 外语教学研究的发展趋势 [J]. 外语教学与研究，（1）: 7–12.

刘润清，戴曼纯 . 2004. 中国高校外语教学改革现状与发展策略研究 [M]. 北京：外语教学与研究出版社 .

马广惠 . 1997. 高分组与低分组在学习策略上的差异研究 [J]. 外语界，(2): 38–40.

倪小鹏 . 2007. 基于设计的研究方法、实例和应用 [J]. 中国电化教学，(8) : 13–16.

秦晓晴 . 1998. 硕士研究生使用英语学习策略特点的实证研究 [J]. 外语教学，(1): 53–57.

秦晓晴 . 2003. 外语教学研究中的定量数据分析 [M]. 武汉：华中科技大学出版社 .

王才康 . 2003. 外语焦虑量表（FLCAS）在大学生中的测试报告 [J]. 心理科学，(2) : 281–284.

王初明 . 1991. 外语学习中的认知和情感需要 [J]. 外语界，(4): 7–11.

王涛 . 2010. 从二语习得到二语发展：一个动态的观点 [J]. 外语教学理论与实践，(4): 1–7.

王涛 . 2011. 动态系统理论视角下的复杂系统：理论、实践和方法 [J]. 天津外国语大学学报，(6) : 8–15.

王涛 . 2014. 动态系统思想：理论和语言研究 [M]. 南京：东南大学出版社 .

王文静 . 2009. "基于设计的研究" 在美国的兴起与新发展 [J]. 比较教育研究，(8) : 62–66

王文静 . 2010. 基于设计的研究：教育研究范式的创新 [J]. 教育理论与实践，(8) :

3–6.

王银泉，万玉书 . 2001. 外语学习焦虑及其对外语学习的影响 [J]. 外语教学与研究，(2): 122–126.

文秋芳 . 1995. 英语学习成功者与不成功者在方法上的差异 [J]. 外语教学与研究，(3): 61–66.

文秋芳 . 1996. 英语学习策略论 [M]. 上海：上海外语教育出版社 .

文秋芳 . 2001. 英语学习者动机、观念、策略的变化规律与特点 [J]. 外语教学与研究，(2): 105–110.

文秋芳，王立非 . 2004. 对外语学习策略有效性研究的质疑 [J]. 外语界，(2): 2–8.

吴一安，刘润清，P. Jeffery. 1993. 中国英语本科学生素质调查报告 [J]. 外语教学与研究，(1): 36–46.

徐锦芬，唐芳 . 2004. 大学生语言学习观念与认知方式和个性的相关性实证研究 [J]，西安外国语学院学报，(4): 21–25.

余心乐 . 1997. 关于中国英语本科学生学习风格的研究 [J]. 外语教学与研究，(1): 62–68.

张日昇，袁莉敏 . 2004. 大学生外语焦虑、自我效能感和外语成绩关系的研究 [J]. 心理发展与教育，(3) ：56–60.

郑咏滟，温植胜 . 2013. 动态系统理论视域下的学习者个体差异研究：理论构建与研究方法 [J]. 外语教学，(3) ：54–58.

周艳艳 . 2006. 非英语专业高分组学生与低分组学生在语言学习观念上的差异 [J]. 江苏教育学院学报（社会科学版），(4): 101–104.

朱智贤 . 1989. 心理学大词典 [M]. 北京：北京师范大学出版社 .

附录 1

艾森克性格问卷

请依次回答这些问题，回答时不必过多思考，符合您时在括号内画“√”，不符合画“×”。这些问题要求你按自己的实际情况回答，不要去猜测怎样才是正确的回答。因为这里不存在对错，将问题的意思看懂了就迅速回答，不要花很多时间去想。问卷无时间限制，不要未看懂问题便回答。

1.（　　）你是否有广泛的爱好？

2.（　　）在做任何事情之前，你是否都要考虑一番？

3.（　　）你的情绪时常波动吗？

4.（　　）当别人做了好事，而周围的人认为是你做的时候，你是否感到扬扬得意？

5.（　　）你是一个健谈的人吗？

6.（　　）你曾经无缘无故地觉得自己“可怜”吗？

7.（　　）你曾经有过贪心使自己多得份外的物质利益吗？

8.（　　）晚上你是否小心地把门锁好？

9.（　　）你认为自己活泼吗？

10.（　　）当你看到小孩（或动物）受折磨时是否感到难受？

11.（　　）你是否常担心你会说出（或做出）不应该说或做的事？

12.（　　）若你说过要做某件事，是否不管遇到什么困难都要把它做成？

13.（　　）在愉快的聚会中你通常是否尽情享受？

14.（　　）你是一位易激怒的人吗？

15.（　　）你是否有过自己做错了事反倒责备别人的时候？

16.（　　）你喜欢会见陌生人吗？

17.（　　）你是否相信储蓄是一种好办法？

18.（　　）你的感情是否容易受到伤害？

19.（　　）你是否服用有奇特效果或是有危险性的药物？

20.（　　）你是否时常感到“极其厌烦”？

21.（　　）你曾多占多得别人的东西（甚至一针一线）吗？
22.（　　）如果条件允许，你喜欢经常外出（旅行）吗？
23.（　　）对你所喜欢的人，你是否为取乐开过过头的玩笑？
24.（　　）你是否常因“自罪感”而烦恼？
25.（　　）你是否有时候谈论一些你毫无所知的事情？
26.（　　）你是否宁愿看些书，而不想去会见别人？
27.（　　）有坏人想要害你吗？
28.（　　）你认为自己“神经过敏”吗？
29.（　　）你的朋友多吗？
30.（　　）你是个忧虑重重的人吗？
31.（　　）你在儿童时代是否立即听从大人的吩咐而毫无怨言？
32.（　　）你是一个无忧无虑逍遥自在的人吗？
33.（　　）有礼貌爱整洁对你很重要吗？
34.（　　）你是否担心将会发生可怕的事情？
35.（　　）在结识新朋友时，你通常是主动的吗？
36.（　　）你觉得自己是个非常敏感的人吗？
37.（　　）和别人在一起的时候，你是否不常说话？
38.（　　）你是否认为结婚是个框框，应该废除？
39.（　　）你有时有点自吹自擂吗？
40.（　　）在一个沉闷的场合，你能给大家增添生气吗？
41.（　　）慢腾腾开车的司机是否使你讨厌？
42.（　　）你担心自己的健康吗？
43.（　　）你是否喜欢说笑话和谈论有趣的事情？
44.（　　）你是否觉得大多数事情对你都是无所谓的？
45.（　　）你小时候有过对父母鲁莽无礼的行为吗？
46.（　　）你喜欢和别人打成一片，整天相处在一起吗？
47.（　　）你失眠吗？
48.（　　）你饭前必定先洗手吗？
49.（　　）当别人问你话时，你是否对答如流？
50.（　　）你是否宁愿有富裕时间而喜欢早点动身去赴约会？
51.（　　）你经常无缘无故感到疲倦和无精打采吗？
52.（　　）在游戏或打牌时你曾经作弊过吗？
53.（　　）你喜欢紧张的工作吗？
54.（　　）你时常觉得自己的生活很单调吗？

55. ( ) 你曾经为了自己而利用过别人吗?
56. ( ) 你是否参加的活动太多，已超过自己可能分配的时间?
57. ( ) 是否有那么几个人时常躲着你?
58. ( ) 你是否认为人们为保障自己的将来而精打细算、勤俭节约所费的时间太多了?
59. ( ) 你是否曾想过去死?
60. ( ) 若你确知不会被发现时，你会少付给人家钱吗?
61. ( ) 你能使一个联欢会开得成功吗?
62. ( ) 你是否尽力使自己不粗鲁?
63. ( ) 一件使你为难的事情过去之后，是否使你烦恼好久?
64. ( ) 你曾否坚持要照你的想法去办事?
65. ( ) 当你去乘火车时，你是否最后一分钟到达?
66. ( ) 你是否容易紧张?
67. ( ) 你常感到寂寞吗?
68. ( ) 你的言行总是一致吗?
69. ( ) 你有时喜欢玩弄动物吗?
70. ( ) 有人对你或你的工作吹毛求疵时，是否容易伤害你的积极性?
71. ( ) 你去赴约会或上班时，曾否迟到?
72. ( ) 你是否喜欢在你的周围有许多热闹和高兴的事?
73. ( ) 你愿意让别人怕你吗?
74. ( ) 你是否有时兴致勃勃，有时却很懒散不想动弹?
75. ( ) 你有时会把今天应该做的事拖到明天吗?
76. ( ) 别人是否认为你是生气勃勃的?
77. ( ) 别人是否对你说过许多谎话?
78. ( ) 你是否对有些事情易性急生气?
79. ( ) 若你犯有错误你是否愿意承认?
80. ( ) 你是一个整洁严谨、有条不紊的人吗?
81. ( ) 在公园里或马路上，你是否总是把果皮或废纸扔到垃圾箱里?
82. ( ) 遇到为难的事情你是否拿不定主意?
83. ( ) 你是否有过随口骂人的时候?
84. ( ) 若你乘车或坐飞机外出时，你是否担心会碰撞或出意外?
85. ( ) 你是一个爱交往的人吗?

附录 2

个体差异调查问卷

A. 基本信息

性　别：男□　　女□

年　龄：____________　　来源地：_____ 省 _____ 市

院　系：____________　　年　级：____________

学　校：____________　　专　业：____________

你是否有过出国学习经历：　　是□　　否□

你是否参加过校外英语培训：　　是□　　否□

你的高考英语单科分数为 ________

B. 外语焦虑调查问卷

请根据你最近一段时间的学习体会回答下面的问题，所有问题不存在对错，请根据自己的经历和感受如实作答，注意不要遗漏任何一个问题。我们会对你提供的所有信息严格保密，并仅用于学术研究的目的。

5. 非常同意；4. 同意；3. 不确定；2. 不同意；1. 非常不同意

1. 英语课上，当我听不懂老师讲的英文时，我会紧张。
2. 多上些英语课对于我来说一点问题也没有。
3. 我总是觉得其他同学的英语水平比我高。
4. 我在英语考试时通常很放松。
5. 我在没有准备的情况下发言时，会感到紧张。
6. 我担心自己英语考试不及格。
7. 我上英语课时会很紧张，本来知道的东西都想不起来了。
8. 上课主动举手发言让我感到难为情。
9. 即使我为英语课作了充分的准备，我还是担心。
10. 我在课堂上讲英语时感觉很自信。
11. 当老师要叫我回答问题时，我的心怦怦直跳。

12. 我为英语考试准备得越多，头脑越混乱。
13. 在其他同学面前说英语让我感到难为情。
14. 英语课节奏很快，我担心自己跟不上。
15. 我担心自己说英语时，别的同学会笑话我。

C. 学习策略调查问卷

请根据你最近一段时间的学习体会回答下面有关学习方法的问题，所有问题不存在对错，请根据自己的经历和感受如实作答，注意不要遗漏任何一个问题。我们会对你提供的所有信息严格保密，并仅用于学术研究的目的。

5. 非常同意；4. 同意；3. 不确定；2. 不同意；1. 非常不同意

1. 我经常用新学的单词造句，来加深记忆。
2. 我常根据单词的发音规则来记单词。
3. 我经常借助手势、表情等肢体语言来记单词。
4. 记单词时，我经常联想单词对应的图像。
5. 记单词时，我反复读，或反复写。
6. 我经常练习英语发音。
7. 读课文时，我总是争取弄懂课文里的每一处。
8. 我课外经常主动与别人说英语。
9. 听不懂别人说的英语时，我会要求对方重说一遍。
10. 我有明确的英语学习计划和学习目标。
11. 我课外经常看英语原声电影或电视节目。
12. 我课外经常阅读英文小说、杂志等，这对我来说是乐趣。
13. 为了更好地理解英语课文，我经常把课文译成中文。
14. 我说英语时，先用汉语组织意思，再翻译成英语。
15. 我很重视自己犯的英语错误，并认真改正。
16. 我总是寻找更好的英语学习方法。
17. 我经常评估自己的英语学习进展，找出薄弱环节。
18. 当我说英语感到紧张时，我会设法使自己放松。
19. 即使害怕犯错，我仍会鼓励自己说英语。
20. 每当我取得好成绩时，我都会奖励自己。
21. 我经常和其他同学一起练习英语。
22. 当我学英语遇到困难时，会向别人求助。
23. 遇到外国人时，我会主动向他了解外国文化。

D. 学习风格调查问卷

请根据你最近一段时间的学习体会回答下面的问题，所有问题不存在对错，请根据自己的经历和感受如实作答，注意不要遗漏任何一个问题。我们会对你提供的所有信息严格保密，并仅用于学术研究的目的。

5. 非常同意；4. 同意；3. 不确定；2. 不同意；1. 非常不同意

1. 我喜欢参加各种课堂活动。
2. 我喜欢用动手操作的方式来完成一个学习任务。
3. 我喜欢记笔记，或用笔写出自己的思路。
4. 我喜欢用听的方式来获取信息，如听广播。
5. 当我参与课堂活动时，我的学习效率更好。
6. 我更容易记住听到的信息，而不是看到的信息。
7. 对我来说，最高效的学习方式是自己看书。
8. 我喜欢用做实验的方式来学习知识。
9. 当我亲自动手操作时，我能更好地记住所学的知识。
10. 我喜欢通过看书的方式来获取信息。
11. 对我来说，最高效的学习方式是听别人讲解。
12. 当我表演英语对话时，我能更好地理解所学的知识。

E. 学习动机调查问卷

请根据你最近一段时间的学习体会回答下面的问题，所有问题不存在对错，请根据自己的经历和感受如实作答，注意不要遗漏任何一个问题。我们会对你提供的所有信息严格保密，并仅用于学术研究的目的。

5. 非常同意；4. 同意；3. 不确定；2. 不同意；1. 非常不同意

1. 大多数外国人都很友好，有他们这样的朋友是件幸运的事。
2. 英语国家的人应该感到自豪，因为他们赋予世界更多价值。
3. 我真的很喜欢学英语。
4. 我的英语老师讲课不太有趣。
5. 同其他的课相比，我更喜欢英语课的课堂活动。
6. 说真的，我对英语课确实不感兴趣。
7. 我的英语老师给了我很大启发。
8. 我觉得学英语没意思。
9. 我学英语的目的之一是在四六级考试、期末考试、考研、GRE 或雅思等考试中取得好成绩。
10. 我要学好英语，因为它是当今社会非常有用的交流工具。
11. 学好英语能让我获得成就感。

12. 我学英语是为了更好地学习其他专业。
13. 我学英语是为了了解世界各地的资讯。
14. 我学英语是为了将来找一份好工作。
15. 我学英语是因为我对英语国家的人和文化感兴趣。
16. 我学英语是为了将来能更好地融入西方社会。
17. 我学英语是为了能够与外国人轻松相处。
18. 我学英语是为了结识更多外国朋友。

F. 努力程度调查问卷

请根据你最近一段时间的学习体会回答下面的问题，所有问题不存在对错，请根据自己的经历和感受如实作答，注意不要遗漏任何一个问题。我们会对你提供的所有信息严格保密，并仅用于学术研究的目的。

5. 非常同意；4. 同意；3. 不确定；2. 不同意；1. 非常不同意

1. 我学习英语真的很努力。
2. 我总能排除一切干扰，集中精力完成英语作业。
3. 我不会费劲去学那些比较复杂的英语知识。
4. 我每天都坚持学英语，更新自己的英语知识。
5. 我总是等到最后一刻才做英语作业。
6. 当老师反馈测验结果时，我不会看。
7. 我只想学习英语基础知识，不想学习更多内容。
8. 最近一个月，你课外平均每天花多长时间学英语？ ________分钟。
（5. >120 ; 4. 91-120 ; 3. 61-90 ; 2. 30-60 ; 1. <30）

G. 学习观念调查问卷

请根据你最近一段时间的学习体会回答下面的问题，所有问题不存在对错，请根据自己的经历和感受如实作答，注意不要遗漏任何一个问题。我们会对你提供的所有信息严格保密，并仅用于学术研究的目的。

5. 非常同意；4. 同意；3. 不确定；2. 不同意；1. 非常不同意

1. 我相信我一定能学好英语。
2. 我在学英语方面有不一般的能力。
3. 我认为，用单词造句有助于单词的记忆。
4. 根据发音规则记单词是个好办法。
5. 借助肢体语言、表情来记单词是个好办法。
6. 联想单词对应的图像是一个记单词的好办法。
7. 要记牢单词就一定要反复读写。

8. 理解课文的最好方法是翻译。
9. 学英语要多练习发音。
10. 学英语时，要高度重视自己犯的错误。
11. 使用英语进行日常交流有助于英语学习。
12. 看英语电影有助于英语学习。
13. 说英语时，最好先用中文想好要说的内容。
14. 多看英文读物有助于英语学习。
15. 精读课文对学习外语很重要。
16. 遇到不认识的单词可以猜。
17. 要不断探索更好的英语学习方法。
18. 要定期对英语学习情况进行自我评估。
19. 说英语时，要注意克服自己的紧张情绪。
20. 要多开口说英语，说错了也没关系。
21. 取得进步时，应该给自己点小奖励。
22. 如果听不懂，就要求对方说慢点，这没什么不好意思的。
23. 学英语时，应该多跟别人沟通交流。
24. 学英语时遇到困难，一定要向别人求助。
25. 要制定明确的英语学习计划和目标。
26. 儿童学外语比成年人容易。
27. 你认为学英语：________。
（5. 很难；4. 比较难；3. 适中；2. 比较容易；1. 很容易）
28. 有些人有学外语的天赋。
29. 英语读写比听说更加容易。
30. 擅长理工科的人不擅长学英语。
31. 如果每天学习英语一小时，你认为需要多久能说一口流利的英语？
（5. 不到一年；4. 1~2 年；3. 3~5 年；2. 5~10 年；1. 永远不能）
32. 学单词最重要。
33. 学语法最重要。

附录 3

学习日志写作指南

Dear friend,

Thank you very much for your participation in this diary study. The current study aims to examine the English learning of Chinese college students. Here are some suggestions on how to write your learning diary.

1. You can choose to keep your diary in Chinese or English. It is preferable for you to write in English. You can switch to Chinese in case of difficulty in your expression.
2. There is no restriction on what you write or how many words you need to write, but please make sure what you write is an honest representation of your English learning experience and your feelings.
3. You can record anything you feel or find it necessary to note down. You can also choose to write about the following topics:
   a) your English learning activities after class;
   b) the length of time you spend on each task;
   c) your feelings when performing each task (e.g. are you energetic, concentrated or upset, absent-minded?);
   d) teaching or learning activities in the classroom and your feelings about these activities;
   e) any problems or headaches you have in English learning recently;
   f) any change you think that occurs in your learning;
   g) your opinions about how English should be learned.
4. You can keep your diary according to your own schedule, but make sure you finish at least two diaries each week. You are required to submit your diaries to the researcher on a monthly basis and provide explanation in case of any ambiguity.

附录 4

访谈问题概要

1. Questions about background
   a) When did you start to learn English and how did you learn at that time?
   b) How do you feel about your English learning experience in primary or secondary school?
   c) Is there any particular person who has offered you any help or encouragement in your English learning?
   d) How do you feel about your English learning in university?
   e) Do you have any experience of visiting or living in English-speaking countries? If so, how does that experience affect your English learning?
   f) Do you have any experience of interacting with foreigners? How does that experience affect you?
   g) Is there any particular experience that affects your English learning?
2. Questions about learning strategy
   a) How do you interpret your answers to the questions in the questionnaire?
   b) How do you learn English after class? What is the most effective learning method for you?
   c) Do you have clear plans for English learning? If so, what are your plans and how do you implement them?
   d) What will you do when you feel nervous or anxious in learning English?
   e) What will you do when you meet some difficulties in your learning?
3. Questions about learner belief
   a) How do you interpret your answers to the questions in the last survey?
   b) Do you think there is such thing as gift for language learning?
   c) How do you think English should be learned?
   d) Do you believe you can learn English well?
   e) Do you think learning English is difficult?

f) How much do you think you can turn what you think into action?

4. Questions about motivation

a) How do you interpret your answers to the questions in the last survey?

b) What is the major purpose or goal for you to learn English?

c) Are you interested in English?

d) How do you feel about foreigners and foreign culture?

e) Do you have any intention to live abroad in future?

f) Do you like making friends with foreigners?

g) How do you feel about your English teachers?

h) How do you feel about your English class?

i) What factor do you think can most effectively motivate you to work hard?

5. Questions about effort

a) How long do you spend on English learning each day?

b) Have you worked hard to finish all the assignments given by your teacher?

c) Do you think you are hard-working in English learning?

6. Questions about foreign language anxiety

a) How do you interpret your answers to the questions in the last survey?

b) Do you feel nervous, anxious or afraid when you speak English in class?

c) Do you feel nervous, anxious or afraid when you take English tests?

d) Do you feel nervous when you communicate with others in English?

e) Are you afraid of being criticized by your teacher in class?

后　记

《动态系统理论视角下的英语学习者个体差异研究》一书的写作终于结束了，拿着出版社送来的清样，内心轻轻地舒了一口气。作为一个历时四年的研究项目，从确定题目、设计方案、申请项目，到确定受试、跟踪研究、分析数据、进行写作等一系列的工作，其中的甘苦非亲历者所能体会。此时，虽然颇具疲倦之感，但是仍有一丝余兴，希望结合项目研究和本书写作的过程，与读者同行就一些相关或者不相关的问题进行交流。

一

作为一介书生，笔者长期以来从事外语教学、心理语言学以及神经语言学等三个领域的教学与研究工作。在外语教学的研究方面，虽然本人能力与学识有限，但是心中一直在追求着一个基本的目标，那就是建设具有中国特色的外语教学理论体系和实践体系。

自 20 世纪 70 年代末以来，为了满足我国改革开放对于外语人才的要求，以英语为主要语种的外语教学得到了前所未有的重视，外语教学的规模与层次得到了跨越式的发展。我国具有世界上为数众多的英语学习者和世界上最为庞大的外语教学与研究群体，已经成为名副其实的外语教学大国，但是这并不意味着我们就是外语教学的强国。从 1977 年到今天，接近 40 年的时间内，我们在对国外教学理论的引进以及国内外语教学方法和考试制度的改革方面付出了极大的努力，但是我国外语教学中存在的“费时低效”的问题并未得到有效地解决，大多数的外语学习者在经历了多年的学习和层层的考试之后并没有真正具备使用外语进行交际的能力，社会上也因此对外语教学存在着诸多的质疑。导致这种状况的原因是多方面的，但是其中一个根本的原因在于我们还没有建立起一个具有中国特色、符合中国国情的外语教学理论的体系。正如胡文仲教授在总结新中国成立 60 年外语教育的成绩与缺失时所指出的那样，“我国的外语教育理论研究一直相当薄弱，至今没有形成独立的学派，在国际上无一席之地。……外语界的科学研究和学术期刊长期以来以介绍和诠释国外的教学理论和方法为主，国外出现什么新的理论在国内立刻就有所响应。……独立的学术研究成果比较少，具有我国特点的理论和方法也为数不多，更没有形成自己的理论系统和独立的学派。”

不可否认，国外外语教学理论的引进为我国的外语教学注入了新鲜的气息和改革的动力。但是，我们的外语教学研究不能只停留在引进的水平上；在了解西方理论的同时，我们还应该为创立我国自己的理论研究做好准备。早在 1988 年，许国璋教授在为《语言学教程》所作的序言中就指出：“现代化的目标不能停止在引进上。……我们觉得有必要从‘引进’走到‘自创’。”近 30 年过去了，我们在自创方面进行了许多的努力，并取得了一些成果，但是做得还远远不够。我们在外语教学理论的探索上还没有形成与我国庞大的学习群体规模相匹配的研究成果。长期以来，我国的外语教学在很大程度上仍然是照搬国外的教学理论和教学方法，然而这些理论与方法并非一定适合中国的外语教学，因为它们大多是针对第二语言学习者，他们的学习环境、学习目的都与我国外语学习者具有很大的差异；而且中国的外语教学具有自己独特的语言文化背景，中国的学习者具有自己独特的生理与心理特点。因此，要解决中国人学习外语的问题只能靠我们自己，不能幻想从外国人那里得到现成的解决方案。

基于上述考虑，笔者一直尝试着从中国英语教学的实际需要出发，在充分吸收和借鉴国外先进理论的同时，一直着力挖掘中国传统文化中的教育理念以及一百多年英语教学实践对于当今英语教学的启发，着力于研究中国英语学习者的学习规律，希望能为我国英语教学事业的发展有所贡献。此前，笔者曾经出版了《英语教学理论与实践》（对外经济贸易大学出版社）、《英语教学十六讲》（清华大学出版社）、《中国环境下的英语教学研究》（清华大学出版社）等著作。本书可以看作是一个新的尝试。在这些作品当中，笔者一直力图体现本土化意识与国际视野的融合，希望读者能够对此有所体会。当然，我们在这一方面做得还很不够，也希望读者能够批评指正。

二

学习者个体差异研究与“以学生为中心”的教育理念密切相关。许多人认为以学生为中心的教学理念来自于西方，其实儒家的中庸之道在两千多年前就强调了这一点，而且身体力行，在教学实践中努力贯彻这一基本原则。中庸思想的基本内涵之一是“时中”。所谓“时中”，就是根据实际情况灵活多变地“执中”“用中”，根据具体的时间、地点、事情和对象，选择最为适宜的处理方法，而不能一成不变、死板僵化。因材施教是中庸思想在教育中的具体体现之一。这要求教师根据学生的具体情况采取适当的教学方法，针对不同情况，因人、因时、因事、因地而施教，让每个学生都能得到最佳的教育与发展。要做到这一点，首先要考虑学生的个体差异。不同的学生所具有的语言学能有高有低，学习兴趣有强有弱，学习动机、认知方式和性格特点也各不相同。这就要求我们在英语教学中要充分考虑到这些因素，针对学生的具体情况，采用适当的教学方法，选择适当的教学内容，提出不同的要求。“中人以上，可以语上也；中人以下，不可以语上也”(《论语·雍也》)。另外，学生在学习风格、认知策略和性格方面也有差异，教师要经常对自己的学生进行调查研究，把握学生的个性特点，了解他们的长处与短处。孔子在《论语》中，有多处论及孔门弟子的性格特点。例如，“由也果”，“赐也达”，“求也艺”(《论语·雍也》)；“柴也愚，参也鲁，师也辟，由也喭”(《论语·先进》)；等等。只有对学习者个体差异有充分的了解，在教学过程中才能灵活应对，因材施教，取得最佳的教学效果。在《论语》中，有不少生动的事例说明，对于同一个问题，孔子对不同的学生采取了不同的教法。例如，《论语·颜渊》篇中记载，樊迟、司马牛、仲弓和颜渊均曾向孔子问仁，孔子做出了四种深浅不同的回答。这些回答是孔子根据学生的不同特点所做出的，既切合每个学生的思想实际，容易为学生所接受，又都符合“仁”的基本概念。

英语学习是一个漫长的过程，需要学生付出艰辛的努力，因此，强烈的学习动机和浓厚的学习兴趣是英语学习成功的两个关键性因素。中庸之道主张尊重学生的主体性，引发学生的内趋力。孔子说，“知之者不如好之者，好知者不如乐知者”(《论语·述而》)，也就是说，教师要激发学生求知的兴趣，注意调动学生学习的积极性和主动性。学生有了学习的兴趣，才能产生学习的动力。中庸之道所提倡的内趋力包含以下几方面的内容:(1)立志。孔子非常强调立志的重要性，说自己“十有五而志于学”(《论语·为政》)，认为“三军可夺帅也，匹夫不可夺志也”(《论语·子罕》)，强调君子要“志于道，据于德，依于仁，游于艺”(《论语·述而》)。他还经常与学生讨论个人的志向，以指导学生。(2)有毅力。中庸之道强调毅力的重要性，认为如果在学习上缺乏毅力和恒心，将一事无成。(3)内省。孔子认为要“见不贤而内自省也”。后来曾子的“吾日三省吾身”，也是从孔子的“内省”方法学来的。强调自省，强调检查自己，克制自己，以锻炼自己的意志，这是学习中的一个重要问题。内省对于英语学习来说是至关重要的，这与当今外语教学界所主张的反思性教学是一致的：通过不断地总结与反思，及时解决学习中存在的问题，可以大大提高英语学习的效率，维持学习的兴趣。

笔者在此写这一段话的目的在于提醒我国的外语教学研究者在眼睛盯着西方的同时也不要忽视了我国的优秀教育传统。另外，中国一百多年外语教学实践所积累的经验教训也是我们的宝贵财富，值得我们珍惜。中国的英语教学正式开始于1862年创建的京师同文馆。后来，上海方言馆（1863）、广州方言馆（1864）、台湾西学馆（1888）、湖北自强学堂（1893）、译学馆（1895）等类似的英语教学机构也随之诞生。在过去一百多年的外语教学中，我们培养了一大批学贯中西的语言人才，积累了丰富的教学经验，也在一定程度上形成了自己的英语教学传统。但是，这些优秀的传统大都散见于各种文章之中，并未得到理论上的阐述和系统的总结。目前普遍存在的一种倾向是对过去的问题批评较多，而对过去的经验总结重视不足。这种倾向的弊端往往使得英语教学缺乏必要的延续性，很容易导致“刮风”的现象：今天推广一种教学方法，过不了多长时间又要推倒重来，再换成另一种教学方法，搞得一线英语教师无所适从。只有全面总结我国过去英语教学的得失，才能够对我国今后英语教学的发展具有一个稳定的、高屋建瓴的认识与把握。

三

动态系统理论主张动态性、完全相关性、复杂性、非线性、情景性、对初始状态的敏感性以及系统的自我组织性等，综合来看，其核心就是要求我们具备整体的、生态的、发展的眼光。它反映了事物发展的基本规律，这与我们传统的认识是一致的。古人有云：“不谋万世者，不足谋一时；不谋全局者，不足谋一域”，这句话与动态系统理论的观点就有许多契合之处。另外，从动态系统理论的主张来看，事情的成功不是由单一因素导致的，而是由系统内外各种因素共同起作用的结果，这与我国传统文化中主张的“天时、地利、人和”也有相通之处。动态系统理论为我们提供了一个观察与分析事物的基本方法论，它不仅可以用于学习者个体差异的研究，也可以被应用于指导整个的英语教学，帮助我们解决其中的一些基本问题。我们在此试举几例：

1. 英语与其他课程之间的关系。从整个课程体系来看，英语只是所有课程体系的一个组成部分，它与其他课程之间相互关联构成一个完整的系统。因此，英语教学不能忽视它与其他课程之间的关系，并且可以充分利用这一关系。例如，初中语文第一册中的课文《论语十则》，其中包含“学而时习之，不亦乐乎”“温故而知新，可以为师矣”等经典名句，我们可以让学生尝试把这些句子翻译成英语，从而形成英语与其他课程之间的良性互动。

2. 英语和汉语之间的关系。学生在学习英语之前一般已具有相对完整的汉语系统，而在学习英语过程中，英语会与汉语结合构成一个复杂的语言系统。因此，两者之间是相互影响的。正面的影响会导致正向迁移，而负面的影响则会产生负向迁移。这是语言学习过程中的自然现象，是不可避免的。因此，我们在看待汉语在英语学习中所扮演的角色这一问题上要防止两种极端的做法：一种是依靠汉语来教授英语；另一种是完全摆脱汉语，刻意地回避汉语。正确的做法是要充分利用两种语言之间的相似性，促进正向迁移，同时要注意分析两者之间的差异，增强英语语言的输入，减少负向迁移。

3. 语言知识和语言技能之间的关系。过分重视语言知识教学，或者重视语言技能的培养而忽视语言知识的教学，这都是不可取的，因为两者都是语言能力的组成部分，都是语言学习的目标。两者之间相互影响，相互促进。首先，语言知识是发展语言技能的基础，不具备一定的语音知识，不掌握足够的词汇，不了解英语的语法，就不可能发展任何的语言技能；而语言知识的学习往往可以通过听、说、读、写活动的过程来感知、体验和获得。

4. 听、说、读、写四项技能之间的关系。四项技能是一个整体，不能人为地割裂开来。而我们现在的许多做法往往把各项技能视为一个个完全独立的语言能力，忽视了各项技能之间的内在关系。例如，很多英语教师视高考为指挥棒，如果高考不考听力，那么他们在平时的教学中就完全放弃对学生英语听力能力的培养。这不仅不利于学生的长远发展，对于学生整体语言能力的提高也非常不利。

四

感谢教育部人文社科项目的评审专家给予我们的信任，使我们顺利获得了研究项目的资助。

感谢作为受试参加本项目的75位同学，他们的耐心与付出以及全力的配合使我们获得了可靠的数据，为研究的顺利完成奠定了良好的基础。

感谢我的挚友、清华大学外文系封宗信教授，他在百忙之中抽出时间阅读书稿，并为本书作序。

感谢清华大学出版社外语分社的郝建华社长，她是一位具有学术眼光的出版人，我每有新作问世，她都会给予热情的鼓励。感谢本书的责任编辑曹诗悦老师，她及时、认真的工作为本书增色甚多。

感谢我的两位合作者——北京外国语大学柳鑫淼老师和清华大学杨莉老师，她们在试验设计、数据收集与分析等各个环节都付出了大量的心血，没有她们，这个项目无论如何是无法完成的。当然，本书的最后写作与通稿由笔者负责，因此，本书中出现的任何错误都是笔者的责任。

崔　刚

2016 年 7 月于北京清华园